FROM DAWN TILL DUSK

Der Schatten in der Kunst der Gegenwart

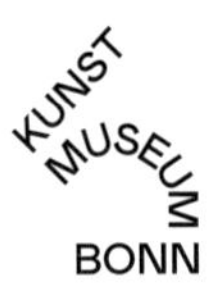

The Shadow in Contemporary Art

FROM DAWN TILL DUSK

HIRMER

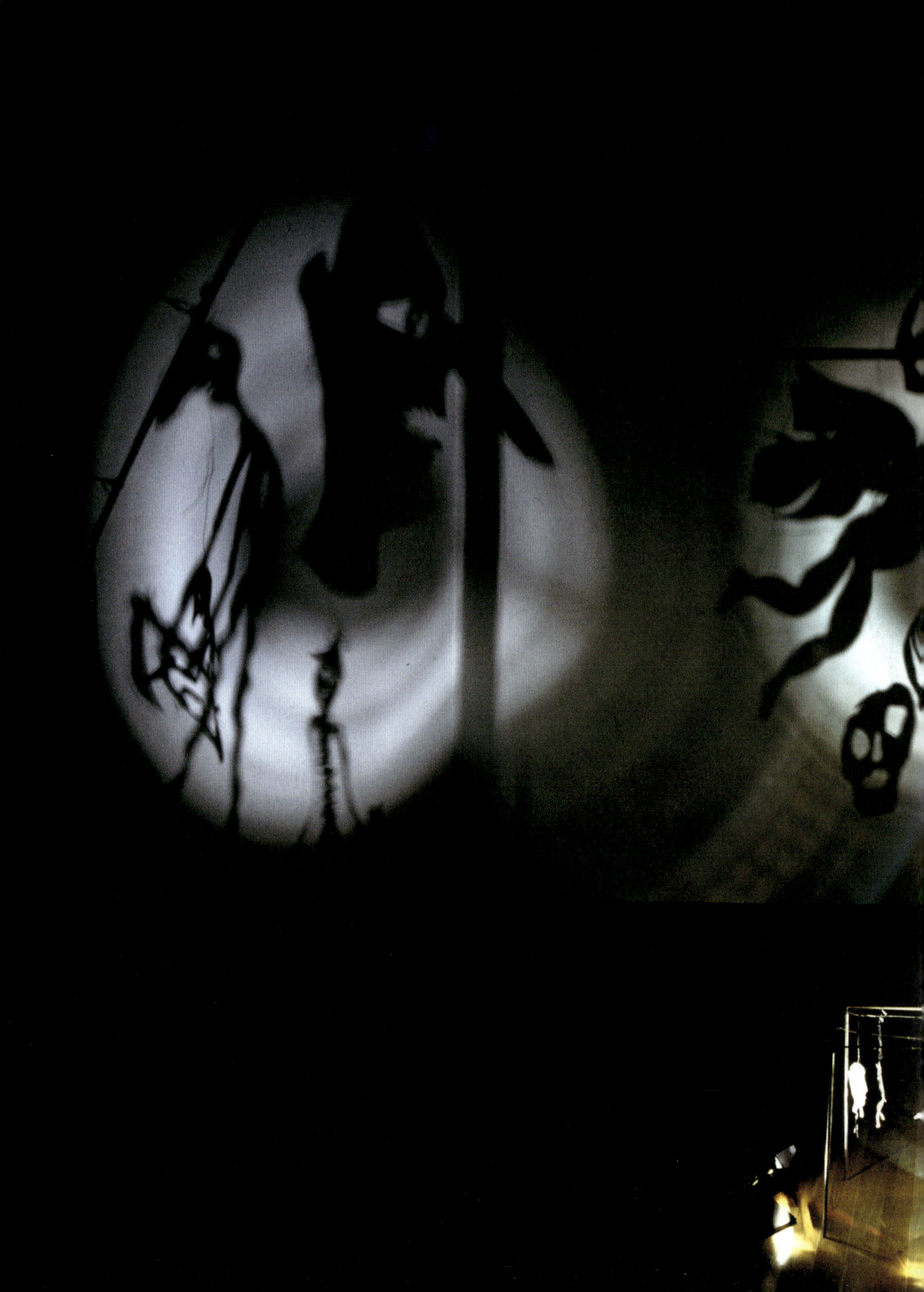

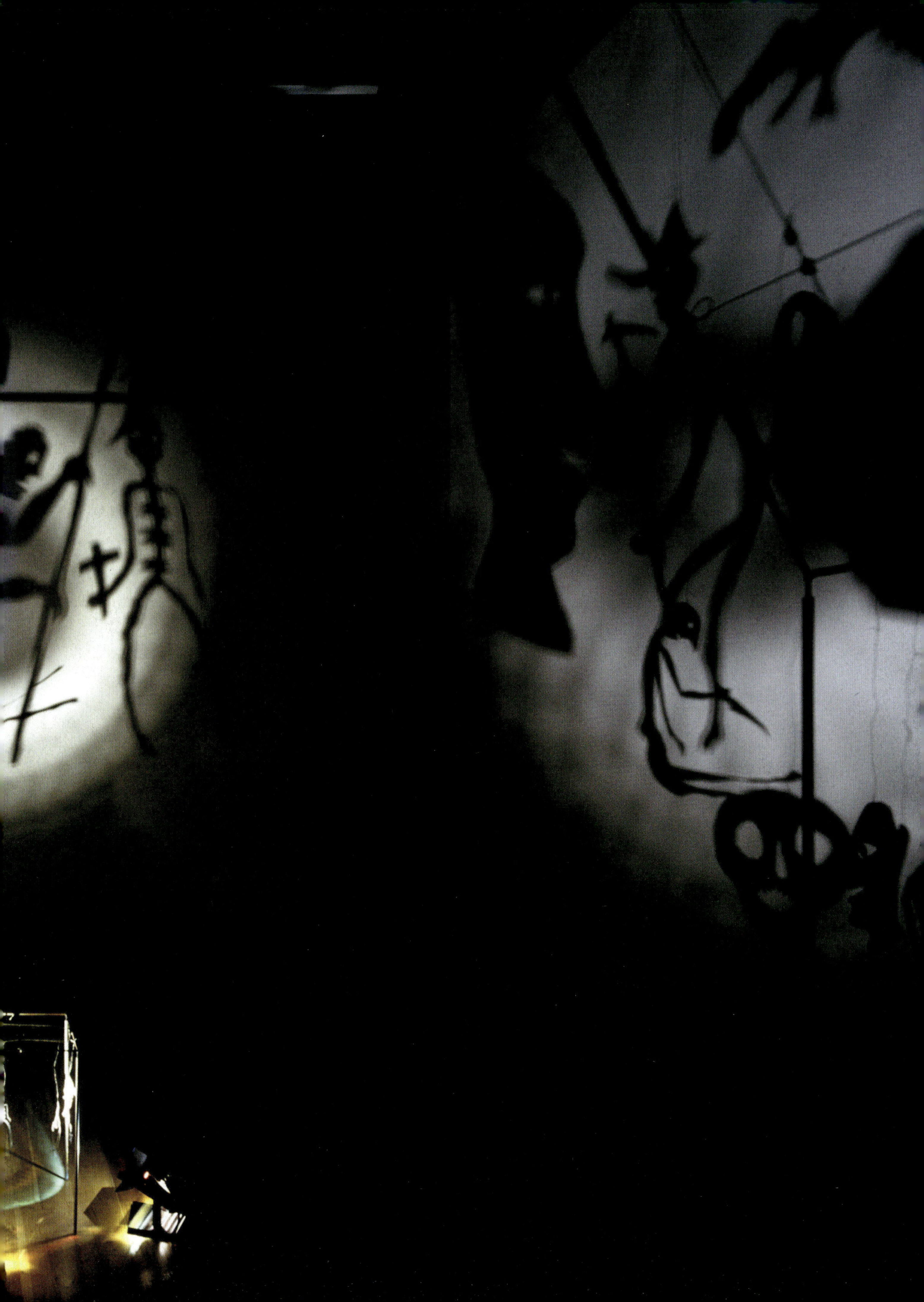

Inhalt

Contents

Stephan Berg

Vorwort

Die Ausstellung *From Dawn Till Dusk* tritt nicht mit dem Anspruch an, die Geschichte des Schattens durch die gesamte Kunstgeschichte zu verfolgen. Analog zur Programmatik des Kunstmuseum Bonn konzentriert sie sich vielmehr auf Werke des 20. Jahrhunderts und insbesondere auf jene der jüngsten Gegenwart. Demgegenüber bezog sich die Mehrheit der (wenigen) bisherigen Ausstellungsprojekte zum Thema vor allem auf Arbeiten früherer Jahrhunderte. Dies gilt beispielsweise für *Schatten: Abbild und Inszenierung* im Kunstmuseum Basel (2021) oder *Ombres* in der Fondation de l´Hermitage, Lausanne (2019). Genannt sei hier noch *La Sombra* im Museo Thyssen-Bornemisza, Madrid (2009), wo ebenfalls nur ein Teilakzent auf aktuelle Kunst gelegt wurde. Die einzige komplett auf zeitgenössisches Schaffen ausgerichtete »Schatten-Schau« fand 2005 unter dem Titel *Shadowplay* in Brandts Klædefabrik im dänischen Odense statt. Diese verstand sich allerdings ausdrücklich als Hommage an den Schriftsteller Hans Christian Andersen und hatte damit einen anderen Fokus. In Deutschland gab es dagegen bis heute noch keine entsprechende museale Ausstellung. Dies ist auch insoweit erstaunlich, als der Schatten bereits seit der Renaissance als Element der bildenden Kunst nachzuweisen und philosophisch durch Platons berühmtes Höhlengleichnis zum festen Bestandteil jeglicher Kunst- und Erkenntnistheorie geworden ist. Die vorliegende Ausstellung und der begleitende Katalog entfalten vor diesem Hintergrund anhand von rund vierzig Positionen ein breites thematisches Spektrum der unterschiedlichen Schattendimensionen und verfolgen dabei insbesondere deren Emanzipation zu bildgebenden, stets auch medienreflexiven und zudem hochpolitischen Motiven innerhalb der zeitgenössischen Kunst. Grob lässt sich der Ausstellungsparcours in sechs zum Teil miteinander korrespondierende Kapitel unterteilen, die sich in die acht Räume der Präsentation gliedern. Das erste Kapitel beschäftigt sich schwerpunktmäßig mit der Mythologie des Schattens und seiner elementaren Dialektik zwischen Präsenz und Absenz, unter anderem anhand eines Gemäldes von Marlene Dumas, das sich auf den berühmten Mythos vom antiken Töpfer Butades, überliefert von Plinius dem Älteren, bezieht, oder mit einem Farbholzschnitt von Ernst Ludwig Kirchner, der die Übereignung des Schattens an den Teufel aus Adelbert von Chamissos Erzählung über *Peter Schlemihls wundersame Geschichte* zeigt. Im darauffolgenden Raum verarbeitet Hans-Peter Feldmanns *Schattenspiel* (2002) Platons Höhlengleichnis auf eine zugleich humorvolle wie erhellende Weise. Das zweite Kapitel widmet sich der Emanzipation des Schattens zu einem selbstständigen, mitunter bedrohlichen Wesen und Antagonisten seines Trägers. Ob Vito Acconci in dem Video *Shadow-Play* (1970) sich selbst gegen seinen eigenen Schatten boxen lässt, an Zilla Leuteneggers Straßenlaterne plötzlich eine schattenhafte Gestalt pausenlose Turnübungen vollführt oder aus einem Haufen ausgeleertem Müll der Schattenriss des Künstlerpaars Tim Noble und Sue Webster entsteht: Stets befreit sich der Schatten aus seiner Abhängigkeit vom materiellen Körper.

Die bedrohliche Dimension dieser Verselbstständigung des Schattens zeigt beispielsweise Regina Silveira, die aus einer warm gelb schimmernden Glühbirne einen gewaltigen nachtschwarzen Wandschatten quellen lässt, ebenso wie Robert Wienes *Das Cabinet des Dr. Caligari* (1919), in dem der Schatten zu mörderischer Aktivität erwacht. Das dritte und vierte Kapitel sind inhaltlich miteinander verknüpft und beschäftigen sich mit dem Verhältnis von Schatten und Tod, der sich etwa in dem melancholischen Totentanz von Christian Boltanskis *Théâtre d'Ombres* (1984) oder Jürgen Klaukes *Toter Fotograf* (1988/1993) manifestiert. Die Fotografie, die im Mittelpunkt des vierten Kapitels steht, ist mit dem Motiv des Todes schon deshalb verbunden, weil sie rein strukturell immer nur etwas zeigt, das abwesend ist. Ihre ursprüngliche Bezeichnung als Skiagrafie (Schattenmalerei) wird sowohl in den digitalen Fotogrammen Thomas Ruffs als auch den Schattentableaux Juergen Staacks unmittelbar deutlich.

Die Fähigkeit des Schattens, dem Körper, der ihn wirft, immer ein Stück weit voraus und als immaterieller Vorbote Ausdruck einer unheimlichen, voyeuristischen Beschattung zu sein, steht im Mittelpunkt des fünften Kapitels. Jenna Gribbons Gemälde *Me, a lurker* (2020) wirft hier einen düsteren Schatten auf eine saftig grüne Wiese, auf der sich zwei nackte Frauen auf einer Decke sonnen, während eine dritte, ebenfalls Nackte, die Szene fotografiert. Auf Lee Friedlanders 1966 entstandenem Foto aus seinem berühmten Zyklus »Self Portraits« zeichnet sich der schattenhafte Kopf des Fotografen auf dem Pelz und blonden Hinterkopf einer Passantin ab und Nadia Kaabi-Linkes Hochstand ist nur in Form eines sich perspektivisch verbreiternden Schattens auf Boden und Wand anwesend. Das letzte Kapitel der Ausstellung im zentralen Raum des Parcours rückt die von der Gesellschaft verstoßenen Schattenexistenzen und Marginalisierten in den Blick und unterstreicht damit die eminent politische Dimension des Themas. Der Reigen reicht hier von Kara Walkers pointierter Geschichte schwarzer Sklaverei über Javier Telléz' bewegendes Schattenporträt der Schicksale exilierter, gefangener sowie körperlich und geistig eingeschränkter Personen bis hin zu David Claerbouts *The Stack* (2002), in dem das wandernde Licht der Sonne unter einer Hochstraßenkreuzung momenthaft einen Obdachlosen im Schlafsack sichtbar macht, der im nächsten Moment wieder in der Dunkelheit des Schattens verschwunden ist.

Eine Ausstellung wie dieses groß angelegte Projekt wäre ohne vielfältige Unterstützung nicht möglich gewesen. Mein erster großer Dank geht an die beteiligten Künstler:innen und die zahlreichen Leihgeber:innen für die Bereitschaft, ihre Werke für die Schau zur Verfügung zu stellen. Ein nicht minder großer Dank gebührt den finanziellen Unterstützer:innen des über drei Jahre entwickelten Projekts: der Art Mentor Foundation in Luzern, die wir erstmalig als Förderer für unser Haus gewinnen konnten, der Stiftung Kunst, Kultur und Soziales der Sparda-Bank West in Düsseldorf, die seit Jahren ein verlässlicher Partner für unsere Unternehmungen ist, und dem Ministerium für Kultur und Wissenschaft des Landes NRW, das ebenfalls seit vielen Jahren zu den zentralen Stützen unseres Museums zählt. Nur dank der gemeinsamen Anstrengung dieser drei Unterstützer ist *From Dawn Till Dusk* nicht nur eine schöne Ausstellungsidee geblieben, sondern konnte Realität werden. Darüber hinaus bedanke ich mich sehr herzlich bei meiner Mitarbeiterin Katja Thiele, die auf vielen inhaltlichen und organisatorischen Ebenen mit nie nachlassendem Einsatz dafür gesorgt hat, dass dieses Projekt stets in der Spur blieb. Bei den Autoren Martin Booms und Hans-Joachim Müller bedanke ich mich für ihre inspirierenden Gedanken, die das Thema des Schattens um weitere Facetten bereichert haben. Paula Bondareva, Lucy Degens, Friederike Fast, Alina Kehl, Barbara Martin und Katja Thiele schulde ich großen Dank für ihre treffenden und aussagekräftigen Künstler:innentexte. Ein weiterer großer Dank geht an die Grafiker:innen des Katalogs Sabine Pflitsch und Andreas Tetzlaff von probsteibooks sowie den Hirmer Verlag, die das Schattenthema in eine kongeniale Buchform übersetzt haben. Last but not least möchte ich dem gesamten Team des Hauses danken, das wieder einmal bewiesen hat, dass es in der Lage ist, jede Herausforderung zu meistern.

Stephan Berg

Foreword

The exhibition *From Dawn Till Dusk* does not seek to trace the history of the shadow throughout the entirety of art history. Analogous to the programmatic orientation of the Kunstmuseum Bonn, the focus is instead on works of the twentieth century, especially from recent years. In contrast, the majority of the (far from numerous) exhibition projects thus far dedicated to this theme have concentrated on works from earlier centuries. This is true, for example, with regard to *Schatten: Abbild und Inszenierung* at the Kunstmuseum Basel (2021) or *Ombres* at the Fondation de l'Hermitage in Lausanne (2019). Further mention should be made here of *La Sombra* at the Museo Thyssen-Bornemisza in Madrid (2009), where likewise only a partial accent was laid on current art. The only »shadow show« completely oriented towards contemporary artistic production occurred in 2005 under the title *Shadowplay* at Brandts Klædefabrik in the Danish city of Odense. But this exhibition was expressly conceived as a tribute to the writer Hans Christian Andersen and accordingly had a different focus. In contrast, up to today there has not been a presentation of this sort in a German museum. This is all the more astounding inasmuch as the shadow has been present as an element of the visual arts since the Renaissance, and philosophically, through Plato's famous Allegory of the Cave, has become a fixed element of every theory of art and cognition. Against this background, the present exhibition and accompanying catalogue lay out, on the basis of around forty artistic positions, a broad thematic spectrum regarding various dimensions of the shadow and thereby trace in particular its emancipation within contemporary art into pictorially constitutive motifs which also reflect upon their media and, moreover, are highly political. In general terms, the progression through the exhibition can be divided into six corresponding chapters divided into the eight rooms of the presentation. The focus of the first chapter is on the mythology of the shadow along with its elementary dialectic between presence and absence – among others, with a painting by Marlene Dumas which makes reference to the famous myth of the ancient potter Butades, handed down by Pliny the Elder; or with a coloured woodcut by Ernst Ludwig Kirchner which shows the transfer of the protagonist's shadow to the Devil in Adelbert von Chamisso's narration of *Peter Schlemihls wundersame Geschichte*. In the following room, Hans-Peter Feldmann's *Schattenspiel* (2002) elaborates Plato's Allegory of the Cave in a both humorous and illuminating manner. The second chapter is dedicated to the emancipation of the shadow as an independent, sometimes menacing being and as an antagonist to its carrier. Whether Vito Acconci depicts himself boxing against his own shadow in the video *Shadow-Play* (1970), an umbral figure ceaselessly carries out calisthenics beside Zilla Leutenegger's street lamp, or the silhouettes of the artist couple Sue Webster and Tim Noble arise from a pile of emptied trash – in each case, the shadow frees itself from its dependence on the material body. The threatening dimension of the shadow's emergence into selfhood is shown, for example, by Regina Silveira, who causes an incandescent bulb shimmering in warm yellow to engender a massive, black-as-night shadow upon a nearby wall – just like Robert Wiene's *Das Cabinet des Dr. Caligari* (1919), in which the shadow awakens to lethal activity. The third and fourth chapters are linked in terms of content and concern themselves on the one hand with the relationship between the shadow and death, for example in the melancholic dance of death in Christian Boltanski's *Théâtre d'Ombres* (1984) or in Jürgen Klauke's *Toter Fotograf* (1988/1993). Photography, which stands at the centre of the fourth chapter, is inherently connected with the motif of death, inasmuch as it always shows something which is absent. Its original designation as sciagraphy (»shadow painting«) becomes immediately evident in both the digital photogrammes of Thomas Ruff and the shadow tableaux of Juergen Staack.

The capacity of the shadow to be always somewhat ahead of the body which casts it and, as an immaterial harbinger, to give expression to an eerie, voyeuristic act of shadowing, is the central preoccupation of the fifth chapter. Here Jenna Gribbon's painting *Me, a lurker* (2020) casts a gloomy shadow upon a verdant, green meadow upon which two naked women are sunbathing, while a third, likewise naked woman photographs the scene. In Lee Friedlander's photograph from 1966, part of his famous series *Self Portraits*, the shadowy head of the photographer is outlined upon the furs and blond back part of the head of a female passer-by; Nadia Kaabi-Linke's raised hunting platform is only visible in the form of a shadow extending perspectivally upon floor and wall. The final chapter of the exhibition, in the central room of the series, brings into view the shadowy existences and marginal figures who have been cast out by society, thereby giving emphasis to the eminently political dimension of the theme. The works on display here extend from Kara Walker's pointed history of Black slavery past Javier Telléz's emotionally impactful shadow-portrait of the fates of exiled, imprisoned, or physically and mentally limited persons all the way to David Claerbout's *The Stack* (2002), in which the light of the sun, wandering beneath an intersection of raised roadways, makes momentarily visible a homeless person in a sleeping bag, who disappears in the next moment back into the obscurity of shadow.

An exhibition of this scale would not have been possible without wide-ranging and varied support. My first thanks go to the participating artists and numerous lenders for their readiness to make works available for the show. No less fervent thanks go to the financial supporters of this project, developed over three years: the Art Mentor Foundation in Lucerne, which is lending its support to our institution for the first time; the Stiftung Kunst, Kultur und Soziales der Sparda-Bank West in Düsseldorf, which for years now has been a dependable partner; and the Ministerium für Kultur und Wissenschaft des Landes NRW, which has likewise served for many years as one of the central underpinnings of our museum. Only thanks to the joint endeavour of these three supporters did *From Dawn Till Dusk* go from idea to reality. Furthermore, my heartfelt thanks go to my colleague Katja Thiele who, with untiring dedication, assured that this project remained on course. I thank the authors Martin Booms and Hans-Joachim Müller for their inspiring thoughts which have enriched and elucidated the theme of the shadow. I am grateful to Paula Bondareva, Lucy Degens, Friederike Fast, Alina Kehl, Barbara Martin, and Katja Thiele for their apposite and informative artist texts. Further thanks go to the graphic designers of the catalogue, Sabine Pflitsch and Andreas Tetzlaff from probsteibooks, as well as to Hirmer Publishers, who have transferred the shadow theme into an inspiringly creative book form. Last but not least, I would like to thank the entire team of our institution, whose members have once again demonstrated their ability to meet each and every challenge.

Stephan Berg

Die Schatten der Bilder und die Bilder der Schatten

Batman: »Viele glauben, ich verstecke mich im Schatten, aber ich bin der Schatten«.

Über Jahrhunderte stand der Schatten buchstäblich im Schatten der Wahrnehmung. Die gesamte Aufmerksamkeit galt dem Licht, das spätestens seit der Aufklärung mit dem Anspruch auf umfassende Erkenntnis gleichgesetzt wurde. Insofern kann die Entwicklung zumindest unserer westlichen Gesellschaften im Großen und Ganzen als eine Geschichte gelesen werden, in der ein Mehr an Beleuchtung gleichzeitig auch zu einem Mehr an Erleuchtung führt. Spätestens die elektrifizierte Moderne hat effizient daran gearbeitet, noch das letzte Dunkel zu vertreiben und das Leben in das gleißende Licht industriellen Fortschritts zu rücken. In den Hintergrund trat dabei, dass erst der Schatten dafür sorgt, dass die Welt um uns herum aus ihm heraus in Erscheinung tritt und durch ihn an Kontur gewinnt: Nimmt man den Gegenständen ihren Schatten, werden sie flach, verlieren an Volumen und lösen sich gewissermaßen auf. Das Faszinierende des Schattens besteht insofern nicht zuletzt darin, dass er »in die physikalische Welt gehört, ohne materiell zu sein«[1] und doch gerade in seiner Zwitterhaftigkeit die physische Wirklichkeit beglaubigt und visuell erfahrbar macht. Die moderne Psychologie weiß zu berichten, dass unsere heutigen Gesellschaften den Schatten nicht etwa ignorieren, sondern als selbstverständliche Erweiterung des eigenen Körpers betrachten. Indem die Wahrnehmung des Schattens die Distanz zwischen dem eigenen Körperraum und dem Raum außerhalb überbrückt, fungiert er als Brücke zwischen Körper und Welt.

Der Schatten greift aber nicht nur über den Körper hinaus in den diesen umgebenden Raum, er kann vielmehr selbst zum Vorboten des noch nicht anwesenden Körpers werden: So wie große Ereignisse ihre Schatten vorauswerfen, tut dies auch der Körper, der, verlängert durch das Licht, sich selbst als (je nach Lichteinfall immer größer werdender) Schatten vorauseilt. Den bedrohlichen Aspekt dieser Art von Schatten hat vor allem der expressionistische Stummfilm herausgearbeitet, etwa in *Das Cabinet des Dr. Caligari* (1919) von Robert Wiene (Kat. S. 177–179) oder noch eindrücklicher in Friedrich Wilhelm Murnaus *Nosferatu - eine Symphonie des Grauens* (1922), in der der vampirische Graf Orlok als furchtbarer Schatten mit ausgestreckten überdimensionalen Krallen über seine Opfer herfällt. Ein berühmtes Beispiel für die Fähigkeit des Schattens, auf der Bildfläche zu erscheinen, bevor der Verursacher zu sehen ist, finden wir in Giorgio de Chiricos *Mysterium und Melancholie einer Straße* (1914, Abb. 1). Auf diesem Bild, das in zwei messerscharf voneinander geschiedene Zonen gegliedert ist - eine im grellen Sonnenlicht und eine im dunklen Schatten -, hat soeben ein Mädchen mit einem Reifen links unten die Szenerie betreten, während im oberen Bildfeld eine drohende, massive Schattengestalt erscheint, deren Ursprung hinter der Fassade nicht zweifelsfrei zu klären ist. Die unheimlich-magische Wirkung, die von der Szene ausgeht, entsteht nicht nur durch die bildlogisch klare Verbindung zwischen der Schattengestalt und dem Mädchen, sondern auch dadurch, dass das mit seinem Reifen spielende und doch bewegungslos anmutende Kind selbst mehr Schattengestalt als reale Erscheinung ist.[2]

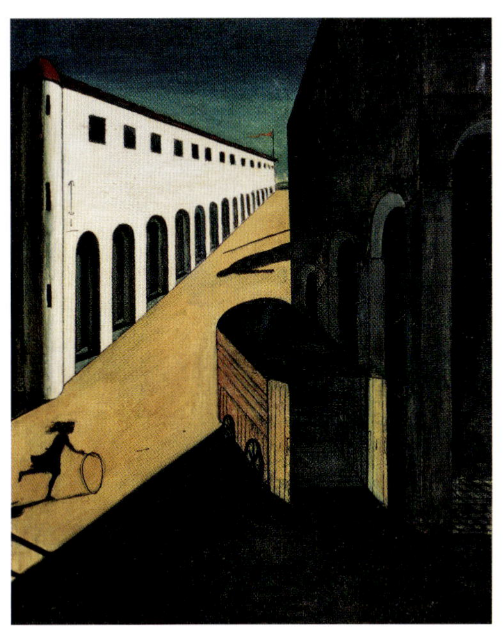

Abb. 1 Giorgio de Chirico, *Mysterium und Melancholie einer Straße*, 1914

Ein zeitgenössisches Beispiel für einen Schatten, der dem (noch) abwesenden Körper vorauseilt, finden wir auf dem Bild *Me, a lurker* (2020, Kat. S. 93) von Jenna Gribbon, auf dem sich dieser dunkel von unten ins Bild schiebt und die an sich friedliche Szene, die sonnenbadende Frauen auf einer Wiese am Waldrand zeigt, mit einem bedrohlich-voyeuristischen Unterton auflädt.

Die Erkenntnis, dass »auch Zwerge lange Schatten werfen«, wenn die Sonne niedrig steht, verdanken wir dem österreichischen Schriftsteller Karl Kraus, der in seinem gleichnamigen Buch der »Sprüche und Widersprüche« aus dem Jahr 1909 allerdings mit der Sonne die Sonne der Kultur meinte. Deutlich wird in dem titelgebenden Aphorismus jedenfalls, dass der Schatten - anders als Körper und Gegenstände - seine Gestalt sowohl im Hinblick auf seine Verlängerung wie seine Verkürzung erheblich verändern kann, also mit einer Beweglichkeit und Transformationskraft ausgestattet ist, die geradezu einlädt, ihn mit »animistischen Konnotationen« zu befrachten.[3] Umgangssprachlich behandeln wir den Schatten deshalb auch gerne so, als sei er nicht nur ein »ontologischer Parasit«,[4] sondern eine tatsächlich wesenhafte Gestalt: Wir raten anderen, über ihren eigenen Schatten zu springen, stehen ungern in jemandes Schatten, bedauern diejenigen, die nur noch ein Schatten ihrer selbst sind, und fühlen uns beschattet, wenn uns jemand verfolgt. Erst jüngst hat Haruki Murakami in seinem Roman *Die Stadt und ihre ungewisse Mauer* (2023) dieses enge Verhältnis zwischen Mensch und Schatten genutzt, um diesem eine eigene, wenn auch prekäre Existenzform zuzuschreiben.[5] Und bereits 1933 hatte Tanizaki Jun'ichirō in seinem Essay *Lob des Schattens* versucht den Schatten zum grundlegenden Fundament einer japanischen Ästhetik zu nobilitieren: »Tatsächlich gründet die Schönheit eines japanischen Raumes rein in der Abstufung der Schatten. Sonst ist überhaupt nichts vorhanden.«[6]

Trotz der Selbstverständlichkeit, mit der wir den Schatten als Teil unserer körpereigenen Welt metaphorisieren, tun wir uns doch schwer damit, ihn definitorisch zu fassen. Einer der ersten, der sich systematisch mit dessen Bedeutung auseinandersetzte, war Leonardo da Vinci. In seinem nur als Entwurf überlieferten *Buch von Licht und Schatten* aus dem Jahre 1490 schreibt er: »Der Schatten ist der Entzug von Licht. Mir scheinen Schatten in der Perspektive von höchster Wichtigkeit zu sein, denn ohne sie werden die undurchsichtigen und festen Körper nicht richtig aufgefasst.«[7] Laut Wikipedia ist der Schatten »der gar nicht oder weniger beleuchtete Raum (Bereich) hinter einem undurchsichtigen oder nicht vollkommen durchsichtigen Körper, der sich im Strahlengang einer Lichtquelle befindet.«[8] An anderer Stelle lautet es: »Unter Schatten verstehen wir (im Gegensatz zur Finsternis) einen relativen und örtlichen Mangel an Licht, der durch das Auftreffen von Lichtstrahlen auf einem lichtundurchlässigen Körper entsteht.«[9] Der Versuch, den Schatten griffiger zu fassen, führt zu der Erkenntnis, Schatten seien wahlweise »eine Abwesenheit, ein negatives Ding«, »Spuren der Begegnung mit dem Licht«[10] oder noch grundsätzlicher »Löcher im Licht«.[11] Deutlich wird in allen hier zitierten Beschreibungen zum einen die zutiefst dialektische Beziehung des Schattens zum Licht wie auch die paradoxe Kombination von Abwesenheit und Anwesenheit, die sich in seiner Existenz ausdrückt. Gewissermaßen ist der Schatten stets sowohl Negation wie auch Affirmation. Er erscheint nur da, wo das Licht ihn nicht erreicht, das seinerseits ohne seine scharf umrissene Kontur nicht substanziell erlebbar wäre. Ebenso ist er als materielles Nichts doch zugleich wesentlich dafür verantwortlich, dass wir die materielle Welt in ihrer physischen Dichte und Plastizität überhaupt wahrnehmen und begreifen können.

Die Wahrnehmung des Schattens ist bis heute eng mit zwei bedeutenden Erzählungen verbunden. Das erste große Narrativ stammt vom antiken griechischen Philosophen Platon. In seinem berühmten Höhlengleichnis, das sich in seiner Schrift *Politeia (Der Staat,* um 375 v. Chr.) findet, wird dem Schatten allerdings jegliche wirklichkeitsbildende Kraft abgesprochen. Die Konstellation ist bekannt, soll hier aber noch einmal zum besseren Verständnis kurz zusammengefasst werden: In Platons Höhle sind die Menschen Gefangene, die gefesselt mit dem Rücken zum Höhlenausgang sitzen, den sie nie zu Gesicht bekommen. Zwischen den Gefangenen und einem weit hinter ihnen erhöht lodernden Feuer wurde eine Mauer errichtet. Hinter dieser werden durch von den Gefangenen nicht sichtbare Menschen Artefakte oberhalb der Mauer entlanggetragen, die sich als Schattenrisse an der Höhlenwand abzeichnen. Alles, was die gefesselten Höhlenbewohner zu Gesicht bekommen, sind also Schattenrisse von Kunstwerken, die selbst wiederum nur Abbilder sind. Als reine Illusion stellen sie den absoluten Gegenpol zum Sonnenlicht dar, welches die wahre Erkenntnis verkörpert. Für die Gefangenen aber bleibt diese wahre Erkenntnis selbst dann unzugänglich, wenn sie von ihren Fesseln befreit zum Höhlenausgang gebracht würden. Da sie ihr Leben lang im Dämmer der Schattenspiele gefangen waren und sich an diese Existenzform vollkommen gewöhnt haben, würde sie das Sonnenlicht so stark blenden, dass sie zunächst überhaupt nichts sehen könnten. Zurückgekehrt in die Höhle würden sie von den Übrigen ausgelacht, da sie nun – durch die Begegnung mit der Sonne – die Schattenwelt nicht mehr richtig zu deuten wüssten. Im platonischen Diskurs bezeichnet der Schatten damit die erste und unterste Stufe des Sichtbaren: die Ebene der reinen *phantasmata*, die weder mit der Wirklichkeit (also den Dingen selbst) noch mit der Erkenntnis der Wahrheit, die durch die Sonne symbolisiert wird, verbunden ist. Hans-Peter Feldmann gehört zu den zahlreichen Künstler:innen, die das platonische Gleichnis in ihrer Arbeit aufgenommen haben. In seiner Installation *Schattenspiel* (2002) werden auf sich drehenden Scheiben unterschiedliche Alltagsgegenstände wie Spielzeugfiguren, Gliederpuppen, Scheren, Korkenzieher oder Plüschtiere derart angestrahlt, dass sie sich als bewegtes Schattentheater auf der Wand abbilden. Damit wird die platonische Version der gefesselten Menschen, die nur eine Schattenillusion sehen, um die Ebene einer produktiven Desillusionierung bereichert, weil wir als Betrachtende im selben Augenblick sowohl die Dinge selbst als auch ihren bildgebenden Schatten und das sie hervorbringende Licht sehen, und so erkennen, dass es aus der Welt der Bilder keinen Ausweg gibt.

Die zweite relevante Erzählung in Zusammenhang mit dem Schatten stammt von dem römischen Gelehrten Plinius dem Älteren aus dem ersten Jahrhundert nach Christus, also etwa 400 Jahre nach Platons Höhlengleichnis. Sie handelt von Dibutade, der Tochter des antiken griechischen Töpfers

Butades, deren Geliebter vor einer langen, nicht näher bestimmten Reise steht. Am Abend des Abschieds zeichnet die Tochter im Licht einer Kerze das Schattenprofil ihres Geliebten auf einer Wand mit einem Kohlestift nach, um es als physische Erinnerung festzuhalten. Am nächsten Tag füllt der Vater die Kohlezeichnung mit Ton aus und verwandelt sie so in ein plastisches Relief. Damit erschafft Dibutade laut Plinius auch das erste Bild, das den Schattenriss als Ursprung der Malerei betrachtet, während Butades mit seinem Tonrelief die erste Skulptur formt. Für Platon verkörperte der Schatten noch das reine Trugbild, das keinerlei wahre und erkenntnisfördernde Beziehung zur Wirklichkeit aufweist; bei Plinius dagegen erscheint der Schatten als Stellvertreter des physisch Abwesenden, er verkörpert damit den geliebten Menschen auf paradoxe Weise, indem die Trennung von diesem mit der Substitution des festgehaltenen Schattens geheilt wird.[12]

So konträr die Lesarten des Schattens in beiden Fällen auch sind, auf einer Ebene berühren sie sich dennoch substanziell, nämlich in der Verknüpfung von Bild und Schatten - wenn auch mit sehr unterschiedlichen Bewertungen. Ebenso wie für Plinius, der anhand des Schattens den Ursprungsmythos der Kunst konstruiert, ist auch für Platon das Feld der Schatten gleichbedeutend mit dem Reich der Malerei. Während das schattenhafte Kunstschaffen bei Platon allerdings nie Wahrheitscharakter erhalten kann, weil es lediglich Abbilder produziert, ist es bei Plinius durchaus mit einer substanziellen Kraft ausgestattet, vermag es doch, die reale Absenz des Körpers zeichenhaft aufzuheben. Gewissermaßen wächst bei Plinius in der Malerei den »Schatten eine ontologische Würde zu, die derjenigen konkreter Gegenstände gleichkommt und [diese] manchmal sogar übertrifft: Schatten haben bereits Bildcharakter, wohingegen konkrete Gegenstände erst zu Bildern werden müssen«.[13]

So gesehen ist es höchstwahrscheinlich nicht übertrieben, zu behaupten, dass jede Beschäftigung mit dem Schatten auf einer grundsätzlichen Ebene zunächst ein Nachdenken über ein elementares Prinzip der Kunst bedeutet: nämlich über das Verhältnis zwischen mimetischer und autonomer Bildwirklichkeit. Der Schatten wäre in diesem Sinne die immer vorhandene Verbindung zur Welt und zugleich das Einstiegstor in den Kosmos autonomer Erfindung. Am und im Schatten würde damit zudem nicht nur verhandelt, inwieweit Kunst nur am schattenhaften Schein oder am substanziellen Sein arbeitet, sondern es würde auch deutlich, dass die Kunst wie der Schatten immer eine Präsenz erzeugt, die mit der Absenz des Realen verbunden ist. Anders gefasst lässt sich sagen, die Kunst, beziehungsweise »die Malerei schafft Bilder als Wirklichkeitsersatz; sie ist ein Schatten dessen, was wir liebten, aber verloren haben«.[14] Dies gilt auch in besonderem Maße für die Fotografie, die deren Erfinder William Henry Fox Talbot 1835 eigentlich zunächst Skiagrafie also Schattenzeichnung oder Schattenmalerei, nennen wollte: Als indexikalische Fixierung eines gewesenen Moments ist diesem Medium, wie nicht zuletzt Roland Barthes betont, die Vergänglichkeit und damit der Tod stets eingeschrieben.[15] Diese Verknüpfung zwischen Erscheinung und Verlöschen, Präsenz und Abwesenheit, die dem fotografischen Medium strukturell eingeschrieben ist, thematisiert Sophia Pompéry mit dem ebenso einfachen wie eindrücklichen Bild einer brennenden Kerze, deren Schatten eine erloschene Kerze zeigt (Abb. 4, Kat. S. 22/139). Auch Miguel Rothschild beschäftigt sich mit dem Thema der Vergänglichkeit. Sein C-Print *Memento mori: Work in progress* (2013/2025, Kat. S. 145–147) zeigt eine neblig verschneite Szenerie einmal in vollem Kontrast und ein weiteres Mal extrem verblasst, nachdem die Fotografie über Jahre dem Licht ausgesetzt wurde.

In der Hauptsache konzentriert sich der kulturelle Umgang mit dem Schatten jedoch über einen langen Zeitraum hinweg auf zwei zentrale Aspekte: Einerseits erscheint der Schatten als Beglaubigung des Wirklichen, andererseits als pures Phantasma. Dabei liegt der Hauptakzent eher auf seiner wirklichkeitsverschleiernden, im Wortsinne schattenhaften Dimension. »Bei Platon ist der Schatten der Träger einer tiefen Negativität, die ihn während seiner ganzen Laufbahn in der Geschichte der westlichen Repräsentation eigentlich niemals ganz verlassen wird«.[16] Erst im späten 18. Jahrhundert rückt eine andere Betrachtung des Schattens in den Blick. Der Schweizer

Pastor, Philosoph und Schriftsteller Johann Caspar Lavater etwa entdeckte in seinen *Physiognomischen Fragmenten* (1775–1778) nicht im Gesicht, sondern in dessen Schattenprofil den Spiegel der Seele. Mit seiner Silhouetten-Maschine knüpfte Lavater gewissermaßen an die Dibutade-Fabel an und beförderte dadurch zugleich die Mode der Scherenschnitte, die sich in der zweiten Hälfte des 18. Jahrhunderts in ganz Europa als Gesellschaftsspiel verbreitet hatte. In der Fixierung des Negativbildes eines Profils findet er »das wahrste und getreuste Bild, das man von einem Menschen geben kann (...), weil es ein unmittelbarer Abdruck der Natur ist, wie keiner, auch der geschickteste Zeichner einen nach der Natur von freyer Hand zu machen imstande ist.«[17] Und auch die Romantik entdeckte in seiner immateriellen Natur erneut eine positive Seite, indem sie den Schatten mit der Psyche verband. Davon erzählt Adelbert von Chamissos Kunstmärchen *Peter Schlemihls wundersame Geschichte* (1813), in dem der Protagonist zunächst seinen Schatten gegen ein stets gefülltes Geldsäckel tauscht, jedoch bald erkennen muss, dass er ohne Schatten aus der menschlichen Gesellschaft ausgeschlossen ist (Kat. S. 109). Der Versuch, seinen Schatten zurückzuerhalten, scheitert daran, dass der »Graue«, also der Teufel, dafür Schlemihls Seele fordert, die dieser ihm nicht überlassen will. Stattdessen wirft er das Geldsäckchen in einen Abgrund, kauft sich von seinem letzten Hab und Gut Siebenmeilenstiefel und fristet forthin sein Leben ohne seinen Schatten als einsamer Naturforscher. In Chamissos Märchen verwandelt sich der Schatten von einem immateriellen Anhängsel des Körpers zu einer selbstständigen Größe, an der sich die Menschlichkeit seines Trägers bemessen lässt. Insofern führt die Schattenlosigkeit Schlemihls zu seiner gesellschaftlichen Ächtung, die er nur wieder aufheben könnte, würde er auch seine Seele an den Teufel verkaufen, der durch die Bezeichnung »der Graue« gleichermaßen der Schattenwelt zugerechnet werden muss. Dass der Schatten bei Chamisso zum materiellen Tauschobjekt wird, betont einerseits seine Dinglichkeit, macht ihn aber andererseits im weiteren Verlauf der Erzählung auch zu einem »Extremfall eines symbolischen Guts«,[18] das letztlich mit Geld nicht zu bezahlen ist.

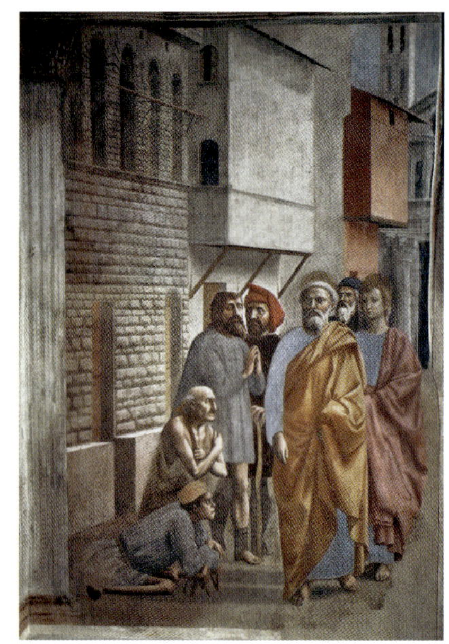

Abb. 2 Tommaso Masaccio, *Der heilige Petrus heilt die Kranken mit seinem Schatten*, 1427/28

Ebenfalls die Dinglichkeit des Schattens betont Masaccio in seinem berühmten Bilderzyklus in der Brancacci-Kapelle der Kirche Maria del Carmine in Florenz, in dem der heilige Petrus alleine durch Kontakt mit seinem Schlagschatten die Kranken, an denen er vorübergeht, heilt (*Der heilige Petrus heilt die Kranken mit seinem Schatten*, 1427/28) und damit an eine archaisch-magische Konzeption des Schattens anknüpft, die ihn als eine Art Exteriorisierung der Seele begreift (Abb. 2).[19] Mit dieser (im Übrigen nicht ganz realistischen) Schattenmalerei bewegte sich Masaccio innerhalb einer durch Giottos Fresken in der Bardi-Kapelle in Florenz (1317–1326) initiierten Renaissancetradition, im Rahmen derer der Schatten erstmals wichtig und bisweilen bildkonstitutiv wurde. Verwandt mit der heilenden Kraft der Schatten ist seine befruchtende Qualität. Im Lukasevangelium (Lk I, 26–38) antwortet der Engel auf die berechtigte Frage Marias, wie eine unbefleckte Empfängnis funktionieren solle: »der Heilige Geist wird über dich kommen und die Kraft des Höchsten wird dich überschatten«.[20] Diese Überschattung (lateinisch: *obumbrare*) ist hier ganz deutlich im Sinne einer gewissermaßen körperlosen Begattung gemeint. Sehr viel später wird Pablo Picasso in seinem Werk *Der Schatten auf der Frau* (1953, Abb. 5) dieses Thema ganz explizit und deutlich physischer erneut aufgreifen. Der männliche Schatten, der hier auf die Frau fällt, ist dabei nicht nur der schattenhafte Vorbote der tatsächlichen physischen Vereinigung. Indem er paradoxerweise selbst gerade an den Stellen Farbe annimmt, an denen er auf Bett und Frau zu liegen kommt, scheint er wie im antiken Mythos selbst die Kraft zur Befruchtung zu haben. Zugleich steht der Schatten, der hier über das Bild fällt, auch als Metapher für jeden Bildbetrachtenden und macht damit den voyeuristisch-begehrenden Blick deutlich, mit dem wir grundsätzlich auf Kunstwerke schauen.[21]

Eine noch einmal ganz andere und zwiespältigere Bedeutung erhält der Schatten durch Sigmund Freud und die Psychoanalyse. Der Schatten des Ichs erscheint hier nicht mehr als Seelenausdruck des Subjekts, wie in der romantischen Lesart, sondern als potenziell bedrohlicher Doppelgänger. Er wird zur Projektionsfläche einer dunklen »Alterität«, also Identität stiftenden Verschiedenheit, die sich in ihm schattenhafte Präsenz verschafft; zum Paradigma des Verdrängten, das, mit einer eigenen Macht begabt, dem Ich gefährlich werden kann. Ein prägnantes Beispiel dafür findet sich bereits, deutlich vor Freud, in Hans Christian Andersens 1847 erschienenem Märchen *Der Schatten*. In dieser Erzählung emanzipiert sich dieser so weit von seinem Träger, einem gelehrten Mann – der über das Wahre, Gute und Schöne schreibt, für das sich aber niemand interessiert –, dass er dessen Stelle einnimmt und den Gelehrten dazu verdammt, als sein Schatten aufzutreten. Als der weise Mann sich schlussendlich gegen diese Umkehrung zu wehren versucht, lässt ihn sein Schatten einsperren und im Gefängnis elend zugrunde gehen. Deutlich inszeniert Andersen hier einen Antagonismus zwischen den platonisch-idealistischen Thesen des Gelehrten, denen die Welt mit Desinteresse begegnet, und der Macht des Schattens,[22] der hier als Struktur der Verdunkelung zum Reich des Nächtlichen, Dubiosen, Unheimlichen und Anti-Aufklärerischen wird. Diese Emanzipation des Schattens zu einem Doppelgänger des Ichs, das aber mit einer eigenen antagonistischen Kraft begabt ist, spiegelt sich beispielsweise in Vito Acconcis *Shadow-Play* (1970), in dem der Künstler gegen sein schattenhaftes Ich boxt (Kat. S. 53), ebenso wie auf dem berühmten Chanel-Plakat zum Parfum *Égoïste Platinum* (1993), in dem ein muskulöses männliches Model mit seinem Schatten um das gleichnamige Parfum ringt (Abb. 6, Kat. S. 24/89).

Vor diesem Hintergrund ist die Geschichte des Schattens insoweit auch partiell als Gegenentwurf zur Vorstellung einer durchweg eindeutig erhellten, rein rational gefassten und vollkommen erklärbaren Welt zu lesen. Insbesondere der Aspekt einer Krise des Ichs, die heute im Lichte der multiplen Anforderungen an das Subjekt erneute Virulenz gewonnen hat, spiegelt sich auf vielfältige Weise in der Schattenthematik. Als ästhetische Figur wird er nicht zuletzt durch seine strukturell paradoxe Grundstruktur fruchtbar: Im Schatten berühren sich das Abwesende und das Anwesende. Er ist ein Index der materiellen Welt und zeigt sich zugleich auch als ihr immaterielles Dementi. Er gehört zum Körper, von dem er sich gleichzeitig auch stets ein Stück entfernt. Er ist eine Spur (*skia*) und zugleich eine Projektionsfläche, die mit dem Anspruch einer eigenen Realität auftritt. Das Schattenreich, das er errichtet, ist eng mit dem Vergänglichen, dem Tod, verknüpft, gegen das der Schatten zugleich seine quecksilbrige Bewegtheit und Transformationskraft in Stellung bringt.

Und nicht zuletzt lässt sich der Schatten, wie bereits erwähnt, vor dem Hintergrund der Ausführungen von Platon und Plinius auch als Metapher für das Wesen der Kunst begreifen, die in ihren Bildern stets verknüpft bleibt mit der Welt, von der sie zugleich Abstand nehmen muss, um selbst sichtbar zu werden. In genau diesem Sinne sind alle Bilder Schatten und alle Schatten auch Bilder, die das, was sie berühren, gleichzeitig beglaubigen und infrage stellen.

Die Geschichte des Schattens und seiner vielfältigen Bedeutungsfelder, die hier nur skizzierend angedeutet werden konnte, muss aber in jedem Fall noch um seine politische Metaphorik erweitert werden. Ausgehend von Bertolt Brechts berühmtem Diktum in der 1928 uraufgeführten *Dreigroschenoper*: »Und man sieht nur die im Lichte, die im Dunkeln sieht man nicht«, rücken heute künstlerisch mehr und mehr gerade die Schattengestalten, die aus der Gesellschaft Verstoßenen, in den Blickpunkt. So beispielsweise in David Claerbouts Videoarbeit *The Stack* (2002, Kat. S. 63–65), in der das Sonnenlicht dreißig lange Minuten über ein Gewirr von Hochstraßen wandert, bis es für einen Moment den Blick auf einen Obdachlosen freigibt, der unter den Hochbahnen seinen Schlafsack ausgebreitet hat. William Kentridge hat sein gesamtes Werk auf einem ebenso bewegenden wie punktgenauen Schattentheater aufgebaut, das sich mit der von Apartheid und Rassismus geprägten Geschichte Südafrikas auseinandersetzt und den Unerwünschten, Vertriebenen

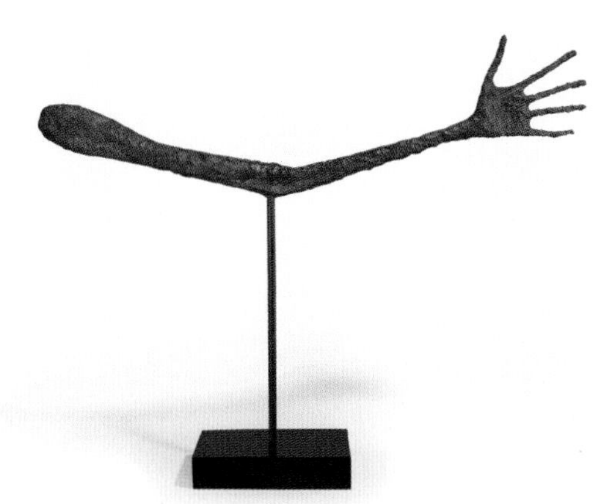

Abb. 3 Alberto Giacometti, *Die Hand*, 1947/48

und mühselig Beladenen ein zutiefst humanes Denkmal setzt (Kat. S. 105–107). Ähnlich, wenn auch in der Bildsprache noch drastischer, erzählt Kara Walker in *Testimony: Narrative of a Negress Burdened by Good Intentions* (2004, Kat. S. 171–173) eine verstörende alternative Geschichte der Sklaverei, in der die Schwärze der bewegten Scherenschnittfiguren sowohl auf ihre Schattenhaftigkeit wie auch ein universales Schwarzsein anspielt. Javier Telléz wiederum stellt in seinem, an die französischen Schattenspiele des 18. Jahrhunderts angelehnten 35mm-Film *Shadow Play* (2014, Kat. S. 165–167) in Kooperation mit Flüchtlingen, geistig und körperlich eingeschränkten Personen und Gefangenen, deren Schicksale in langsamen, tonlosen Einstellungen dar, unterbrochen von der wiederkehrenden Präsenz der Skulptur *Die Hand* (1947/48) von Alberto Giacometti, welche die existenzielle Dimension des Films unterstreicht (Abb. 3). Zusammengenommen sind all diese Arbeiten Beispiele für eine produktive Umkehrung der Brecht'schen Formel. Hier sieht man nicht die im Lichte, sondern ausschließlich die, welche gewöhnlich im Schatten stehen. Der Schatten wird so zu einem Mittel der Selbstermächtigung der Marginalisierten – und damit von einer vom Licht abhängigen Nebensache zu einer Hauptsache. Wie sagt es Batman in einer neuen und durchaus gelungenen Verfilmung der berühmten Graphic Novel *The Batman*: »Viele glauben, ich verstecke mich im Schatten, aber ich bin der Schatten.«[23]

1 Roberto Casati, Die Entdeckung des Schattens, Berlin 2001, S. 49.

2 Vgl. Viktor I. Stoichita, Eine kurze Geschichte des Schattens, München 1999, S. 143f.

3 Roberto Casati, Schattengeschichten von Wissen und Macht, in: Shadow Play, hg. von Thorsten Sadowsky (Ausst.-Kat. Kunsthallen Brandts Kaedefabrik, Odense; Kunsthalle zu Kiel; Landesgalerie am Oberösterreichischen Landesmuseum, Linz), Heidelberg 2005, S. 38.

4 Ebd. S. 37.

5 Haruki Murakami, Die Stadt und ihre ungewisse Mauer, Köln 2024.

6 Tanizaki Jun'ichirō, Lob des Schattens, München 2010, S. 37.

7 Leonardo da Vinci, The literary works of Leonardo da Vinci, Nr. 111, zit. nach Stoichita 1999 (wie Anm. 2), S. 62.

8 URL: <https://de.wikipedia.org/wiki/Schatten> [Zugriff am 14.11.2024].

9 Anselm Wagner, Zu einer Kunstgeschichte des Schattens, in: Ausst.-Kat. Odense/Kiel/Linz 2005/06 (wie Anm. 3), S. 89.

10 Thorsten Sadowsky, Von Schatten, Doppelgängern und Höhlen, in: Ausst.-Kat. Odense/Kiel/Linz 2005/06 (wie Anm. 3), S. 19.

11 Casati 2005 (wie Anm.3), S. 38.

12 Vgl. dazu Stoichita 1999 (wie Anm. 2), S. 15.

13 Casati 2005 (wie Anm.3), S. 37.

14 Wagner 2005/06 (wie Anm. 9), S. 97.

15 Vgl. Roland Barthes, Die helle Kammer, Frankfurt a. M. 1989, S. 83.

16 Stoichita 1999 (wie Anm. 2), S. 25.

17 Johann Caspar Lavater, Physignomische Fragmente zur Beförderung der Menschenkenntnis und Menschenliebe. Eine Auswahl, Stuttgart 1984, S. 152.

18 Stoichita 1999 (wie Anm. 2), S. 169.

19 Vgl. dazu Wagner 2005/06 (wie Anm. 9), S. 90 und Stoichita 1999 (wie Anm. 2), S. 54–57.

20 Stoichita 1999 (wie Anm. 2), S. 67.

21 Ebd., S. 120.

22 Vgl. Jorgen Dines Johansen, Ein Zerrbild – der Schatten – ein Antimärchen, in: Ausst.-Kat. Odense/Kiel/Linz 2005/06 (wie Anm. 3), S. 58.

23 The Batman, Regie: Matt Reeves, USA 2022.

Stephan Berg

The Shadows of Images and the Images of Shadows

Batman: »They think I am hiding in the shadows,
but I am the shadows.«

For centuries, the shadow was literally overshadowed by perception. The entire range of attention was directed towards light which, at the latest since the Enlightenment, was deemed to be the equivalent of comprehensive cognition. In this respect, the development of at least our Western society can by and large be read as a narrative in which an increase in illumination simultaneously signifies an increase in enlightenment. In modern times, electrification has worked efficiently to banish the last vestiges of darkness and to draw life into the glaring light of industrial progress. What thus receded into the background was the recognition that it is the shadow which assures that the world around us emerges from darkness into manifestation and is imbued with contours. Indeed, if objects are deprived of their shadows, they become flat, lose some of their volume, and may be said to dissolve. Thus the fascination of the shadow consists not least in the fact that it »belongs in the physical world without itself being material in nature«[1] even as, precisely in its hybrid nature, it certifies the physical world and renders it perceptible. Modern psychology reports that our contemporary societies are not inclined to ignore the shadow, but instead consider it to be a self-evident extension of the individual's body. Inasmuch as the perception of the shadow spans the distance between one's own bodily domain and the space outside, it functions as a bridge between body and world.

But the shadow not only extends past the body into the surrounding space; it can also serve as a harbinger of the not-yet-present body: Just as great events cast their shadows before them, a body, elongated by the light, precedes itself as a shadow which can become larger and larger in accordance with the particular incidence of that light. The Expressionist silent film in particular elaborated the menacing aspect of this sort of shadow: for example, in *Das Cabinet des Dr. Caligari* (1919) by Robert Wiene (cat. pp. 177–179) or, even more impressively, in Friedrich Wilhelm Murnau's *Nosferatu – eine Symphonie des Grauens* (1922), in which the vampiric Count Orlok falls upon his victims as a terrifying shadow with extended, colossal claws. A famous example of the shadow's capacity to appear upon the pictorial surface before its cause can be seen in Giorgio de Chirico's *Mystery and Melancholy of a Street* (1914, fig. 1). In this picture, which is divided into two sharply separated zones, one in harsh sunlight and one in dark shadow, a girl with a hoop has just stepped into the scene while, in the upper part of the picture appears a massive and menacing umbral shape whose source behind the façade cannot be specified. The eerie and magical impact arising from the scene derives not only from the clear, pictorially logical connection between the obscure figure and the girl, but also because the child playing with the hoop while remaining motionless seems more like a spectral figure than a real person.[2]

We find a contemporary example of a shadow hurrying on ahead of the (still) absent body in the painting *Me, a lurker* (2020, cat. p. 93) by Jenna Gribbon. Here the shadow thrusts itself darkly from below into the picture and imparts a menacing, voyeuristic undertone to the intrinsically peaceful scene, which shows a woman sunbathing in a meadow at the edge of a forest.

We owe the recognition that »even dwarfs cast long shadows« when the sun is low to the Austrian writer Karl Kraus who, in his book of »Dictums and Contradictions« from 1909, was referring to the sun of culture. The aphorism providing the title of the book makes it clear in any case that the shadow – in contrast to bodies and objects – is immensely capable of changing shape by elongation and contraction; in other words, it possesses a transformational power which issues an almost imperative invitation to load it with »animistic connotations«.[3] This is why, in everyday speech, we are so inclined to treat the shadow as if it were not only an »ontological parasite«,[4] but in fact an extant being: we advise others to jump over their own shadow, are loathe to be overshadowed by someone, pity those who are only a shadow of themselves, and feel ourselves to be shadowed when someone is following us. Quite recently, in his novel *The City and Its Uncertain Walls* (2023) Haruki Murakami used this close relationship between person and shadow to ascribe to the latter its own, albeit precarious form of existence.[5] And already in 1933 in his essay *In Praise of Shadows*, Tanizaki Jun'ichirō endeavoured to ennoble the shadow as the underlying foundation of a Japanese aesthetic: »In fact, the beauty of a Japanese space lies purely in the gradation of the shadows. Otherwise nothing else is there.«[6]

In spite of the self-evidence with which we attribute a metaphorical character to the shadow as part of our intrinsic corporeal world, we nonetheless struggle to affix an adequate definition to it. One of the first individuals to investigate the meaning of the shadow in a systematic manner was Leonardo da Vinci who, in his *Book of Shadow and Light* (1490) handed down only as a manuscript, writes: »The shadow is the deprivation of light. Shadows seem to me to be extremely important with regard to perspective, because without them opaque, solid bodies cannot be correctly perceived.«[7] According to Wikipedia, the shadow is »the lightless or scarcely illuminated area behind an opaque or not fully transparent object which is positioned within the optical path of a source of light.«[8] Elsewhere we read: »We consider the shadow (in contrast to darkness) to be a relative and localised lack of light which arises through the coming into contact of rays of light with an opaque object.«[9] The attempt to get a more concrete grasp on the shadow leads one to recognise that shadows can be considered alternatively to be »an absence, a negative thing«, »traces of the encounter with light«[10], or more fundamentally »holes in light«.[11] All the descriptions quoted here make clear on the one hand the profoundly dialectical relationship of the shadow to light, and on the other the paradoxical combination of absence and presence coming to expression in its existence. In a certain sense, the shadow is both negation and affirmation. It appears only where it remains untouched by light which, for its part, could not be substantially experienced without a sharply defined contour. At the same time, as material nothingness, the shadow fundamentally makes possible our perception and understanding of the material world in its physical density and plasticity.

To this day, the perception of the shadow is closely linked to two important narratives. The first great narrative comes from the ancient Greek philosopher Plato. In his famous Allegory of the Cave, found in his Socratic dialogue *The Republic* (c. 375 BCE), the shadow is denied any power to depict reality. Here is a short summary of the well-known framing: In Plato's cave, people are prisoners sitting with their backs to the entrance to the cave, which they never see directly. Between the prisoners and a fire burning at a height far behind them, a wall has been erected. Behind it, objects are carried along by people not visible to the prisoners, which are visible as silhouettes on the cave wall. Persons who cannot be seen by the prisoners are carrying above the wall artefacts which cast silhouettes onto the wall of the cave. All that the chained inhabitants of the cave can see accordingly are silhouettes of objects which are themselves only images. As pure illusion, they constitute the opposite of the sunlight which embodies true knowledge. But for the prisoners, this true knowledge remains inaccessible, even if they were freed from their fetters and brought to the entrance of the cave. Trapped for their lifetimes in the gloom of this shadow play and thus entirely accustomed to such a form of existence, the sunlight would blind them so that at first they would be utterly unable to see anything. Returning into the cave, they would be mocked by the others, because now – through their encounter with the sun – they would also no longer be able to correctly interpret the world of shadows. Hence in the Platonic discourse, the shadow designates the first and lowest step of the visible: namely the level of the pure phantasmata, which is connected neither with reality (in other words, with things themselves) nor with the recognition of truth, which is symbolised by the sun. Hans-Peter Feldmann is one of the countless artists who have taken up the Platonic parable in their work. In his installation *Schattenspiel* (2002), various everyday objects such as toy figures, jointed dolls, scissors, corkscrews, and stuffed animals are placed upon rotating discs and illuminated to project a theatre of moving shadows onto the wall. In this way, the Platonic version of the prisoners who see only a murky mirage is enriched by a productive disillusionment, because we as observers see at once both the things themselves and their image-imparting shadows along with the engendering light, such that we may recognise that there is no way out of the world of images.

The second relevant story with regard to the shadow comes from the Roman scholar Pliny the Elder from the first century AD, approximately four hundred years after Plato's Allegory of the Cave. It concerns Dibutade, the daughter of the ancient Greek potter Butades; her lover is about to embark on an unspecified journey. On the evening of farewell, the daughter uses a carbon pencil to trace by candlelight the silhouette of her lover on a wall, in order to preserve it as a physical remembrance. The next day, the father fills the coal drawing with clay and thereby transforms it into a plastic relief. Thus according to Pliny, Dibutade creates the first picture in such a way that the silhouette becomes the origin of painting, while with his clay relief Butades fashions the first sculpture. In Plato's eyes, the shadow still embodies pure illusion, with no true and cognitive relationship to reality; with Pliny, on the other hand, the shadow appears as a substitute for a physically absent person, thereby paradoxically embodying the beloved, in that the separation from him is repaired by the captured shadow.[12]

As contrary as the reading of the shadow is in these stories, they nonetheless demonstrate a substantial contiguity in the connection between image and shadow – even if with quite divergent evaluations. Just as Pliny uses the shadow to construct a myth of the origin of art, Plato also considers the shadow field to be equivalent with the realm of painting. But whereas for Plato the shadowy creation of art can never attain the character of truth, because it merely produces images, for Pliny it possesses substantial power, inasmuch as it is capable of symbolically ameliorating the actual absence of the body. In a certain sense, Pliny's notion of painting attributes to »shadows an ontological dignity which is equivalent to that possessed by concrete objects and sometimes even exceeds their status: shadows already have a pictorial character, whereas concrete objects must first become pictures.«[13]

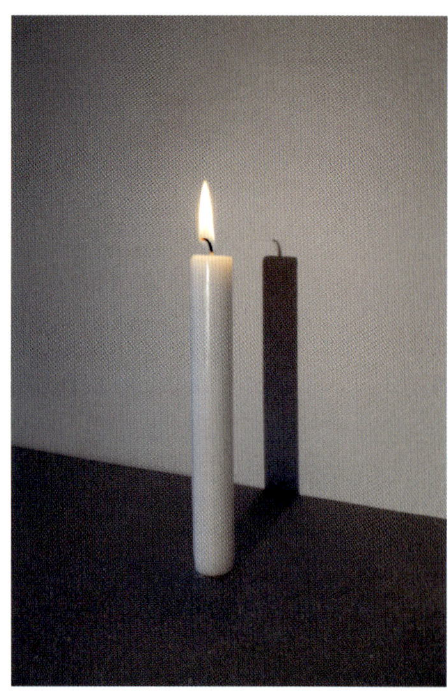

Fig. 4 Sophia Pompéry, *Light Shade*, 2011

Seen in this light, it is most likely not an exaggeration to assert that any involvement with the shadow means initially and fundamentally giving thought to an elementary principle of art, namely the relationship between mimetic and autonomous pictorial reality. In this sense, the shadow would be the always present connection to the world and simultaneously the point of entrance into the cosmos of autonomous invention. Moreover, the extent to which artworks merely rely on shadowy appearance or on substantial being would not only be negotiated in and with the shadow, but it would also become clear that both art and the shadow always engender a presence which is connected with the absence of the real. In other words, it could be said that art or respectively painting »creates pictures as a substitute for reality; it is a shadow of what we loved but have lost.«[14] This is especially true of photography, whose inventor William Henry Fox Talbot in 1835 initially wanted to use the term sciagraphy, i.e. »shadow drawing« or »shadow painting«. As the indexical fixation of a past moment, this medium – as emphasised not least of all by Roland Barthes – is intimately connected with evanescence and hence with death.[15] This connection between appearance and extinguishment, presence and absence, which is structurally inherent to the photographic medium, is thematised by Sophia Pompéry with the simple and impactful image of a burning candle whose shadow shows an snuffed-out candle (fig. 4, cat. pp. 22/139). Miguel Rothschild also turns his attention to the theme of transitoriness. His C-print *Memento mori: Work in Progress* (2013/2015, cat. pp. 145–147) shows a foggy, snowy scene: once in sharp contrast, and again in extreme paleness, after the photograph was exposed to light for a number of years.

Over a long period of time, the cultural treatment of the shadow has been concentrated upon two fundamental aspects: the shadow appears on the one hand as a confirmation of the real, and on the other as a pure phantasm. The principal accentuation tends to lie upon its reality-veiling, literally »shadowy« dimension: »With Plato, the shadow is suffused with a profound negativity which, over its entire presence in the history of Western representation, will actually never disappear entirely.«[16] It is only in the late eighteenth century that another viewpoint comes into focus with regard to the shadow. For example, the Swiss pastor, philosopher, and writer Johann Caspar Lavater, in his *Physiognomische Fragmente* (1775–78), situated the mirror of the soul not in the face but in its shadowy profile. With his silhouette-machine, Lavater could be said to have tied into the Dibutade fable; at the same time, he thereby promoted the fashion for silhouettes as a parlour game which had spread throughout Europe in the second half of the eighteenth century. He finds in the fixation of the negative image of a profile »the truest and most authentic image that one can make of a person [...], because it is a more direct imprint of nature than any other, a more faithful rendition than even the most adroit draughtsman is capable of making freehand in imitation of nature.«[17] Romanticism likewise discovered once more a positive side to the immaterial nature of the shadow, inasmuch as it brought the shadow into connection with the psyche. Offering testimony in this regard is Adelbert von Chamisso's literary fairy tale *Peter Schlemihls wundersame Geschichte* (1813), in which the protagonist first exchanges his shadow for a pouch constantly filled with money but is soon compelled to acknowledge that, without his shadow, he is excluded from human society (cat. p. 109). The attempt to reacquire his shadow fails due to the fact that the »grey one«, in other words the Devil, demands in return Schlemihl's soul, which he is unwilling to give up. Instead the hapless figure tosses the pouch into a crevice, purchases with the last remains of his money seven-league boots and henceforth, still lacking a shadow, scrapes out a living as a solitary investigator of nature. In Chamisso's tale, the shadow is transformed from an immaterial appendage of the body into an independent point of reference, in relation to which the humanity of its bearer can be measured. Thus Schlemihl's lack of a shadow leads to his ostracism from society, a state which he could only cancel were he to sell his soul to the Devil who, as »the grey one«, must likewise be assigned to the umbral world. The fact that Chamisso turns the shadow into a material object of exchange on the one hand emphasises its materiality, but also turns it, over the further course of the narrative, into an »extreme case of a symbolic good«[18] which ultimately cannot be paid for with money.

Masaccio likewise emphasises the material nature of the shadow in his famous pictorial cycle in the Brancacci Chapel of Santa Maria del Carmine in Florence, where St Peter heals the sick people whom he passes solely through contact with his shadow (St Peter Healing the Sick with his Shadow, 1427/28). The painter is thereby hearkening back to an archaic-magical conception of the shadow, which he considers to be a sort of exteriorisation of the soul (fig. 2).[19] With this shadow painting (which is not entirely realistic, by the way), Masaccio was operating within a Renaissance tradition which had been initiated by Giotto's frescoes for the Bardi Chapel in Florence (1317–26) where, for the first time, the shadow became important and even acquired a pictorially constitutive function. The shadow's fecundating quality is related to its healing power. In the Gospel according to St Luke (1:26-38), the Angel responds to Mary's question of how an immaculate conception is supposed to take place: »The Holy Ghost shall come upon thee, and the power of the Highest shall overshadow thee.«[20] Here this overshadowing (Latin verb: *obumbrare*) is quite clearly meant as a quasi-incorporeal insemination. Hundreds of years later, Pablo Picasso will take up this theme once again in an explicit and entirely physical manner in his work *The Shadow on the Woman* (1953, fig. 5). The male shadow which here falls upon the woman is not only the umbral precursor to a physical union; inasmuch as it paradoxically takes on colour precisely at the places where it comes to lie upon bed and woman, the shadow seems – just as in ancient myth – itself to possess the power of impregnation. At the same time, the shadow falling upon the picture also stands as a metaphor for all the viewers of the picture and thereby emphasises the voyeuristic, yearning gaze directed at works of art.[21]

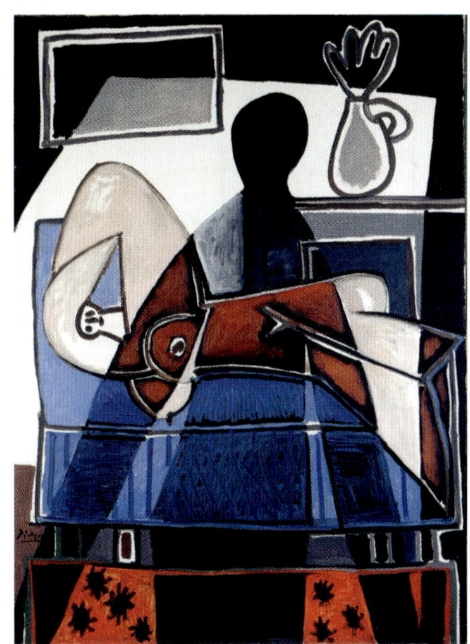

Fig. 5 Pablo Picassso, *Der Schatten auf der Frau*, 1953

Sigmund Freud and psychoanalysis gave the shadow once again an entirely different and more ambivalent meaning. Here the shadow of the Ego no longer appears as an emotional expression of the subject, as in the Romantic interpretation, but as a potentially menacing doppelgänger. It becomes the projecting surface for a dark »alterity«, i.e. an identity-endowing differentness which assures itself an umbral presence therein, and which can become a paradigm of the repressed that can endanger the Ego. A striking example of this can already be found, long before Freud, in Hans Christian Andersen's fairy tale »The Shadow« (1847). In this story, the shadow emancipates itself so fully from its carrier – namely a scholar who writes about the True, the Good, and the Beautiful, in which no one is any longer interested – that it takes up his position and condemns the scholar to appear as its shadow. When ultimately the wise man attempts to rebel against this reversal, his shadow causes him to be confined in a prison where he perishes in abject misery. Here Andersen clearly stages an antagonism between the scholar's Platonic-idealistic theses, to which the world responds with disinterest, and the power of the shadow,[22] which here, as the structure of darkening, becomes the realm of the nocturnal, dubious, uncanny, and anti-enlightening. This emancipation of the shadow into a doppelgänger of the Ego which, however, is endowed with its own antagonistic power, finds a mirroring, for example, in Vito Aconci's *Shadow-Play* (1970), in which the artist boxes against his own shadowy Ego (cat. p. 53), in the same manner as the famous Chanel poster for the perfume *Égoïste Platinum* (1993), in which a muscular male model wrestles with his shadow for possession of the eponymous perfume (fig. 6, cat. pp. 24/89).

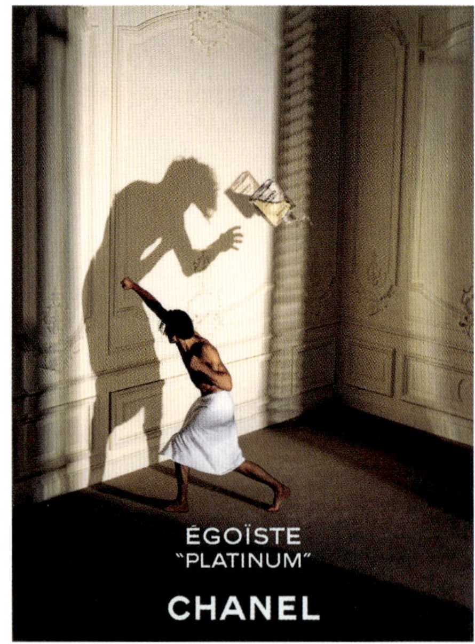

Fig. 6 CHANEL
ÉGOÏSTE PLATINUM
Eau de Toilette Campaign
by Jean-Paul GOUDE, 1993

Against this background, the history of the shadow can also be read as an alternative to the notion of an unambiguously illuminated, purely rationally conceived, explicable world. In particular, the aspect of a crisis of the self, of renewed relevance today in light of multiple demands placed on the subject, is mirrored in myriad ways in the theme of the shadow. As an aesthetic figure, it becomes fruitful not least through its paradoxical underlying structure: absence and presence touch upon each other in the shadow, which is an index of the material world even as it simultaneously shows itself to be the immaterial disclaimer of the world. It belongs to the body, from which at the same time it eternally distances itself. It is a trace (*skia*) and simultaneously a projection surface whose manifestation lays claim to possessing a reality of its own. The dark realm which it establishes is closely connected with transitoriness, with death, against which the shadow simultaneously positions its mercurial motility and transformational power.

Not least, as previously mentioned with regard to Plato and Pliny, the shadow can also be understood as a metaphor for the essence of art which, in its images, always remains connected with the world, from which it must simultaneously distance itself in order to acquire its own visibility. It is in precisely this sense that all pictures are shadows and all shadows are also pictures which simultaneously authenticate and cast into question that which they touch upon.

The history of the shadow and its multifaceted fields of meaning, which can only be sketched here in broad outline, must in any case extend a glace to its metaphorical resonances within the political sphere. Proceeding from Bertolt Brecht's famous saying in *Die Dreigroschenoper* of 1928, »And you only see those in the light; those in the darkness you don't see«, there is today an increasing artistic focus on none other than the obscure figures who have been excluded from society. For example, in David Claerbout's video work *The Stack* (2002, cat. pp. 63–65), the sunlight wanders for thirty long minutes across a tangle of elevated streets until it offers, for a brief moment, the view of a homeless person who has spread out his sleeping bag beneath the elevated roadways. William Kentridge built his entire oeuvre upon a shadow theatre, both impactful and precise, which investigates the history of South Africa, so deeply marked by apartheid and racism, and erected a profoundly humane monument to all the undesired and dispossessed persons of that nation (cat. pp. 105–107). In a similar if even more drastic manner, in *Testimony: Narrative of a Negress Burdened by Good Intentions* (2004, cat. pp. 171–173), Kara Walker offers an unsettling alternative history of slavery in which the black colour of the moving silhouette-figures alludes both to their shadowed obscurity and to a universal blackness. And Javier Telléz, in his 35-mm film *Shadow Play* (2014, cat. pp. 165–167), made in collaboration with refugees, prisoners, and persons with mental and physical limitations, depicts their fates in slow, soundless shots interrupted by the recurring presence of the sculpture *The Hand* (1947/48) by Alberto Giacometti, which emphasises the existential dimension of the film (fig. 3). Taken together, all these works serve as examples for a productive reversal of the Brechtian formula. Here one sees not the brightly lit figures but, without exception, those who customarily stand in shadow. In this way, the shadow becomes a means of self-empowerment for marginalised individuals and is transformed from a side issue, dependent on light, to a matter of major importance. As Batman says in a 2022 film rendition of the famous graphic novel *The Batman*: »They think I am hiding in the shadows, but I am the shadows.«[23]

1 Roberto Casati, *Die Entdeckung des Schattens*, Berlin 2001, p. 49.

2 Cf. Viktor I. Stoichita, *Eine kurze Geschichte des Schattens*, Munich 1999, pp. 143–144.

3 Roberto Casati, »Schattengeschichten von Wissen und Macht«, in *Shadow Play*, edited by Thorsten Sadowsky (exhib. cat.) Kunsthallen Brandts Kaedefabrik, Odense; Kunsthalle zu Kiel; Landesgalerie am Oberösterreichischen Landesmuseum, Linz), Heidelberg 2005, p. 38.

4 Ibid. p. 37.

5 Haruki Murakami, *Die Stadt und ihre ungewisse Mauer*, Cologne 2024.

6 Tanizaki Jun'ichirō, *Lob des Schattens*, Munich 2010, p. 37.

7 Leonardo da Vinci, *The Literary Works of Leonardo da Vinci*, no. 111, quoted acc. to Stoichita 1999 (see note 2), p. 62.

8 URL: <https://de.wikipedia.org/wiki/Schatten> [last accessed on 14 November 2024].

9 Anselm Wagner, »Zu einer Kunstgeschichte des Schattens«, in: exhib. cat. Odense/Kiel/Linz 2005/06 (see note 3), p. 89.

10 Thorsten Sadowsky, »Von Schatten, Doppelgängern und Höhlen«, in: exhib. cat. Odense/Kiel/Linz 2005/06 (see note 3), p. 19.

11 Casati 2005 (see note 3), p. 38.

12 Cf. in this regard Stoichita 1999 (see note 2), p. 15.

13 Exhib. cat. Odense/Kiel/Linz 2005/06 (see note 3), p. 37.

14 Wagner 2005/06 (see note 9), p. 97.

15 Cf. Roland Barthes, *Die helle Kammer*, Frankfurt a. M. 1989, p. 83.

16 Stoichita 1999 (see note 2), p. 25.

17 Johann Caspar Lavater, *Physignomische Fragmente zur Beförderung der Menschenkenntnis und Menschenliebe. Eine Auswahl*, Stuttgart 1984, p. 152.

18 Stoichita 1999 (see note 2), p. 169.

19 Cf. in this regard Wagner 2005/06 (see note 9), p. 90 and Stoichita 1999 (see note 2), pp. 54–57.

20 Stoichita 1999 (see note 2), p. 67

21 Ibid., p. 120.

22 Cf. Jorgen Dines Johansen, »Ein Zerrbild - der Schatten - ein Antimärchen«, in: exhib. cat. Odense/Kiel/Linz 2005/06 (see note 3), p. 58.

23 *The Batman*, Director: Matt Reeves, USA 2022.

Hans-Joachim Müller

Diogenes hatte recht

Skizzen zu einer Kulturgeschichte des Schattens

Meisterdenker, Vegetarier, Fassbewohner: Diogenes. Schattenfeind im alten Korinth. Den mächtigen Alexander, der ihm gerne einen kleinen Obdachlosenwunsch erfüllt hätte, soll er nur darum gebeten haben, aus der Sonne zu gehen.[1] So ist der Mensch. Hat's gerne hell. Und zu seinen Ur-Kränkungen gehört, dass das Licht immer nur zusammen mit dem Nicht-Licht zu haben ist. Da liegt er auf dem Rücken, blinzelt in die Sonne, und schon ziehen Wolken auf, und die Welt dunkelt ein, verwandelt sich ins Graue, erstarrt im Schwarzen. Und weil er laut Schöpfungsplan alles benennen soll, sagt er zum Lichtraub Schatten. Und das Schattenschicksal wird ihn auf lange Sicht ungleich mehr beschäftigen als seine elende Vertreibung aus dem Paradies, über dessen stabile Lichtverlässlichkeit auch nicht allzu viel bekannt ist.

Jedenfalls ist das Urwort »Es werde Licht. Und es ward Licht« nur die halbe Wahrheit. Und schon immer ist es so gewesen, dass der eine in der Sonne steht und der andere nicht, und der eine zu viel Sonne abbekommt und der andere zu wenig. So gesehen hat es nicht ausbleiben können, dass Licht und Nicht-Licht rasch in den Rang ethischer Kategorien aufgestiegen sind. Da hat der physikalische Verstand noch so feinsinnige Berechnungen anstellen können, die Erfahrungs- und Vorstellungswelt zerfiel in lauter Lichtgestalten und Dunkelmänner.

Licht ohne Schatten wäre Unsterblichkeit. Sterblichkeit, Tod, ist Finsternis, Abstieg ins Reich der Schatten. Und früh schon hat die Erzählkunst neugierig ängstliche Blicke in die unterirdischen Katakomben geworfen, wo die Seelen, bewacht von rohem Höllenpersonal, ihr lichtloses Schicksal erdulden. Auch hat es schon besonderer Heldenhaftigkeit bedurft – Odysseus, Orpheus, Herakles, Aeneas –, um den Erkenntnisweg durchs Reich der Finsternis zu überstehen. Zuletzt hat diesen Dante unter freundlicher Hilfe des Dichters Vergil gewagt und einen eindrücklichen Bericht von seiner Traumreise gegeben, deren pädagogische Absicht sich natürlich erst mit dem Wiederaufstieg in numinose Lichtregionen erfüllte.

Prinzipiell also ist dem Schatten zu misstrauen, und dass er am Menschen hängt, und der Mensch ihn nicht loswird, gehört zu den unveränderlichen existenziellen Bedingungen. Wobei laut Platon das Schlimmste der bedenkliche Umstand sei, dass die Menschen mit ihrem Schattendasein durchaus zufrieden wären.[2] Säßen sie doch in ihrer Höhle und ließen es sich gefallen, dass hinter ihnen die Weltdinge vorbeizögen, von denen sie – ontologisch völlig desinteressiert – vor sich nur Schatten wahrnehmen würden. Zum eigentlichen Sein des Seienden gelangten sie so nie. Oder nur, wenn sie sich doch einmal aufrafften und das Schattenloch verließen. Satirisch wohlgelaunt, wie er nun einmal war, stellte sehr viel später Erasmus von Rotterdam die törichte Frage: »Nun, was hat der Weise, der sich aus der Höhle herausschleicht und das Wesentliche jener Bilder angafft, jenen voraus?«[3]

Will sagen, sein Schatten geht auch ihm nach. Weshalb es ungleich vernünftiger erscheint, diesen produktiv zu nutzen. Womit wir bei der Kunst wären. Der römische Historiker Plinius hat ihre Anfänge gewissenhaft recherchiert. So soll es die pfiffige Tochter des korinthischen Töpfers Butades gewesen sein, »die aus Liebe zu einem jungen Mann, der in die Fremde ging, bei Lampenlicht an der Wand den Schatten seines Gesichtes mit Linien umzog; den Umriss füllte der Vater mit darauf gedrücktem Ton und machte ein Abbild, das er mit dem übrigen Tonzeug im Feuer brannte und ausstellte.«[4] Von Stund an war der Schatten nicht mehr bloß Dunkelschicksal des erkenntnislosen Lebens, sondern darüber hinaus ökonomisch überaus wertvoll.

Immerhin ist so plausibel überliefert, dass von allen Anfängen an die plastischen Künste an der Schattennutzung beteiligt waren. Erst einmal musste das räumliche Sehen trainiert werden, und dafür war die Bildhauerei zuständig. Die marmornen Körper, die sie so grandios skulpturierte, ließen sich anders als die planen Bilder von allen Seiten aus betrachten. Und von allen Seiten aus betrachtet, bildeten die Körper dunkle Flecken hinter sich an der Wand oder am Boden oder zeigten sich mit fein nuancierten Dunkelstellen auf ihrer Oberfläche, was den Eindruck ihrer Körperhaftigkeit zwingend machte. Dunkelstellen, vom Licht produziert, die das gierige Auge wissend, das Sehen klug werden ließen. So durfte, wer die Säulenreihe eines Tempels entlangblickte, dank der Schatten, die die Säulenschäfte halb bedeckten, gänzlich sicher sein, dass es sich um vollrunde Architekturteile handeln musste. Ein Erkenntnisvorgang, der im Definitionsdeutsch einer alten Brockhaus-Ausgabe so klingt: »Als Schatten wird der gar nicht oder weniger beleuchtete Bereich hinter einem undurchsichtigen oder nicht vollkommen durchsichtigen Körper bezeichnet, der sich im Strahlengang einer Lichtquelle befindet«.[5]

Jedenfalls haben Licht und Schatten ganz entscheidend zur visuellen Wahrheit beigetragen. Mit ihrer Hilfe orientieren wir uns in der voluminösen Welt, in einer Welt voller Körper im Raum, die anders, als ihre zeichnerische oder gemalte Abbildung suggeriert, nicht plan vor unseren Augen steht. Weshalb die Zeichner und Maler[6] auch noch eine ganze Weile brauchten, bis sie gelernt hatten, die Farben so abzutönen, dass die Dinge gewölbt, konvex oder konkav erscheinen.

Ein Zauber, der die hochentwickelte Antike nicht überleben sollte. Mit der Erhebung der christlichen Kirche zur Staatsreligion war die Erfindung des Butades und seiner Tochter nur noch geächtet. Wobei sich die Bilderverbote der klerikalen Kultur des frühen Mittelalters vor allem auf die Skulptur bezogen, deren grandiose antike Erbstücke mit dem Segen der christlichen Amtskirche zerstört wurden. Vom 5. bis zum 10. Jahrhundert erstarrten und erstarben die Bildkünste, und die Künstler verlernten die Schattierung, die sie in der spätrömischen Freskomalerei so virtuos beherrscht hatten. Vor allem die Bildhauerei stand im zweifelhaften Ruf, pagane Anbetungsgegenstände zu liefern, die dem eifersüchtigen Gott fatale Konkurrenz böten. Und mit dem Skulpturenverbot reduzierten sich auch die bildnerischen Künste zur Flachmalerei. Denn dem Schatten war nicht zu trauen. Ging ihm doch nicht ganz zu Unrecht der Ruf voraus, mit seinen Illusionen von der desillusionierten Welt abzulenken, wie sie die christliche Erzählung überliefern sollte. Eine Erzählung, wie der französische Mediävist Georges Duby schreibt, »die den Schatten als eine der Manifestationen der Materie ablehnte und die Tiefendimension und folglich das erhabene Relief verdammte und flache Bilder bevorzugte, die sozusagen auf der Spiegelfläche des Mosaiks eingeebnet waren.«[7]

Und mit Argwohn hat man in Lateineuropa zugesehen, wie die griechischen Christen in Byzanz die flachen Ikonen des heiligen Personals zu Anbetungsgegenständen erhoben, denen nicht weniger therapeutische Wirksamkeit zugebilligt wurde als den verwahrten Reliquien. Im Westen blieb man streng. Erst die Synode von Arras im Jahr 1025 erlaubte die Rückkehr der erzählenden Bilder zur pädagogischen Unterweisung. Die kirchenväterliche Skepsis freilich blieb bestehen. Der Christenmensch habe auf die Stimme Gottes zu hören. Zu sehen gäbe es nichts, befand der Zisterzienserabt Bernhard von Clairvaux. Aber auch er hat nicht verhindern können, dass die Maler mehr und mehr dazu übergingen, ihren unwahrscheinlichen Geschichten wieder das Ansehen der Wahrscheinlichkeit zu geben. Und auch in die Tympana über den Portalen der romanischen Kirchen kehrten die reliefierten Figuren zurück. Plötzlich war sogar der Schatten wieder da. Dunkle Stellen zwischen den Köpfen der drei Könige, die wie Puppen unter einer Decke liegen und ihren gemeinsamen Traum träumen: Seit tausend Jahren steht man vor der Kathedrale Saint-Lazare im burgundischen Autun und schaut hoch zum Schattenspiel des Bildhauermeisters Gislebertus, der nach Jahrhunderten Schattenverbot in bester Butades-Laune vorführt, wie es ist, wenn drei Männer aus Stein im Bett liegen und sich vom Engel bewachen lassen.

Was sich die Kunst zurückgewann, sollte sie erst wieder ablegen, als ihr in der triumphal aufbrechenden Moderne die illusionistischen Mittel zum Problem wurden. Vorerst genoss sie ihre Freiheit und bedankte sich für das neue Lebensrecht mit einer Raffinesse, die das Sehen immer anspruchsvoller machte, bis es sich vom Erkennen nicht mehr unterscheiden ließ. Es muss für Spätmittelalteraugen ein unterhaltsames Wunder gewesen sein, wie die Maler um das wahrhaftigere Bild stritten, wie Fra Angelico eine *Grablegung Christi*[8] malte und Rogier van der Weyden eine *Grablegung Christi* malte (Abb. 7), und der Niederländer seinen italienischen Kollegen doch sichtlich übertraf.

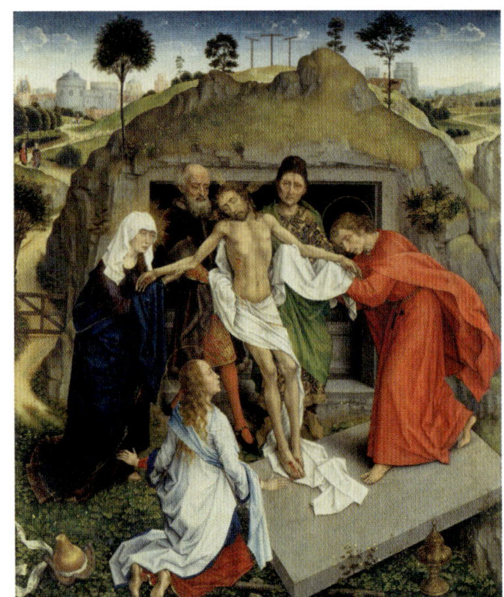

Abb. 7 Rogier van der Weyden, *Grablegung Christi*, um 1450

Das italienische ist noch spürbar frommes Bild, flächige Botschaft an ein gläubiges Publikum, die ihre alte Wunderbefähigung noch nicht ganz verloren hat. Das andächtige Verweilen vor Fra Angelicos Grablegung entsprach durchaus der Teilnahme an einem der kirchlichen Sakramente. Ganz anders Rogier van der Weyden. Der Maler feiert keine Messe, er lädt ein zu einem Theaterstück, das er mit hochprofessionellen Schauspielern vor einer grandiosen Landschaftskulisse inszeniert hat. Er schildert ein Geschehen in einem Illusionsraum, der perfekt eingerichtet, also perfekt ausgeleuchtet und verschattet erscheint. Es ist wie wenn die Leute im Londoner Globe Theatre stehen und Shakespeares Hamlet beim Sein oder Nichtsein zuschauen.

So ist es vielleicht doch kein Zufall, dass die Rückkehr des Schattens aus seiner theologischen Verbannung mit der Erfindung der Zentralperspektive zusammenfällt. Sind doch die Fluchtlinien, die die Bildgegenstände raumtief staffeln, im Grunde nichts anderes als eine Geometrisierung des Licht-und-Schatten-Spiels. Renaissancetheoretiker und -praktiker wie Leon Battista Alberti oder Filippo Brunelleschi haben dazu schwergewichtige Kommentare hinterlassen, hätten aber auch nichts gegen die schlichte Gebrauchsanleitung: Man separiere die Linien zwischen Licht und Schatten, ordne sie nach mathematischen Gesetzen und konstruiere so eine räumliche Vorstellung.

Jedenfalls war die Kunst ein gutes Stück gescheiter geworden. Und untrügliches Kennzeichen ihrer Intelligenz blieb für lange Zeit der formende Einsatz des Schattens. In den Meisterwerkstätten und später an den Akademien ließen sich die Maler zeigen, wie man ohne Umzeichnung aus Licht und Schatten ein Bildnis modelliert, das mit dem Porträtierten auf wundersame Weise übereinstimmt.

Wenn man von der gelegentlichen Bilderstürmerei absieht, sollte sich auf lange Sicht hin nicht viel ändern. Wobei ja auch die instrumentalisierte Wut auf die Bilder nicht zuletzt ihrer Überlegenheit gegolten hat, ihrer abergläubisch erlebten Macht, von der man sich im Zerstörungsakt zu befreien hoffte. Die lutherische Theologie, die ihre Anhänger auf die Heiligenbilder der Papstkirche losließ, hat tunlichst übersehen, dass die Malerei in der Perfektion des Erzählbildes Mystifikationen bereithielt, die in ungleich höherem Maße das ehrfürchtige Staunen provoziert haben. Klug hat die römische Kirche auf die protestantischen Aggressionen reagiert und die Maler zu einem gegenreformatorischen Bildprogramm animiert, das die entzauberten Geschichten mit neuen Leidenschaften füllte. Und noch immer sahen die Gläubigen und Nichtgläubigen angerührt zu, wie die keusche Maria aus der dunkel verschatteten Erde in den lichten Himmel auffährt und dort schon der Königinnenthron auf sie wartet.

Begierig nahm ein eleganter Zeitgeistkünstler wie Caravaggio die neue Doktrin auf. Ein Maler unglaublicher Geschichten. Und ein Beleuchtungskünstler, wie es noch keinen gab. Ein herrischer Regisseur, der seine Figuren in nie gesehene Gefühlsdramen verwickelt hat und ganz genau wusste, wie man starke Szenen mit starken Hell-Dunkel-Effekten noch stärker macht, wie man aus dem Überdruss an den alten Erzählformen neue Figurenschemata gewinnt. Irgendwann ging einem der kandierte Madonnenschmelz auch ein bisschen auf die Nerven, diese eingefrorene Schönheitsmaßstäblichkeit, der hochgemute Auftritt selbstbewusster, unzweifelhafter Subjekte, die sich stellvertretend für den neuzeitlich erwachten Menschen in Szene setzen mussten. Und man schlug sich lieber auf die Seite Caravaggios und seiner Nachfolger und ließ sich ihre muntere Dekonstruktion des Heroischen gefallen. Was sich mit Caravaggio anbahnt, ist der Triumph des schönen Scheins, der seine Scheinhaftigkeit immer schon durchschaut hat und uns am Spiel der Verschleierungen und Enthüllungen teilhaben lässt.

Es ist ein szenischer Realismus voller Schminke und Theaterblut. Und von niemandem mehr ist verlangt, dass er das biblische Personal auswendig kennt und die komplizierte Theologie versteht, all die gehüteten Lehrstücke und Moritaten, in die die heiligen Figuren verwickelt sind. Niemand muss sich ungebildet vorkommen, wenn er noch nie davon gehört hat, was die junge Frau namens Judith dazu bringt, einem zauseligen Mann namens Holofernes den Kopf abzusäbeln (Abb. 8). Was allein zählt: Wie sie es tut, und wie Licht und Schatten die Hinrichtung zum effektvollen Schaustück machen.

Wobei die Ideen des katholischen Barocks auch und gerade von der bürgerlichen Malerei begierig aufgegriffen wurden. Und es ist vor allem Rembrandt gewesen, dessen bedeutendstes Kapital die kostbare Dunkelheit werden sollte. Bis heute kommen einem die Kragen der Notabeln der Tuchmacherzunft, die auf seinem berühmten Gemälde *Die Vorsteher der Tuchmacherzunft*[9] die Köpfe zusammenstecken, wie weiße Friedhofsblumen vor. Wo sind denn all die leuchtenden Farben geblieben, mit denen die Renaissancemaler der Neuzeit die Augen geöffnet haben? Michelangelo an der Decke der Sixtinischen Kapelle – könnte man sich dort Rembrandt vorstellen? Es wäre stockfinster im hehren Raum.

Wirklich groß macht Rembrandt nicht seine malerische Exzellenz, einzigartig macht ihn, was er an- und aufgestoßen hat, die visionäre Ausleuchtung von Bewusstseinsräumen, die so noch keiner betreten hat. Insofern ist das Rembrandt-Schwarz nicht nur die schattige Folie eines niederländischen Jahrhunderts, das gerne als golden beschrieben wird und umso eleganter funkelt, je dunkler Kleider, Hüte, Bilder sind. Man muss nur ein wenig vor den Gemälden oder Zeichnungen verweilen, um mitzuerleben, wie die Gegenstände auf ihnen erscheinen. Das ist ein ebenso abenteuerlicher wie geheimnisvoller Vorgang. In der ganzen langen, unendlich wechselhaften Geschichte der Bilder ist es doch allemal der Anspruch des Künstlers gewesen, Landschaften, Figuren, Räume, Stillleben zu entwerfen, planen, zu erfinden und konstruieren. Maler formen sie aus Farbe, Bildhauer aus Gips und Ton.

Jetzt ist man Zeuge einer Art Selbstbildung der Dinge. Oder, müsste man sagen, Zeuge einer Einladung, diesen bei ihrer Selbstbildung zuzusehen. Denn der ewige Dämmer, der über dem Werk liegt, ist nur die Bühne, auf der das Licht die Dinge aus ihrer Lichtlosigkeit löst, ihnen Form, Volumen, Stofflichkeit gibt. Und ins Rembrandt-Licht und in den Rembrandt-Schatten ist unlösbar unser Sehvorgang mit einbezogen (Abb. 9). Die spitzfindige Frage, an der dann die Meisterhirne des 18. Jahrhunderts verzweifeln sollten, ob die sichtbare Welt auch unabhängig von unserer Erkenntnis gegeben ist, scheint in Rembrandts Malerei längst vorweggenommen. Jedenfalls malte der Meister so, dass ohne unser Seh-Zutun aus Licht und Schatten kein Bild würde. Und ohne unser Seh-Zutun aus der Sinnlichkeit des unstofflichen Lichts und der Sinnlichkeit des unstofflichen Dämmers sich kein Drama der handelnden und nichthandelnden Figuren entwickelte.

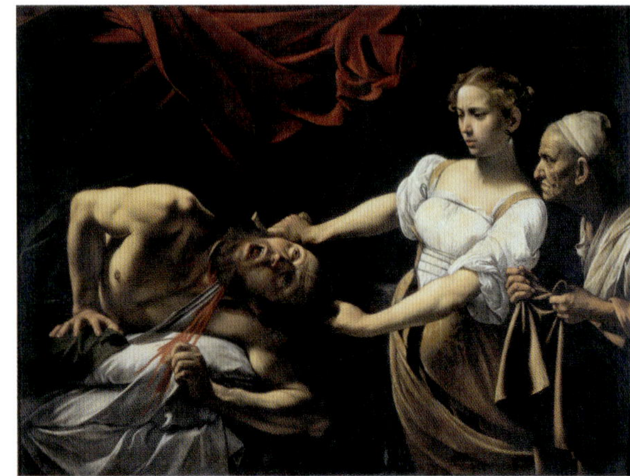
Abb. 8 Caravaggio, *Judith und Holofernes*, 1599

So blieben die Bilder mit ihrer aus Licht und Schatten gebauten Kunstfertigkeit lange die Faszinationsgegenstände, denen keine Ernüchterung des Denkens, kein Vernunftappell, keine Aufklärung irgendetwas anhaben konnten. Und es mussten schon die Maler und mehr und mehr auch die Malerinnen selber sein, denen die ererbte Schattenvirtuosität langsam peinlich wurde. Was genau der Schamgrund war, könnte man so wenig angeben wie Ort und Zeitpunkt. Irgendwann im zu Ende gehenden 19. Jahrhundert war man die akademischen Tugenden leid, und an die Stelle der illusionistischen Bravour trat die spektral zerlegte Farbe. Die Flächen, die sich vor den Augen dank der feinen Schattierungen zu Körpern wölbten, flirrten nun in ihrer Fleckenstruktur, und die Augen setzten die Farbtüpfelchen zu einem Bild von Welt zusammen, das nicht mehr perfekt konstruiertes Abbild war, sondern rätselhafte Welterscheinung.

Anders als die Schattenzauberei, die sich so triumphal bewährt hatte, schien die neue Kunst der visuellen Wahrheit ein ganzes Stück näher gekommen zu sein. Die Zeitgenossen reagierten verblüfft, auch entsetzt. Jedenfalls hätte sich kaum einer vorstellen mögen, dass die malenden Dissidenten, die sich Impressionisten und Fauvisten nannten, ein halbes Jahrhundert später den Publikumsgeschmack präsidieren sollten. Und es waren auch nur noch kleine Bildungsschritte nötig, um die aufgeklärten Augen an flächige, gänzlich schattenlose Zumutungen wie den Kubismus und die Abstraktion zu gewöhnen.

Moderne: Man kann sie als Verlust oder als Sieg der sinnlichen Vernunft über die illusionistischen Mittel der Magie beschreiben. Doch anders als es ihre Vordenker, Promotoren und Anhänger dachten, die in radikaler Schattenlosigkeit ein Synonym für künstlerischen Fortschritt erkennen wollten, blieben die probaten Publikumslieblinge des Salons alle in Amt und Würden. Und das alte Schattenspiel tat noch lange seine Wirkung und wird seine Faszination nie ganz verlieren und mit jeder Neuerfindung der Gegenständlichkeit wieder zum Basisinstrument realistischer Malerei gehören. Aber die Augen sind klüger geworden und lassen sich nicht mehr so leicht und so gern berücken. Man schaut den Bildermachern auf die Finger, sieht ihnen gleichsam zu, wie sie mit ihren Schattierungen die Dinge aus der Fläche in die vermeintliche Körperfülle bringen.

Unverändert indes, gänzlich intakt, ist der Schatten als vielleicht letzte metaphysische Instanz geblieben. Und der uralte Verdacht des spätmittelalterlichen Denkers Nicolaus von Kues, das Licht müsste unendlich sein, wenn es den Schatten nicht gäbe, hat nichts von seiner Plausibilität eingebüßt. Und wenn auch die verschiedenen Fürsten der Finsternis, ihre unterirdischen Reiche nebst dem zugehörigen Quälpersonal jenseits religiöser Vorstellungen keine Rolle mehr spielen, dann hat das Bild vom Schatten, in den sich der Mensch post mortem verwandele, doch sämtliche Säkularisationen überstanden. Weshalb es schlimm ausgeht, wenn einer oder eine ohne Schatten durch die Welt ziehen muss – wie die »Frau ohne Schatten«, der Richard Strauss' Librettist Hugo von Hofmannsthal eine Feenherkunft attestiert. Oder noch schlimmer, wenn man seinen Schatten verliert oder gar verkauft wie Peter Schlemihl, den Adelbert von Chamisso auf tragische Wanderschaft durchs schattenlose Leben schickt. Und es gehört bis heute zu den untrüglichen Schmerzzeichen der Literatur, wenn sie sich von der Schattenmetapher nicht trennen kann. Wie der Lyriker Paul Celan, der von Denkschatten, Flugschatten, Gedankenschatten, Geierschatten, Herzschatten über Lerchenschatten, Ringschatten, Schlagschatten bis zu Sprachschatten, Windschatten und Wortschatten keine Schattenmöglichkeit ausschließt.

Wir werden die Schatten nicht los. Auch als Respektsperson nicht. Und schon gar nicht als Meisterdenker, Vegetarier oder Fassbewohner. Man kann nur einen Schritt zur Seite treten, um das Licht nicht noch mehr zu verschatten. Diogenes hatte völlig recht.

1 Plutarch, Alexander, Ditzingen o. J., S. 14.

2 Platon, Der Staat, 7. Buch, Hamburg 1998.

3 Erasmus von Rotterdam, Lob der Torheit, Frankfurt 2010, S. 62.

4 C. Plinius Secundus d. Ä., Naturkunde, Buch XXXV, München 1978, S. 109.

5 Karl Mütze (Hg.), ABC der Optik. Stichwort: Schatten, Leipzig 1961, S. 763.

6 Anm. d. Red.: In diesem Beitrag wird weitgehend auf die Verwendung geschlechtergerechter Formulierungen verzichtet. Die ausschließliche Verwendung der männlichen Form soll geschlechtsunabhängig verstanden werden. Auch wenn für den thematisierten Zeitraum durchaus Künstlerinnen und andere Akteurinnen dokumentiert sind, könnte eine sprachliche Gleichstellung die marginalisierte Stellung von Frauen in historischen Gesellschaftskonstellationen verfälschen.

7 Georges Duby, Kunst und Gesellschaft im Mittelalter, Berlin 1998, S. 16.

8 Fra Angelico, *Grablegung Christi*, 1438–1440, Bayerische Staatsgemäldesammlungen, Alte Pinakothek, München.

9 Rembrandt, *Die Vorsteher der Tuchmacherzunft*, 1662, Rijksmuseum, Amsterdam.

Hans-Joachim Müller

Diogenes Was Right

Notes for a Cultural History of the Shadow

Master of thought, vegetarian, inhabitant of a barrel: Diogenes. Shadowy opponent in ancient Corinth. He is said to have responded to an offer by the mighty Alexander to provide a dwelling to end his homelessness merely with the terse request to step aside and refrain from blocking the sun.[1]

So is the human being. He wants things bright. And one of his deep disappointments is that light can only be had in connection with non-light. There he is, lying on his back and blinking up at the sun, only to witness the appearance of clouds, whereupon the world darkens, turns grey, solidifies into black. And since the plan of creation requires him to give a name to everything, he calls the deprivation of light »shadow«. And this inexorable imposition of shadow will over the long term concern him far more than his miserable expulsion from Paradise, concerning whose stable and dependable illumination little is known.

In any case, the primal words »Let there be light. And there was light« are only half the truth. It has always been the case that one person is standing in the sun and the other not, and that one individual gets too much sun and the other not enough. From this point of view, it could not have been long until light and non-light quickly rose to acquire the status of ethical categories. Regardless of how subtle the calculations undertaken by the physical brain, the world of experience and imagination disintegrated into nothing other than luminous figures and obscurantists.

Light without shadow would be immortality. Mortality, death, is darkness, descent into the world of shadows. And quite early on, narrative art took fearful if curious looks at the subterranean catacombs where souls, under the surveillance of the coarse personnel of Hell, endured their lightless fate. And there was always need of a special heroism – on the part of such figures as Odysseus, Orpheus, Heracles, or Aeneas – to survive treading the path of cognition through the realm of darkness. Lastly it was Dante who, with the friendly assistance of the poet Virgil, dared to undertake this journey and left an impressive report of his dream travel, its pedagogical intent being of course fulfilled only upon reemergence into numinous regions of light.

So, fundamentally, the shadow is to be mistrusted, and the fact that it is attached to the human being, who cannot get rid of it, numbers among the immutable conditions of existence. Whereby according to Plato, the worst of the problematic circumstances is that people are unreservedly pleased with their obscure existence.[2] Inasmuch as they sit in their cave and remain unperturbed by the fact that behind them the things of this world pass by in succession, while they – utterly disinterested in ontological terms – perceive before themselves mere shadows. Thus they never reach the actual sense of existence. Or only if they were to bestir themselves and leave their shadowy den. In satirical cheerfulness, as was his nature, Erasmus of Rotterdam much later posed the foolish question: »So what does the wise man who emerges furtively from the cave and gawks at the essence of those images have over the others?«[3]

Which is to say that his shadow also accompanies him, so that it appears far more reasonable to use it productively. Which brings us to art. The Roman historian Pliny conducted diligent research into its beginnings, and the general consensus was that it was the clever daughter of the Corinthian potter Butades »who, out of love for a young man who was about to go far away, traced the lines of the shadow of his face onto the wall by the light of a lamp, whereupon her father pressed clay so as to fill the outline and make an image which he fired and displayed along with the other items made of clay.«[4] From that point on, the shadow was no longer merely the umbral destiny of unaware life, but furthermore possessed economic value.

Nonetheless, there is a plausible tradition that, right from the beginning, the sculptural arts participated in the use of shadow. The marble bodies to which they gave such grand articulation could be contemplated from all sides, in contrast to flat pictures. And viewed from all sides, the bodies formed dark spots on the wall or on the floor, or presented themselves with finely nuanced dark spots on their surface, which conveyed a compelling impression of their tangible corporeal presence. Patches of darkness which, produced by light, imparted knowledge to greedy eyes, imbued vision with intelligence. Thus – thanks to the shadows which halfway covered the shafts – whoever gazed along the row of columns in a temple could be entirely sure that this must be a matter of fully rounded architectural segments. A cognitive process which is formulated as follows in the definitional German of an old edition of the Brockhaus encyclopedia: »The term shadow refers to the entirely lightless or less illuminated area behind a non-transparent or not entirely transparent object which is situated in the path of light radiating from a source.«[5]

In any case, light and shadow made a fundamentally important contribution to visual truth. With their aid, we orient ourselves in the voluminous world, a world full of objects in space which – differently than is suggested by their graphic or painterly depiction, do not stand there flat before our eyes. It is for this reason that painters and draughtsmen[6] also required an extended period of time until they had learned how to gradate colours so that things appear arched, convex, or concave.

A magic which was not destined to survive a so highly developed Antiquity. With the exaltation of the Christian Church to a state religion, the invention of Butades and his daughter was met only with scorn. The prohibition of images by the clerical culture of the early Middle Ages was related above all to sculpture, whose grand, ancient heirlooms were destroyed with the blessing of the official Christian Church. From the fifth to the tenth centuries, the visual arts ossified and expired; artists forgot the technique of shadowing which they had mastered with such virtuosity in late Roman fresco painting. Above all, sculpture had the dubious distinction of producing objects of pagan adoration which threatened a jealous God with fatal competition. And with the prohibition of sculpture, the visual arts were likewise reduced to two-dimensional painting. For no trust could be placed in the shadow, inasmuch as – not without some justification – it was said with its illusions to distract from a world which, now disencumbered of illusion, was supposed to be maintained in its enlightenment by Christian narrative. A narrative, as the French medievalist George Duby writes, »which rejected the shadow as one of the manifestations of matter and which condemned the dimension of depth and accordingly the raised relief, preferring flat pictures that were levelled down to the mirroring surface of the mosaic.«[7]

Latin-speaking Europe viewed with suspicion the manner in which the Greek Christians in Byzantium exalted the flat icons of sacred figures into objects of adoration, to which were attributed no less therapeutic efficacy than was possessed by treasured relics. The West maintained its strict attitude. Only with the Synod of Arras in 1025 was permission granted for a return to narrative images for the purpose of pedagogical instruction. But the scepticism of the Church Fathers persisted. It was the Christian duty to listen to the voice of God. There was nothing to be seen, at least in the opinion of the Cistercian Abbot Bernhard von Clairvaux. Yet he as well was unable to prevent painters from increasingly imbuing their implausible narratives once again with the appearance of plausibility. Similarly, figures done in relief returned to the tympana above the portals of Romanesque churches. Suddenly even the shadow was back. Dark sections could be seen between the heads of the Three Kings lying like dolls beneath a blanket and dreaming their shared dream. For a thousand years, people have stood before the Cathedral of Saint-Lazare in Burgundian Autun and gazed at the play of shadows achieved by the master sculptor Gislebertus who, after centuries of the shadow being prohibited, presents in the most faithful manner of Butades how it is when three men made of stone lie in bed beneath the watchful gaze of an angel.

That which art reacquired would only be relinquished anew when, in the triumphal rise of modernism, illusionistic means were deemed to have become problematic. But first art enjoyed its freedom and offered thanks for this newly bestowed right with a refinement which made the act of vision more and more demanding, until it could no longer be distinguished from cognition. For the eyes of the Late Middle Ages, it must have been an entertaining marvel to see how Fra Angelico painted an *Entombment of Christ*[8] and Rogier van der Weyden created one (Fig. 7), with the Netherlandish artist visibly surpassing his Italian colleague.

The painting by the Italian is still a palpably devout picture, a planar message to a pious audience which has not yet entirely lost its age-old capacity to feel wonder. The meditative lingering before Fra Angelico's *Entombment* was quite in accord with participation in one of the Church's sacraments. Things are quite different with Rogier van der Weyden. The painter does not celebrate a mass; he issues the invitation to a piece of theatre which he has staged with highly professional actors in front of the grand backdrop of a landscape. He describes an event in a space of illusion which seems to be set up perfectly, featuring a consummate patterning of light and shadow. It is like when people at the Globe Theatre in London stand and watch Shakespeare's Hamlet delivering the »To be or not to be« soliloquy.

Thus it is perhaps no accident that the return of the shadow from its theological prohibition coincides with the invention of central perspective, inasmuch as the vanishing lines which stagger the pictorial objects along an axis of depth are basically nothing other than a geometrical arrangement of the play of light and shadow. Renaissance theoreticians and practitioners such as Leon Battista Alberti or Filippo Brunelleschi bequeathed heavyweight commentaries on the subject but also had nothing against issuing simple instructions for use: separate the lines between light and shadow, arrange them according to the laws of mathematics, and thereby construct a spatial framework.

In any case, art had become a good bit more clever. For a long time, an unmistakeable sign of its intelligence remained the formative utilisation of shadow. In the master workshops and later at the academies, painters were shown how, without a graphic rendering consisting of light and shadow, it was possible to fashion a likeness which corresponded with the portrayed individual in a marvellous manner.

If one disregards the occasional destruction of images, nothing was destined to change over a long period of time. The instrumentalised anger with regard to visual likenesses was directed not least of all at their superiority, in a superstition-driven rejection of their power, from which people sought to free themselves by an act of destruction. Lutheran theology, which set its adherents loose to attack the images of saints in the Pope's churches, had done its best to disregard the fact that, in the perfection of the narrative image, painting harboured mystifications which, to a far greater degree, induced reverential amazement. The Roman Church had reacted cleverly to Protestant aggression and inspired painters to create a Counter-Reformational pictorial programme which imbued the stories, now bereft of their enchanting impact, with a new passion. And both the faithful flock and non-believers continued to be touched by the way the chaste Mary rises from the Earth shrouded in shadow and ascends into a luminous Heaven where a queenly throne already awaits her.

Caravaggio, an elegant artist of the times, avidly adopted the new doctrine. A painter of incredible stories. And a master of illumination such as no artist had achieved before him. An imperious director who wrapped his figures in never-before-seen dramas of feeling and knew precisely how vivid scenes could be made even more intense with emphatic bright-dark effects, how new figural patterns could be drawn forth from the sense of weary surfeit with regard to the old narrative forms. At some point the candied glaze suffusing images of the Madonna began to grate upon the nerves – this frozen standardisation of beauty, the cheerful demeanour of confident subjects unburdened by doubt, called upon to serve as substitutes for those individuals who had awakened to the promptings of a new age. There was a preference for coming out in favour of Caravaggio and his successors, for taking pleasure in their blithe deconstruction of the heroic element. What gets underway with Caravaggio is the triumph of a beautiful appearance which has always resisted succumbing to its own illusory nature and thereby allows us to participate in the play of its veilings and revealings.

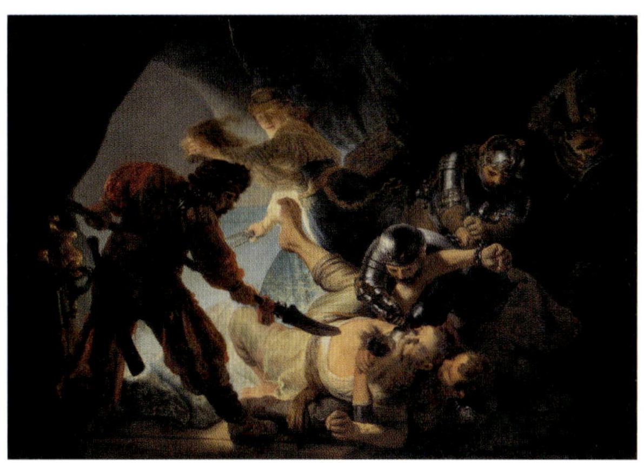

Fig. 9 Rembrandt, *Die Blendung Simsons*, 1636

This is a scenical realism full of make-up and fake blood. No one is expected any longer to know the Biblical cast of characters by heart and to understand the complicated theology, all the carefully preserved didactic plays and popular ballads in which the sacred figures are entangled. No one needs to feel uneducated if he has never heard what impelled the young woman named Judith to chop off the head of an unkempt man by the name of Holofernes (Fig. 8). The only thing that matters is how she does it, and how light and shadow turn the execution into an effective piece of theatre.

And the ideas of the Catholic Baroque were, additionally and especially, taken up by bourgeois painting with a passion. It is above all Rembrandt whose most important chapter consisted of precious darkness. Right down to today, one is reminded of white flowers in a cemetery upon gazing at the collars of the notables in the Drapers' Guild as they crowd their heads together in his famous painting *Syndics of the Drapers' Guild*.[9] What has happened to all the bright colours with which the Renaissance painters opened the eyes of the modern era? Michelangelo's frescoes on the ceiling of the Sistine Chapel – could one even imagine Rembrandt there? It would appear pitch-black in that sublime space.

It is not his painterly excellence which makes Rembrandt truly great; his uniqueness lies in what he set in motion, namely the visionary illumination of spaces of consciousness into which no one had previously set foot. Rembrandt's blackness is accordingly not only the shadowy background of a Netherlandish century which is often described as golden and sparkles with all the more elegance depending on how dark the clothes, hats, and pictures are. One must merely pause in front of the paintings or drawings in order to experience how the objects appear upon them. This is a both adventurous and mysterious process. In all the long, endlessly variable history of pictures, it has always been the intention of artists to design, plan, invent, and construct landscapes, figures, spaces, still lifes. Painters form them out of paint, sculptors out of plaster and clay.

Now one is witnessing a sort of self-representation of things. Or – it would have to be said – witnessing an invitation to observe objects as they depict themselves. Because the eternal gloom extending across the work is only the stage upon which light ushers objects out of their lightless state and imbues them with form, volume, substantial nature. And our visual process is indissolubly drawn into the Rembrandt-light and into the Rembrandt-shadow (Fig. 9). The hairsplitting question which drove the minds of master thinkers to despair in the eighteenth century, namely whether the visual world exists independently of our cognition, seems to have been anticipated long before in the paintings of Rembrandt. In any case, the master painted in such a way that there would be no picture without our visual cooperation consisting of light and shadow. And without our assistance through the sensuality of non-material light and the sensuality of non-material gloom, no drama would be developed with regard to the active and non-active figures.

With their craftsmanship built up out of light and shadow, pictures long remained objects of fascination which were not subject to any sobering impact of thought, any appeal to reason, any pedagogic programme. And it had to be the painters, and more and more the paintresses as well, who themselves slowly came to feel embarrassment at this inherited, crepuscular virtuosity. The specific reason for shame could be enunciated just as little as could be specified the location and point in time. Sometime near the end of the nineteenth century, there was a rejection of academic virtues, and emerging in place of illusionistic bravura was spectrally deconstructed colour. The surfaces which, thanks to delicate shadowing, had curved into corporeal presence right before one's eyes now shimmered in their splotched structure; and the eyes combined the coloured spots into a picture of the world which was no longer a perfectly constructed depiction, but instead an enigmatic, universal manifestation.

In contrast to the magical play of shadow which had so triumphantly proven itself, the new art seemed to have come significantly closer to visual truth. Contemporaries reacted in astonishment, also in indignation. In any case, scarcely anyone could have imagined that the painting dissidents who called themselves Impressionists and Fauves would reign supreme over the taste of the art-viewing public only half a century later. And it took only a few further instructional steps until enlightened eyes had become accustomed to flat, entirely shadowless impertinences such as Cubism and Abstraction.

Modernism: one can describe it as a loss or as a victory of sensory reasonableness over the illusionistic means of magic. But differently than anticipated by its pioneering prophets, promoters, and devotees, who were inclined to consider the radical absence of shadow to be a synonym for artistic progress, the tried and tested works favoured by the faithful attendees of the salons all remained in office with their full range of dignities. And the ancient play of shadow long maintained its impact; it will never lose its fascination completely and, with each revival of object-based art, will once again number among the basic instruments of realistic painting. But the eyes have become more discerning and are no longer prone to being so easily and so willingly enthralled. One peers over the shoulders of the makers of pictures, watches as it were how they use subtle shadowing to transfer things out of two-dimensionality into supposed physical plenitude.

Meanwhile the shadow has remained entirely intact as perhaps the last metaphysical point of reference. And the age-old supposition of the late medieval thinker Nicolaus von Kues, that light would of necessity be infinite if shadow did not exist, has lost none of its plausibility. And even if the various lords of darkness, along with their subterranean realms and appertaining personnel, no longer play a role beyond religious notions, nonetheless the image of the shadow, into which the human being is transformed post mortem, has up to now survived each and every secularisation. For this reason, there are dire consequences when one person or the other must proceed through the world without being in possession of a shadow - like the *Frau ohne Schatten* (Woman without a Shadow), who Hugo von Hofmannsthal, the librettist of Richard Strauss, describes as having been born a fairy. Things are even worse when one loses or even sells one's shadow, as does Peter Schlemihl, whom Adelbert von Chamisso sends to wander a tragic path through a life devoid of shadow. And right down to today, one of the unmistakeable signs of the pain inherent to literature is when it cannot dispense with the shadow metaphor. For example, the lyrical poet Paul Celan who - from thinking-shadow, flight-shadow, thought-shadow, vulture-shadow and heart-shadow past lark-shadow, ring-shadow and impact-shadow all the way to speech-shadow, wind-shadow and word-shadow - does not exclude any possibility of giving expression to shadow in the German composite nouns he creates.

We cannot rid ourselves of the shadow. Also not as a person worthy of respect. And certainly not as master thinker, vegetarian, or inhabitant of a barrel. One can only move a single step to the side in order not to encumber the light with even more shadow.

1 Plutarch, *Alexander*, Ditzingen (no indication of year), p. 14.

2 Plato, *Der Staat* (The Republic), Book 7, Hamburg 1998.

3 Erasmus von Rotterdam, *Lob der Torheit*, Frankfurt 2010, p. 62.

4 C. Plinius Secundus (Pliny the Elder), *Naturkunde*, Book XXXV, Munich 1978, p. 109.

5 Karl Mütze (ed.), *ABC der Optik*. Key word: shadow (*Schatten*), Leipzig 1961, p. 763.

6 Author's note: For the most part, this essay refrains from using gender-neutral formulations. The exclusive use of the masculine form should be understood as independent of gender. Even if there is documentation of female artists and other woman protagonists for the thematised time period, a linguistic equalisation would risk falsifying the marginalised position of women in historical social constellations.

7 Georges Duby, *Kunst und Gesellschaft im Mittelalter*, Berlin 1998, p. 16.

8 Fra Angelico, *Grablegung Christi*, 1438–1440, Bayerische Staatsgemäldesammlungen, Alte Pinakothek, Munich.

9 Rembrandt, *Syndics of the Drapers' Guild*, 1662, Rijksmuseum, Amsterdam.

Martin Booms

Die Rehabilitierung des Schattens oder über die Schönheit der Höhle

*»Gerade wie ein phosphoreszierender Stein, der im Dunkel glänzt,
aber bei Tageshelle jeden Reiz als Juwel verliert,
so gibt es, glaube ich, ohne Schattenwirkung keine Schönheit.«*[1]
(Tanizaki Jun'ichirō)

Der Schatten hat in der abendländischen Kultur kein gutes Image. Von der Philosophie über die Theologie, von der Kunst bis zur Populärkultur wird er dem Reich der Dunkelheit zugeordnet. Das Dunkle aber gilt als die Sphäre des Gefallenen, Verdorbenen und Degenerierten.

Das gilt zum einen für die Erkenntnis: Die Wahrheit findet sich nur im Hellen, das Dunkle aber ist der Ort der Verwirrung. Im Dunkeln kann man die Dinge, wenn überhaupt, nicht erkennen, wie sie wahrhaft sind – sie begegnen allenfalls als unwirkliche Schattenbilder, als täuschendes Gaukelwerk, das die wahre Welt vor unserem Blick verbirgt. Ein scheinbar zeitloses Bild dieser vielleicht allzu hellsichtigen Auffassung hat der antike Philosoph Platon in seinem berühmten Höhlengleichnis gemalt.[2] Demnach ist unsere natürliche Weltauffassung nur ein Trug: Wir meinen unbefangenen Blickes die Realität an sich zu sehen, in Wirklichkeit aber gleichen wir Gefesselten, die in der Halbwelt einer dunklen Höhle gefangen sind und nichts wahrnehmen als Schattenbilder, die der Schein eines Feuers – selbst nur ein schwacher Abglanz, eine gleichsam gefallene Form des lichthaften Urgrunds der Sonne – geisterhaft an die Höhlenwand wirft. Wir leben demnach in einer Schein-Wirklichkeit, die uns Gespenster sehen lässt: Wir nehmen die Welt wahr, wie sie uns in der Matrix der Schatten erscheint, nicht wie sie im Original wesenhaft ist. Das Bild der Welt, das sich uns sinnlich vermittelt, stellt nach Platon eine Täuschung dar – und die Kunst, jene doppelte Betrügerin, imitiert noch einmal ästhetisch, was bereits metaphysisch bloßer Anschein ist.

Das Dunkle aber wird in der westlichen Tradition nicht nur *epistemisch*, sondern auch *moralisch* abgewertet: als Bereich des Bösen, Bedrohlichen und Verdorbenen. Die christliche Hölle befindet sich in der verbergenden Dunkelheit des Untergrunds – doch auch in dieser teuflischen Höhle brennen Feuer: das Höllenfeuer zur Qual der unrettbar verlorenen und das Fegefeuer zur Reinigung der gerade noch erlösungsfähigen Sünder. Es scheint, ganz ohne Licht geht es auch im dunklen Reich des Bösen nicht – darauf wird zurückzukommen sein. Gleichwohl zieht sich die Verbindung des Bösen mit der Dunkelheit leitmotivisch durch die westliche Kultur. Und immer gilt: Von den Fürsten der Finsternis ist nichts Gutes zu erwarten, angefangen bei religiösen Teufelsfiguren über mythologische Dämonengestalten bis hin zum dunklen Herrscher Sauron, der in J.R.R. Tolkiens Fantasywelt seine Schatten in Gestalt gleichermaßen böser und hässlicher Kreaturen über das fiktive Land Mittelerde breitet.[3]

Im schärfsten Kontrast dazu steht das Motiv des Lichts: aber nicht das trügerische Flackern des verzehrenden und verzerrenden Lichts irdisch-höllischen Feuerscheins, sondern das wahrhafte Strahlen des Leben stiftenden und Welt erhellenden Lichts der himmlisch-göttlichen Sonne. In der Tat: Diese metaphysisch überhöhte Sonne scheint nicht, sie strahlt – eine wahrhaft blendende Schönheit. Wiederum bei Platon symbolisiert die Sonne in ihrer absoluten Helligkeit das oberste Prinzip schlechthin: Sie ist der Grund nicht nur der Erkennbarkeit der Welt, sondern auch des Daseins alles Erkennbaren – die Sonne steht für die Idee aller Ideen, in der das Gute, das Wahre und das Schöne miteinander verbunden sind.[4] Bei Platon ist es die exklusive Bestimmung des Philosophen, aus der schattenhaften Scheinhaftigkeit der Höhle ans Licht emporzusteigen, um diese gleißende Herrlichkeit der Sonnenwelt zu schauen und dann in die Höhle zurückzukehren, auf dass allen Menschen ein Licht aufgehe.

Auch in der christlichen Lehre steht das Licht für das Göttliche, Allgütige und Erlösende. Und das fängt bereits ganz früh an, wie der erste Schöpfungsbericht des Alten Testaments lehrt: Während vor Beginn der göttlichen Welterschaffung nächtliche Finsternis über den Tiefen der Erde waltet und die noch ungeschaffene Welt gleichsam unter Tage liegt, macht sich Gott in seinem allerersten Tagwerk daran, das Licht zur Welt zu bringen: Jetzt sieht Gott, und er sieht als erstes, dass das Licht gut ist.[5] Auch das Neue Testament bedient sich dieser Lichtmetaphorik. So beschreibt etwa das Johannesevangelium Jesus Christus, den Mensch gewordenen Gottessohn und Erlöser, als das personifizierte Licht der Welt.[6] Diese christlich-platonisch begründete Lichtapotheose prägt nicht nur das spirituelle, sondern auch das ästhetische Grundverständnis des abendländischen Mittelalters und findet seinen architektonischen Ausdruck etwa in den wortsinnlich strahlenden Lichttempeln der gotischen Kathedralen.[7]

Noch die Aufklärung, die bis heute in vielerlei Hinsicht die westliche Kultur und Geisteshaltung prägt, übernimmt, als sie die christlich-religiöse Grundprägung zugunsten einer säkularen ablöst, deren Idealisierung des Lichts: Jetzt soll nicht mehr der göttliche Schein, sondern der leuchtende Strahl der Vernunft für Klarheit sorgen. Nicht der wolkige Schatten, sondern das sonnige Aufklaren ist das Ideal der Zeit – und wieder einmal soll der Menschheit ein Licht aufgehen.

Ist diese polarisierende und zugleich wertende Zuordnung von Licht und Dunkelheit, Glanz und Schatten, die der abendländischen Kultur so tief eingeschrieben ist, aber wirklich unzweifelhaft? Könnte sich vielleicht umgekehrt gerade die Ausrichtung auf das reine Licht als Irrweg erweisen, als irrlichternde Weise, die Welt und sich selbst ins rechte Licht zu setzen? Beruht das Verdikt des Schattens gar auf einem kulturellen Missverständnis?

Ein erster Fingerzeig ergibt sich durch den kulturellen Blick über den Tellerrand: So findet sich in der östlichen, insbesondere der traditionellen japanischen Kultur keineswegs eine Verherrlichung des Lichts, der strahlenden Helligkeit, sondern im Gegenteil ein »Lob des Schattens«, wie es in der klassischen gleichnamigen Ästhetik des japanischen Schriftstellers Tanizaki Jun'ichirō beschrieben ist.[8] Die Dunkelheit wird hier zur Bedingung der Schönheit, und der helle Glanz kann nur unter Verhältnissen der Verschattung zu Geltung und Würde gelangen. Auch die japanische Architektur folgt diesem Gesetz des Schattens: Nicht die Öffnung zum Licht, sondern die

Verschattung des Gebäudes, die das Licht immer nur in abgedämmter Form eindringen lässt, ist das Prinzip dieser Bauweise.[9] Es ist die Unbestimmtheit des Zwielichts, das rätselhafte und uneindeutige Spiel der Schatten, das den Reiz traditionellen japanischen Stilempfindens ausmacht. Entscheidend ist dabei, dass diese Ästhetik auf einer tieferen philosophischen Auffassung gründet: Die Lobpreisung des Schattens erschließt sich erst vor dem Hintergrund zen-buddhistischer Weisheit,[10] wonach die Anerkennung und damit die Anschauung des Vergänglichen, Unperfekten, nie sich selbst Gleichbleibenden die Haltung zu Welt und Selbst bestimmt. Der angemessene lichtmetaphorische Ausdruck einer solchen Geisteshaltung, die auf der melancholischen Augenblicklichkeit des sterblichen Hier und Jetzt basiert, die die Relativität der diesseitigen Welt nicht durch Transzendierung zu einem jenseitigen Absoluten entwerten will, sondern durch bewusste Anerkennung als das eigentliche An-sich der Welt zu würdigen weiß, ist der Schatten.

Der Schatten zeigt sich auf diese Weise als Repräsentant des Endlichen, Unbestimmten – im Gegensatz zum blendenden Licht der Sonne als Ausdruck des Ewig-Göttlichen, des unveränderlich An-sich-Seienden, das nicht *in*, sondern *hinter* der sinnenfälligen Welt zu finden sein soll und nach dem die abendländische Metaphysik in immer neuen Anläufen gesucht hat. Der Schatten hingegen hat ein zwielichtiges Wesen – schon im wörtlichen Sinne: Denn der Schatten ist nicht einfach Dunkelheit, sondern setzt das Licht voraus, um sein und gesehen werden zu können. Wer im Schatten nur die Dunkelheit erkennt, ist schon auf einem Auge blind. Und umgekehrt gilt: Das Licht wird als solches nur sichtbar, ja Helligkeit überhaupt nur definierbar, wo es von Dunkelheit kontrastiert wird.

Auch im übertragenen Sinne findet sich diese dem Schatten, dem Zwielicht eigentümliche Dialektik von Licht und Dunkelheit in den großen Erzählungen wieder – selbst jenen der abendländischen Kultur, wenn man nur genau genug hinschaut. So hockt der Schöpfergott des Alten Testaments nach dem Bericht der Bibel ganz am Anfang, vor Entstehung der Welt, gleichsam im Dunkeln: Hier gibt es weder ein Sehen noch eine Welt, die gesehen werden könnte. Am ersten Tag seines Werkens schafft Gott daher als erstes das Licht, das er der im Werden begriffenen Welt nun aufgehen lässt. Was aber viel entscheidender ist: Gott verjagt damit nicht etwa die Finsternis aus der Welt, er verstrahlt die Welt ab jetzt nicht mit dem gleißenden Schein seiner unendlichen göttlichen Helligkeit. Der erste Tag ist nicht der ewige Tag, sondern ihm folgt wieder die Nacht: Im ewigen Wechsel, in der Dialektik von Helligkeit und Dunkelheit gewinnt die Welt erst Kontur und wird sichtbar. Nicht ein beständiges Licht, sondern die flüchtigen Übergangsphasen der Dämmerung hat Gott seinem Werk wohlweislich eingeschrieben. Und nur in diesem wahrhaft weltangemessenen Licht, im Zwielicht der Abenddämmerung, kann Gott sein Werk am Ende jedes Tages ansehen und für gut befinden.

Wie im religiös-mythologischen Kontext, so erweist sich auch in der philosophisch-metaphysischen Welterschließung die Dialektik des Schattens als unhintergehbar. Denn anders als Platon suggeriert, wird die Welt, wie sie eigentlich ist, nur im abgedämmten Licht, im Zwischenbereich von Helligkeit und Dunkelheit im Wortsinn wahrnehmbar, das heißt: als wahr annehmbar. In der vollkommenen Finsternis ist dies nicht möglich, aber auch nicht in der absoluten Helligkeit: Wer direkt in die Sonne schaut, wird nicht sehender, sondern blind.[11] Wo aber mit menschlichen Augen nicht geschaut werden kann, ist Wahrheit nicht zu erwarten – und auch nichts Schönes oder Gutes. Der platonische Philosoph, der der Höhle zu entrinnen und die metaphysische Sonne des Absoluten zu schauen trachtet, gewinnt keine höhere Wahrheit, sondern ist von Sinnen: Man möchte ihm wünschen, er werde von den anderen, die es weiter mit den Schatten halten, noch rechtzeitig zurückgehalten. Denn das gebrochene, das indirekte Licht des endlichen Feuers, das in der platonischen Höhle glimmt, ist die dem Menschen angemessene Erhellung. Als radikal endliche Wesen sind Menschen nicht Kinder des Lichts, wohl auch nicht der Finsternis, sondern Bewohner des Zwischenreichs der Schatten. Die platonische Höhle ist die ihnen angemessene Behausung, und im Wissen um dieses Schattendasein in ihr leben zu können, ist ihre Bestimmung. Die Schönheit, die sich in der Höhle finden lässt, ist die einzige, die die einzige Welt zu bieten hat.

Die zwielichtige Erscheinung des Schattens symbolisiert aber zugleich noch eine andere philosophische Dimension: Sie verweist auf eine ontologische Zwiespältigkeit, eine Dialektik des Seins. Denn der Schatten hat ein eigenartiges Wesen: Er ist als Schatten immer nur Umriss von etwas anderem und wäre auch ohne dieses andere nicht. Es gibt keinen Schatten ohne dasjenige, von dem er Schatten ist. Der Schatten ist eigenartigerweise etwas und zugleich nichts: Sein Wesen ist ein Un-Wesen. Aber gleichzeitig gilt: Auch wenn der Schatten in diesem Sinne unwesentlich zu sein scheint, so ist er doch untrennbar mit demjenigen verbunden, von dem er als Schatten »geworfen« ist. Wäre der Schatten etwas ganz und gar Unwesentliches, müsste man ihn loswerden können. Das ist aber schon redensartlich nicht der Fall: Bekanntlich kann niemand über seinen eigenen Schatten springen, man kann ihm auch nicht davonrennen oder – wie im Fall des Comicrevolverhelden Lucky Luke – im Pistolenduell mit seinem eigenen Schatten schneller ziehen als dieser selbst. Das scheinbar Unwesentliche zeigt sich also zugleich als unheimlich wesentlich. Und dadurch schleicht sich ein irritierender Verdacht ein: dass nämlich nicht nur unser Schatten nicht sein kann ohne uns, sondern vielleicht umgekehrt wir auch nicht ohne ihn. Die Geworfenheit des uneigentlichen Schattens wird so – nach dem berühmten Sprachbild Martin Heideggers – zum Spiegelbild der Geworfenheit der eigentlichen menschlichen Existenz.[12]

Die beunruhigende Vorstellung, des eigenen Schattens verlustig zu gehen, ist traditionell tief verankert[13] und erscheint daher auch immer wieder als literarisches Motiv: als Schreckensvision des Verlustes der Seele. In Adelbert von Chamissos bekannter Erzählung über Peter Schlemihl[14] verkauft der Protagonist seinen Schatten für nie versiegenden finanziellen Reichtum an den Teufel – mit schwerwiegenden Folgen: Die Menschen stoßen ihn aus, als Person erkennen sie ihn nicht mehr an. Obwohl er nur seinen scheinbar unwesentlichen Schatten verloren hat, fehlt ihm in den Augen der anderen doch etwas Wesentliches. Auch in der Geschichte von Peter Pan,[15] verfasst von James Matthew Barrie, erscheint das Motiv des verlorenen Schattens: Peter Pan, der Junge, der nie erwachsen werden will und daher in die Fantasiewelt des »Neverland« entflieht, verliert bei einem nächtlichen Ausflug in die bürgerliche Welt seinen Schatten, der aber aufbewahrt und ihm später wieder angenäht wird – er entgeht so gerade noch einmal dem Selbstverlust einer schizophrenen Persönlichkeitsstörung.[16]

Beide Geschichten deuten die seinsmäßige Zwiespältigkeit des Schattens, jenes Sein eines anderen und Anderes eines Seins, auf die menschliche Seele hin aus. Damit richtet sich der Blick auf eine weitere philosophische Perspektive, die das menschliche Selbstverhältnis als ein Schattendasein begreiflich macht: das Rätsel der menschlichen Identität. Denn diese zeigt sich in der Tat so zwiespältig-dialektisch wie der Schatten selbst: Um Ich sein zu können, muss ich zugleich immer ein Anderer sein. Das Ich bedarf eines Alter Ego, und wie beim Schatten gilt: Geht dieses verloren, verlieren wir uns selbst.

Wie ist das zu verstehen? Identität setzt immer schon eine Differenz voraus, in Bezug auf welche Identität überhaupt erst festgestellt werden kann. Wenn wir uns im Selbstverhältnis etwa ermahnen, demnächst etwas pünktlicher zu sein, so sind ja schon zwei im Spiel: der Mahner und der Ermahnte, und doch sind beide Ich – und zugleich auch dasjenige, das diese beiden wiederum auf »sich« (wen?) bezieht: Dann zeigt sich Identität, diese nur scheinbare Einheit der Person, bereits im dynamischen Verhältnis eines flotten Dreiers. Nicht monolithische Einheit, sondern strukturelle Spaltung ist unhintergehbare Bedingung personaler Identität: wohlgemerkt nicht einer gestörten Identität, sondern einer möglichen Identität überhaupt. Indem wir über uns nachdenken, sind wir zugleich immer schon über uns hinaus. So wie man nie hinter den Horizont schauen kann, weil dieser in dem Maße, in dem man auf ihn zuschreitet, zurückweicht, so kann man auch niemals wirklich wissen, wer (oder was) das Ich ist, das sich selbst zum Gegenstand der Betrachtung macht. Das »eigentliche« Ich hinter dem Horizont des eigenen Selbstverhältnisses bleibt daher immer im Dunkeln, es liegt unhintergehbar und unerhellbar im toten Winkel unserer Selbstvergewisserung. Das Ich hingegen, das wir erkennbar ins Licht stellen können, ist immer das »uneigentliche« Ich des Alter Ego. Beide gehören jedoch zusammen und bedingen sich wechselseitig – wie der Schatten und der Gegenstand, der sich in ihm abbildet. Der Verlust des

Schattens, symbolischer Ausdruck des Alter Ego unserer selbst, steht daher für den Verlust einer möglichen Selbstbegegnung - und damit für den Verlust unserer selbst, weil Identität nichts anderes ist als diese Selbstbegegnung an der Kontaktlinie zwischen Selbst- und Anderssein. Insofern ist die Redensart, man sei ein Schatten seiner selbst - im alltäglichen Sprachgebrauch der Ausdruck für eine Persönlichkeitsdegeneration - philosophisch betrachtet ganz zutreffend: Wir können eigentlich gar nichts anderes sein als eben dieser Schatten unserer selbst.

Der Schatten ist wie das Abbild menschlicher Existenz, zu dem es gar kein Urbild gibt: Er steht dafür ein, dass wir uns niemals ganz kennen, niemals ganz bei uns sind, niemals ganz fertig werden, sondern - nach einem Gedanken Friedrich Nietzsches - immer erst werden müssen, was wir sind.[17] Wie der Schatten ist die menschliche Existenzweise ein Verhältnis des Dazwischen, wie dieser hat sie etwas Schwebendes, einen Entwurfscharakter. Der Schatten haftet unabtrennbar an uns, so wie wir auch als Person immer an uns selbst gebunden sind. Aber der Schatten ist zugleich diffus, er zeigt keine fixe Person, sondern nur eine variable Gestalt: Der Schatten, der wir sind, nötigt uns, das eigene Sein als ein immer erst zu bestimmendes zu betrachten. Gleichzeitig ist der Schatten aber klar umrissen, er konturiert eine Fläche: Wer und was wir sind, ist zwar offen, aber der Umkreis ist limitiert - es gibt Grenzen des möglichen Selbstentwurfs. Die sprichwörtliche Aufforderung, man möge doch einmal über seinen Schatten springen, fordert insofern tatsächlich Unmögliches: Zwar mag es angehen, sich über eingeschliffene Persönlichkeits- und Verhaltensmuster hinwegzusetzen und den Sprung in Neues zu wagen, wie die Redensart es nahelegt. Aber dieser Sprung kann doch nur im Umkreis des einem Menschen Möglichen geschehen - er muss innerhalb des Schattenrisses erfolgen. Der vollständige Sprung über den Schatten hinaus wäre hingegen ein Sprung gleichsam aus uns selbst: ein identitärer Salto Mortale, denn niemand kann sich ganz und gar neu erfinden, ohne aufzuhören, diese individuelle Person und dieser konkrete Jemand zu sein.

Die schattenhafte Existenz des Menschen ist daher riskant, sie ist aufgespannt zwischen zwei Abgründen. Auf der einen Seite droht der Sturz in die Erstarrung - dann herrscht die Angst vor dem eigenen Schatten, vor seiner Unbestimmtheit und Beweglichkeit, vor der Forderung, die er stellt. Wer der Erstarrung verfällt, will seinen Schatten kontrollieren, indem er ihn verschluckt, sich ganz und gar mit ihm in Deckung zu bringen versucht. Auf der anderen Seite droht der Hangrutsch in die Selbstauflösung: Wer über sich hinausgeht, ohne je wieder bei sich ankommen zu können, hat sich in der identitären Selbstüberwindung zu Tode besiegt. Wem das passiert, der trennt seinen Schatten von sich ab und wird am Ende selbst zu einem, wie die schattenhaften Untoten in der griechisch-antiken Unterwelt des Hades. Sie sind nur noch Schatten, aber nicht mehr Schatten ihrer selbst.

Es wird also Zeit für eine Rehabilitierung des Schattens. Der Schatten ist lichthaftes Symbol der Endlichkeit und Begrenztheit, der Zerrissenheit und Verletzlichkeit von Welt und Selbst - aber damit zugleich auch Ausdruck ihrer Berührbarkeit und Aufgeschlossenheit. Denn die schattenhafte Endlichkeit verschließt nicht den Blick auf die wahre Welt, wie sie in ihrem ewigen Sein eigentlich sein soll, sondern diese Endlichkeit *ist* die Wahrheit der Welt. Diese Wahrheit, die Platon im grellen, konturlosen Licht der Sonne zu finden suchte, ist gerade nicht entzogen, sondern liegt offen da - wer sie erschließen will, muss die Welt anschauen lernen, statt sie in die eisige Sphäre metaphysischer Abstraktion zu transzendieren. Die Wahrheit des Endlichen und die Kunst der Anschauung gehen Hand in Hand. Und so treffen auch die Abstraktion der Philosophie und die Anschaulichkeit der Kunst in der Welt der Schatten zueinander: eine Philosophie, die sehen lernt, und eine Kunst, die sich als eine Form des Denkens begreift.

Die philosophische Kunst der Anschauung - wie die anschauende Kunst - findet auch die Schönheit des Daseins nur in diesem Zwischenreich: Die wundervolle Vielfältigkeit, Farbigkeit und Verspieltheit der Welt, deren Zauber sich aus nichts anderem speist als aus ihrer Erscheinung selbst, und deren geheimnisvolle, im bloß abstrakten Verstehen nie ganz auflösbare Kontingenz uns

Menschen wesenhaft mit ihr verbindet, zeigt sich nur in der Halbwelt der Schatten. Bei Nacht hingegen, in der Zeit der Finsternis, sind bekanntlich alle Katzen grau. Und nicht das gleißende Urlicht, sondern nur das gebrochene Halblicht bringt zum Leuchten, was in seinem Wesen selbst anrührend halbweltlich ist.

Gleichermaßen kann auch die Idee des Guten nur in der endlichen Welt der Schatten zu finden sein. Denn nur die Welt der Schatten kennt Abstufungen, relative Verhältnisse, in denen man leben und leben lassen kann. Platons Sonnen-Gutes aber lässt keine Relativität zu, ungefiltert ist es kompromiss- und erbarmungslos wie das gleißende Sonnenlicht selbst. Ein solches reines Gutes ist totalitär, es sieht im unreinen Schatten – jener Kompromissform des Lichts, in dem sich Helles und Dunkles fortlaufend miteinander verständigen und austarieren – nur den dunklen Anteil, den es zu verjagen gilt. Ein solches Gutes, dass die totale Helligkeit in die Welt bringen will, macht sie aber nicht heller, sondern verglüht sie in der Hitzigkeit letzter Geltungsansprüche. Das wahre Gute ist das endliche, aber erreichbare Gute, das im Schatten gedeiht. Auch hier kann die Helligkeit nur sehen, wer die Dunkelheit kennt: Wer das Böse ausblendet, weiß nicht mehr, was das Gute sein kann.

Die Welt, wie sie sich aktuell darstellt, hat ihre Mitte verloren. Sie ist im Begriff, über ihren Schatten zu springen, und kennt zunehmend nur noch die extreme Polarität des ganz Hellen und des ganz Dunklen, der totalen Wahrheit und des total Falschen. Sie ist in eine unheilvolle Dialektik von totaler Verfestigung und totaler Auflösung geraten: eine Welt im Kampf, die verlangt, sich auf eine Seite zu stellen – die Seite des Lichts, das alle gleichermaßen für sich in Anspruch nehmen. Es geht aber nicht darum, den Kampf um das Licht zu gewinnen, sondern das Zwischenreich der Schatten wiederzufinden: Denn hier verbinden sich das Helle und das Dunkle, statt sich zu bekämpfen. Wer sich dem Schatten zuwendet, ist nicht ein Feind des Lichts und der Aufklärung – sondern niemandes Feind mehr. Wer sich im Schatten einzurichten weiß, hat die Endlichkeit und Relativität aller Dinge nicht nur hingenommen, sondern angenommen – statt kämpfend gegen sie zu rebellieren. Nur im Schatten kann man mit der endlichen Welt und dem vergänglichen Selbst seinen Frieden machen. Wer das Absolute nicht mehr braucht, strebt nicht mehr wie Ikarus zur Sonne, sondern beginnt, sich in der Höhle einzurichten – und ihre melancholische Schönheit zu entdecken.

1 Tanizaki Jun'ichirō, Lob des Schattens, Zürich 1987, S. 58.

2 Platon, Der Staat, in: ders., Sämtliche Dialoge, hg. von Otto Apelt, Hamburg 1993, Bd. V, S. 269–274.

3 Auch Sauron, der böse Herrscher über das Reich der Dunkelheit, hat seine Macht im Feuerschein geschmiedet – tief im höhlenartigen Inneren des Schicksalsberges, dessen unheilvoll loderndes Feuer den Einen Ring der Macht geschaffen und am Ende wieder vernichtet hat, vgl. John Ronald Reuel Tolkien, Der Herr der Ringe, Stuttgart 2024.

4 Vgl. Platon 1993 (wie Anm. 2), S. 264. Das Gute steht zwar nach Platon noch über dem Schönen und Wahren, aber dennoch erschließt es sich über die strahlende Sonne.

5 AT, Gen 1,2–4.

6 NT, Joh 8,12.

7 Vgl. Michael Hauskeller, Was ist Kunst? Positionen der Ästhetik von Platon bis Adorno, München 2023, S. 21–26.

8 Tanizaki 1987 (wie Anm. 1).

9 Vgl. Tanizaki 1987 (wie Anm. 1), S. 35–41.

10 So etwa in der Lehre des Wabi-Sabi, vgl. Leonard Koren, Wabi-Sabi für Künstler, Architekten und Designer. Japans Philosophie der Bescheidenheit, Tübingen 2007.

11 Interessanterweise ist sich Platon dieses blendenden Effekts durchaus bewusst, was ihn aber nicht vom Weg ins Sonnenlicht abbringt, vgl. Platon 1993 (wie Anm. 2), S. 271.

12 Martin Heidegger, Sein und Zeit, Tübingen 2006.

13 So soll es etwa auf einigen polynesischen Inseln in Äquatornähe traditionell geboten sein, während der Mittagsstunde, wenn die Sonne im Zenit steht und also keine Schatten wirft, die Deckung des Hauses nicht zu verlassen, vgl. Sabine Appel, Kulturgeschichte einer Metapher. Von Schattenseiten, Schattenbanken und Schattenrissen, in: Deutschlandfunk online vom 23.06.2024, URL: <https://www.deutschlandfunk.de/kulturgeschichte-schatten-metapher-philosophie-100.html> [Zugriff am 2.12.24].

14 Adelbert von Chamisso, Peter Schlemihls wundersame Geschichte, Textausgabe mit Kommentar und Materialien, Ditzingen 2020.

15 James Matthew Barrie, The Little White Bird, or, Adventures in Kensington Gardens, New York 1913.

16 Vgl. Dan Kiley, The Peter Pan Syndrome: Men who have never grown up, London 1984.

17 Cf.Friedrich Nietzsche, *Ecce homo. Wie man wird, was man ist*, Frankfurt a. M. 2000.

Martin Booms

The Rehabilitation of the Shadow Or: On the Beauty of the Cave

»Just as a phosphorescent stone glows in the darkness but loses all its attractiveness as a jewel in the light of day, I believe that no beauty can exist without the effect of a shadow.«[1] – Tanizaki Jun'ichirō

The shadow does not enjoy a positive image in Western culture. From philosophy to theology, from the fine arts to popular culture: everywhere it is relegated to the realm of darkness. And darkness is deemed the sphere of the fallen, the adulterated and degenerated.

This applies on the one hand to knowledge: truth is to be found only amid brightness, while darkness is the site of confusion. In the darkness, if one can see things at all, it is impossible to determine their true nature. At best, we encounter them as non-real shadow images, as deceptive jugglery that conceals the real world from our gaze. In his famous Allegory of the Cave,[2] the ancient philosopher Plato painted a seemingly timeless picture of what is perhaps an all-too-clairvoyant notion. In his view, our conception of the natural world is mere deception: we believe our impartial visual faculty to be registering reality as such, whereas in fact we resemble prisoners who, chained within the half-world of a dark cave, can perceive nothing other than shadow-images cast spookily onto the cave wall by firelight – itself only a weak reflection, as it were a fallen form of the primal, luminous sun. We are said to live in an illusory conviction regarding reality which causes us to see ghosts: we perceive the world as it appears to us in the matrix of the shadows, not as it is in its original essence. Plato considers the image of the world that is conveyed to us through our senses to be a deception – and art, that double deceiver, imitates once again in aesthetic terms that which, from a metaphysical perspective, has already been revealed to be mere appearance.

But in the Western tradition, darkness is devalued not only in *epistemic* but also in *moral* terms; it is seen as the domain of evil, of menace, of degeneracy. The Christian hell is situated in a concealing, subterranean darkness; but fire burns as well in this demonic cave: hellfire to torture the irredeemably lost souls, and purgatorial fire to purify those sinners who are just barely worthy of salvation. It seems impossible to dispense with light altogether in the obscure realm of evil – we will return subsequently to this point. Nonetheless, the connection between evil and darkness runs like a leitmotif through Western culture. And it remains constantly true that nothing good is to be expected from the Lord of Darkness, beginning with figures of the Devil in religion, past demons in mythology, all the way to the dark tyrant Sauron who, in the fantasy world of J.R.R. Tolkien, casts his shadow over the fictional land of Middle Earth in the shape of creatures that are evil and ugly in equal measure.[3]

Standing in the sharpest contrast to this menacing obscurity is the motif of light – not the deceptive flicker of the devouring and distorting light of earthly-infernal firelight, however; but instead the veritable radiance of the divine, heavenly sun which engenders life and illuminates the world. Indeed, this metaphysically exalted sun does not merely shine; it radiates a truly dazzling beauty. For Plato, the sun symbolises in its absolute brilliance the very highest principle of all: it serves not only as the basis for our ability to know the world, but also for the existence of everything that can be known – the sun stands for the Idea of all Ideas, in which the Good, the True, and the Beautiful are interconnected.[4] Plato considers it to be the exclusive vocation of the philosopher to ascend out of the umbral delusion of the cave into the light and to contemplate the gleaming magnificence of the solar world before returning to the cave, so that a light is illuminated for all humankind.

In Christian doctrine as well, light stands for the divine, the all-bountiful, the redemptive. And this sublime status begins quite early on, as is taught by the first report of Creation in the Old Testament. Whereas, before the commencement of the divine creation of the world, nocturnal darkness lies upon the Earth and the uncreated world is situated underground, as it were, God makes it his very first daily labour to bring light to the world: now God sees; and what he sees first of all is that there is light.[5] The New Testament as well makes use of this light metaphor. Thus the Gospel According To John describes Jesus Christ, the Son of God who has become human and will redeem the world, as the personified light of the world.[6] With its Christian and Platonic foundations, this apotheosis of light leaves its mark not only on the spiritual but also on the aesthetic worldview of the Middle Ages in the West; it attains its architectural expression, for example, in those literally radiant temples of light which are the Gothic cathedrals.[7]

The Enlightenment, which continues in many regards to shape Western culture and mentality, takes over this religious idealisation of light even as it replaces the Christian worldview with a secular framework: now clarity is to be attained not through divine radiance, but by the bright light of reason. The ideal of that era is not cloudy shadow but sunlit radiance – and once again humankind is set to witness a birth of light.

But is there truly no reason to doubt this polarising and simultaneously evaluative classification of light and dark, of effulgence and shadow, which is so deeply inscribed into Western culture? Could not on the contrary this orientation towards pure light prove to be an aberration, a will-o'-the-wisp self-deception for putting the world and oneself in a favourable light? Does the condemnation of the shadow rest upon a cultural misunderstanding?

A first indication becomes evident upon thinking outside the box of Western culture: in Eastern, especially traditional Japanese culture, there is no exaltation of light, of radiant brilliance, but on the contrary a »praise of shadow« such as is described in the classical, eponymous aesthetic treatise of the Japanese writer Tanizaki Jun'ichirō.[8] Here darkness becomes the precondition for beauty, and it is only in situations of shadow that brilliance can achieve value and dignity. Japanese architecture likewise follows this law of the shadow: the principle of this manner of construction is not an opening towards the light, but a shadowing of the building which allows light to penetrate only to a restrained degree.[9] It is the indefiniteness of twilight, the enigmatic and ambiguous play of shadow which constitutes the appeal of the traditional Japanese sense of style. Of crucial importance here is that this aesthetic is based upon a deeper philosophical orientation: the praise of shadow arises out of the background of Zen-Buddhist wisdom,[10] wherein one's attitude towards the world and the self is determined by a recognition and hence contemplation of the evanescent, the imperfect, the constantly changing. It is the shadow which serves as the appropriate expression, through metaphors of light, for this sort of spiritual perspective which is based on the melancholic transience of the mortal here and now, which does not seek to devalue the relativity of the immediately present world through transcendence into an otherworldly absolute but instead, through deliberate acknowledgement, to attribute value to the actual suchness of the world.

In this way, the shadow proves to be a representative of the finite, of the indefinite - in contrast to the dazzling light of the sun as an expression of the eternal divine, the immutable inherence of existence which is not to be found *in* but *behind* the sensory world, and which Western metaphysics has constantly sought in repeated investigative endeavours. The shadow, on the other hand, possesses an ambiguous being, already in a literal sense - because the shadow is not only darkness but presupposes the presence of light in order to exist and to be seen. Whoever recognises only darkness in shadow is already blind in one eye. And the reverse is true as well: light only becomes visible as such, indeed brightness only becomes definable there where it stands in contrast to darkness.

This dialectic between light and darkness which is peculiar to shadow, to twilight, can also be found in a figurative sense in the grand narratives - even in those stories of Western culture, if one only looks closely enough. Thus in the Biblical narrative, the divine creator of the Old Testament is surrounded by darkness at the beginning, before the birth of the world: here there exists neither an act of vision nor a world that could be seen. So on the first day of his labours, God first creates the light, which he causes to shine in the world now coming into existence. What is of much more crucial importance, however: God does not thereby expel darkness from the world; instead he thenceforth bathes the world in the glittering shine of his infinite, divine radiance. The first day is not eternal daylight but is instead followed by night; it is in ceaseless alternation, in the dialectic of brightness and darkness that the world first acquires its contours and becomes visible. With great wisdom, God imbued his creation not with constant light, but with the evanescent, transitional phases of twilight. And it is only in this light that is truly appropriate to the world, in the murky light of evening dusk, that God can view his works at the end of every day and deem them good.

Just as in the religious-mythological context, so in the philosophical-metaphysical explanation of the world does the dialectic of the shadow prove unavoidable. Because differently than Plato suggested, the world as it actually exists only becomes perceptible in muted light, in the intermediate area between brightness and darkness. This is not possible in utter darkness, but it is also impossible in absolute brightness: whoever gazes directly into the sun becomes not a visionary, but a blind person.[11] But where it is not possible to see with the human eye, there is no justification for expecting to find truth - or beauty or goodness. The Platonic philosopher who endeavours to escape the cave and to contemplate the metaphysical sun of the absolute does not attain a higher truth but is bereft of his senses: one wishes that the others, who maintain their accommodation with the shadow, will restrain him in time. Because the broken, indirect light of finite fire glimmering in the Platonic cave is the sort of illumination which is appropriate for human beings. As radically finite beings, people are not children either of the light or of darkness, but instead inhabit the intermediate realm of the shadow. The Platonic cave is the domain appropriate to them, and it is their destiny to live in it with full knowledge of this shadowy existence. The beauty that can be found in the cave is the only beauty offered by this single world.

The ambiguous appearance of the shadow, however, simultaneously symbolises yet another philosophical dimension: it points towards an ontological ambivalence, a dialectic of existence. Because the shadow has a peculiar nature: as shadow, it is always merely the outline of something else, without which it would not exist. There can be no shadow without that of which it is the shadow. Strangely, the shadow is something and at the same time nothing. Its being is a sort of non-being. But it is simultaneously true that even if in this sense the shadow seems to be non-essential, it is nonetheless inseparably connected with that by which it is »cast« as a shadow. If the shadow were completely inconsequential, one would have to be able to dispense with it. But that is not the case, already on the level of figurative language: it is well-known that no one can jump over his own shadow, cannot run away from it, or – as in the case of the comics cowboy Lucky Luke – cannot draw a pistol more quickly than his own shadow in a shootout. What is seemingly negligible proves at the same time eerily essential. And this state of affairs gives rise to a perturbing suspicion: namely that not only can our shadow perhaps exist without us, but that perhaps we cannot do without it. Thus the cast nature of the inessential shadow – in accordance with the famous linguistic formulation of Martin Heidegger – becomes a mirror image of the cast nature of one's own essential, human existence.[12]

The disquieting fantasy of losing one's own shadow is deeply anchored in tradition[13] and accordingly appears repeatedly as a literary motif: as a fear-laden envisioning of the loss of the soul. In Adalbert von Chamisso's well-known story about Peter Schlemihl,[14] the protagonist sells his shadow to the Devil in return for inexhaustible financial wealth – with the grievous consequence that others exclude him from their society, no longer recognising him as a person. Although he has lost only his apparently insignificant shadow, he seems in the eyes of others to lack something essential. Likewise in the story of Peter Pan, written by James Matthew Barrie,[15] the motif of the lost shadow appears: Peter Pan, the boy who never wants to grow up and hence escapes into the fantasy world of »Neverland«, has the experience, during a nocturnal foray into the bourgeois world, of losing his shadow, which is, however, preserved and later sewn back onto him – so that he thereby avoids losing himself in a schizophrenic personality disorder.[16]

Both stories, with regard to the human soul, point towards the essential dichotomy of the shadow, the being of an other and the otherness of a being. Attention is thereby directed to another philosophical perspective which portrays the relationship of people to themselves as a shadowy existence: the enigma of human identity. This self-definition proves just as contradictory and dialectical as the shadow itself: in order to be myself, I must at the same time always be an other. The ego requires an alter-ego; just as is the case with the shadow, if it is lost, we lose ourselves.

How may this be understood? Identity always presupposes a difference in relation to which it is only possible to determine identity. When in our self-relationship we urge ourselves to be somewhat more punctual, there are always two entities involved: the remonstrator and the reproached. Yet both are the ego, and simultaneously also the entity that relates both of these to »itself« (to whom?): thus identity, this only seeming unity of a person, already becomes manifest in the dynamic relationship of a *ménage à trois*. It is not a monolithic unity but instead a structural division which is the unavoidable precondition of personal identity: and not of a disturbed identity, but of a possible identity per se. Inasmuch as we think about ourselves, we have simultaneously already surpassed ourselves. Just as we can never look past the horizon, because it constantly recedes as we stride towards it, so can we never really know who (or what) is the ego which makes itself a subject of contemplation. The »actual« ego beyond the horizon of one's own relationship to oneself thus always remains in darkness; it lies obdurately and obscurely in the blind spot of our self-ascertainment. However, the ego which we can place recognisably in the light is always the »non-actual« self of the alter ego. But both belong together and serve as reciprocal preconditions for each other – just like the shadow and the object which is represented in it. Thus the loss of the shadow, the symbolical expression of the alter ego of our self, stands for the loss of a possible encounter with oneself - and accordingly for the loss of our self, because identity is nothing other than this self-encounter along the line of contact between being oneself and being another. To this extent, the figure of speech that one is only a shadow of oneself - in everyday linguistic usage, the expression for a personality degeneration - is rather apposite from a philosophical point of view: we are in fact incapable of being anything but this shadow of ourselves.

The shadow is like the representation of human existence, for which there does not exist any primal image. The shadow stands for the fact that we never entirely know ourselves, are never in total unison with ourselves, never completely attain but instead - according to a thought of Friedrich Nietzsche - must always first become what we are.[17] Just like the shadow, the mode of human existence is a relationship of intermediacy, possessing a similar sort of hovering provisionality, the character of a specificatory design. The shadow is indivisibly linked to us, just as we as persons are always connected to ourselves. But the shadow is simultaneously diffuse; it does not show a fixed person, but instead a variable shape. The shadow which we are compels us to regard our own existence as something which must always first be defined. At the same time, however, the shadow is clearly outlined, it imparts contours to a surface. Who and what we are is open, but the surroundings are limited - there are borders to the possibilities of self-definition. The proverbial exhortation to jump for once over one's shadow in fact imposes an impossible expectation. It may be feasible to overcome seemingly intractable patterns of personality and behaviour and to dare to leap into something new, as the figure of speech admonishes; but this leap can only take place in the framework of what is humanly possible - it has to occur inside the silhouette. A completed leap over our shadow, on the other hand, would be nothing other than a leap out of ourselves: an identitary *salto mortale*, because no one can entirely invent themselves anew without ceasing to be this individual person and this concrete someone.

Hence the shadowy existence of the human being is risky; it is stretched precariously between two abysses. Threatening on the one side is a plunge into rigidity - whereupon the fear of one's own shadow, of its indefiniteness and motility, the demand which it makes is exacerbated. Whoever succumbs to rigidity wishes to control the personal shadow by swallowing it, by attempting to come into complete correspondence with it. The menace on the other side is a landslide into self-dissolution: passing beyond oneself without ever arriving again at oneself achieves, in this identity-based self-surpassing, a self-defeat that is equivalent to death. Whoever experiences this separates his shadow from himself and ultimately comes to resemble the umbral non-dead of the ancient Greek underworld of Hades. These spectres are now only shadows, but no longer shadows of themselves.

So the time has come for a rehabilitation of the shadow. The shadow is a luminous symbol of the finite and limited nature, of the conflict and vulnerability of the world and the self - but is thereby simultaneously also an expression of their tangibility and accessibility. Because umbral finitude does not close its gaze off from the true world, blind itself with regard to how that world should actually be in its eternal existence, but rather *is* the truth of the world. This truth, which Plato sought in the harsh, contourless light of the sun, has not withdrawn its presence, but in fact lies open and available - whoever wants to understand the world must learn to take a genuine look at it instead of transcending it by entering into the icy sphere of metaphysical abstraction. The truth of finitude and the art of contemplation go hand in hand. Thus the abstraction of philosophy and the vivid depictions of art encounter each other in the world of the shadow: a philosophy that learns how to see, and an art that understands itself to be a form of thought.

The philosophical art of contemplation - just like contemplative art - also discovers the beauty of existence solely in this intermediate space: it is only in the half-world of the shadow that the wonderful diversity, colouration, and playfulness of the world is revealed, a world whose magic arises out of nothing other than its appearance itself, and whose mysterious contingency, never entirely reducible to a merely abstract understanding, brings us human beings into fundamental contact with that very magic. On the other hand, at night, during the time of darkness, it is well-known that all cats are grey. And it is not glittering primal light, but only broken half-light that imparts illumination to what, in its very being, is touchingly akin to the half-world of shadow.

It is likewise the case that the idea of the Good is only to be found in the finite world of the shadow. Because only the world of the shadow knows gradations, relative relationships in which one can live and let live. The Good of Plato's sun, however, allows for no relativity; in its unfiltered state, it is as uncompromising and pitiless as sunlight itself. This sort of pure Good is totalitarian; in the impure shadow – that compromise-form of light in which light and dark continuously communicate and strike a balance with each other – sees only the dark part which should be expelled. This sort of Good, which seeks to bring absolute brilliance into the world, does not make it brighter, but causes it to burn up in the heatedness of claims to final validity. The true Good is the finite but reachable Good that flourishes in shadow. Here as well, brightness can only be seen by the person who knows darkness: whoever excludes Evil no longer knows what Good can be.

The world as it currently presents itself has lost is centre. It is in the process of jumping over its own shadow, and it increasingly knows only the extreme polarity of the utterly bright and the entirely dark, of total truth and total falsehood. It has slipped into a baneful dialectic of complete solidity and complete dissolution: a world engaged in struggle insisting that an unambiguous position be assumed on one side only – on the side of light, to which all people lay claim in equal measure. But it is not a matter of achieving victory in the battle for light, but of rediscovering the intermediate realm of shadow, because it is there that brightness and darkness come into beneficent connection instead of battling against each other. Whoever turns towards shadow is not an enemy of light and enlightenment, but is now no longer the enemy of anyone. Whoever has managed to come to terms with the shadow has not only recognised but has inwardly accepted finiteness and relativity – instead of engaging in rebellious struggle against them. Only in shadow can one make peace with the finite world and the evanescent self. Whoever no longer has need of the absolute ceases to strive upward like Icarus towards the sun, but instead begins to feel at home in the cave – and to discover its melancholy beauty.

1 Tanizaki Jun'chirō, *Lob des Schattens*, Zurich 1987, p. 58.

2 Plato, *Der Staat*, in ibid., *Sämtliche Dialoge*, edited by Otto Apelt, Hamburg 1993, vol. V, pp. 269–274.

3 Sauron, the evil ruler of the Realm of Darkness, likewise forged his power in a fiery glow – deep in the cavelike interior of the fateful Mountain of Doom, whose balefully seething fire created and ultimately destroyed the One Ring of Power. Cf. John Ronald Reuel Tolkien, *Der Herr der Ringe*, Stuttgart 2024.

4 Cf. Plato 1993 (see note 2), p. 264. According to Plato, the Good is more sublime than the Beautiful and the True; nevertheless, it too finds its deductive foundation in the radiant son.

5 Old Testament, Genesis 1:2–4.

6 New Testament, John 8:12.

7 Cf. Michael Hauskeller, *Was ist Kunst? Positionen der Ästhetik von Platon bis Adorno*, Munich 2023, pp. 21–26.

8 Tanizaki 1987 (see note 1).

9 Cf. Tanizaki 1987 (see note 1), pp. 35–41.

10 For example, in the doctrine of Wabi-Sabi; cf. Leonard Koren, *Wabi-Sabi für Künstler, Architekten und Designer. Japans Philosophie der Bescheidenheit*, Tübingen 2007.

11 Plato is quite aware of this dazzling, blinding effect; but it does not cause him to deviate from the path into the sunlight. See Plato 1993 (see note 2), p. 271.

12 Martin Heidegger, *Sein und Zeit*, Tübingen 2006.

13 For example, there is said to have been the custom on several Polynesian islands near the Equator of not leaving the shelter of one's house during the noontime hours, when the sun is at its zenith and does not cast any shadows. Cf. Sabine Appel, »Kulturgeschichte einer Metapher. Von Schattenseiten, Schattenbanken und Schattenrissen« in: Deutschlandfunk online from 23 June 2024, URL: <https://www.deutschlandfunk.de/kulturgeschichte-schatten-metapher-philosophie-100.html> [last accessed on 2 December 2024].

14 Adelbert von Chamisso, *Peter Schlemihls wundersame Geschichte, Textausgabe mit Kommentar und Materialien*, Ditzingen 2020.

15 James Matthew Barrie, *The Little White Bird: Or, Adventures in Kensington Gardens*, New York 1913.

16 See Dan Kiley, *The Peter Pan Syndrome: Men Who Have Never Grown Up*, London 1984.

17 See Friedrich Nietzsche, *Ecce homo. Wie man wird, was an ist*, Frankfurt am Main 2000.

AUSGESTELLTE WERKE

EXHIBITED WORKS

VITO ACCONCI

Shadow-Play, 1970

Das Video zeigt den dunkel gekleideten Körper des Künstlers in Rückenansicht vor einer weißen Wand, auf der sich seine Silhouette als vergrößerter Schatten abzeichnet. Vito Acconci beginnt einen verzweifelten Boxkampf mit seinem eigenen Schattenbild, das dabei wie ein skurriler, übermächtiger Gegner erscheint. *Shadow-Play* ist – neben *Manipulations* und *Imitations* – einer von drei Teilen der Arbeit »Three Relationship Studies«. Darin setzt sich der Künstler mit Spiegelungsprozessen sowie der Beziehung zwischen Körper und Raum auseinander. Obwohl Acconci sich mit dem Werktitel auf die uralte Tradition des Schattentheaters als Vorläufer des Films bezieht, besitzt diese Arbeit eher den Charakter einer Wahrnehmungsstudie: Neben der Selbst- und Fremdbeobachtung mit den technischen Mitteln der Videoaufzeichnung werden hier allerdings auch psychologische Komponenten wie das Phänomen der Abspaltung beziehungsweise Distanzierung vom eigenen Ich ins Zentrum gerückt.
Acconci zählt zu den Pionieren der Performance- und Videokunst. Nach einer intensiveren Beschäftigung mit Texten wandte er sich Ende der 1960er-Jahre den zeitbasierten Medien zu, wobei er in seinen Werken die Grenzen zwischen Video und Skulptur sowie zwischen Körper und öffentlichem Raum verwischte. Die teils sehr intimen Begegnungen mit dem Künstler im Video forderten die Gewohnheiten der Betrachtenden heraus. In den 1980er-Jahren erweiterte er das Feld seiner künstlerischen Praxis vermehrt auf den Bereich des experimentellen Designs und der Architektur. FF

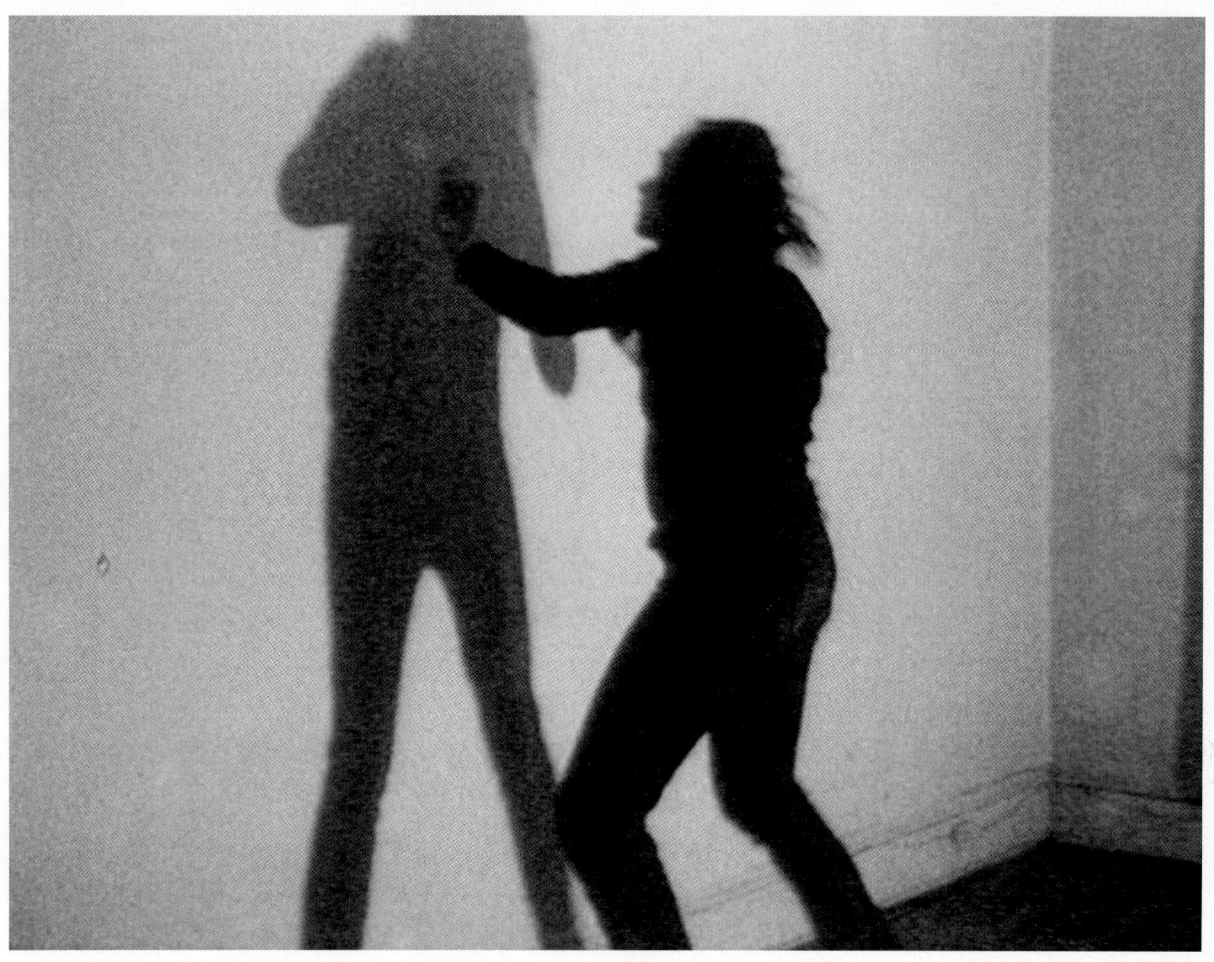

The video presents a rear view of the dark-clothed body of the artist in front of a white wall, upon which his silhouette is visible as an enlarged shadow. Vito Acconci begins a desperate boxing match with his own umbral image, which appears to be a bizarre, overpowering opponent. *Shadow-Play* is – alongside *Manipulations* and *Imitations* – one of the three parts of the work »Three Relationship Studies«, in which the artist turns his attention to processes of mirroring as well as to the relationship between body and space. Although here Acconci has chosen a title which refers to the age-old tradition of shadow theatre as a predecessor to film, this work has more of the character of a study in perception; but in addition to the individual's observation of both himself and others through the technical means of video recordings, the central focus is likewise on psychological components such as the phenomenon of detachment or distance from one's own ego.

Acconci numbers among the pioneers of performance and video art. After an intensified involvement with texts, he shifted his focus at the end of the 1960s to time-based media; in his works, he blurred the borders between video and sculpture as well as between body and public spaces. Their encounters with the artist via video, in some cases of a quite intimate nature, challenged viewers to reevaluate their habits of behaviour. During the 1980s, Acconci increasingly expanded the field of his artistic practice to include the areas of experimental design and architecture. FF

CHRISTIAN BOLTANSKI

Théâtre d´Ombres, 1984

Im künstlichen Dämmerlicht einzelner Lampen ist eine Gruppe kleiner aus Metall geschnittener Figuren zu erkennen: ein geflügeltes Wesen mit Dreizack, ein Skelett mit Sichel, eine Fratze mit spitzen Zähnen ... Der kleinste Luftzug erweckt diese Gestalten zum Leben und lässt ihre Schatten über die Museumswände und um die Betrachtenden tanzen. Das Théâtre d'Ombres (deutsch: Schattentheater) von Christian Boltanski mutet wie die Inszenierung eines archaischen Stoffes an; wie ein urmenschlicher Albtraum vom Tod. Die Kunst, so Boltanski, sei die einzige Möglichkeit, sich gegen den Tod zur Wehr zu setzen. Das Motiv des Totentanzes hat Geschichte. Es verbreitete sich in den Künsten, während die Pest im spätmittelalterlichen Europa grassierte. Literatur, bildende Kunst und Musik thematisierten den alles gleichmachenden Tod, der aus dem Schattenreich in die Welt der Lebenden tritt und früher oder später jedes Lebewesen zu fassen bekommt.
Boltanski zufolge handelt es sich bei seiner Arbeit um eine vergleichsweise »nette Form von Totentanz«. In seinem Gesamtwerk sind Sterblichkeit und Erinnerung zentrale Sujets. Das Théâtre d' Ombres verhandelt das Thema Vergänglichkeit nicht nur inhaltlich, sondern auch medial. In Bezug auf den griechischen Begriff der Fotografie, sinngemäß »mit Licht zeichnen«, sieht Boltanski den Schatten als »primäre Fotografie« und so als ephemere Zeichnung: Das Bild verschwindet, wenn das Licht ausgeht, oder wie es im Englischen heißt: »when the light dies«. LD

To be recognised amid the artificial twilight of individual street lamps is a group of figures cut out of metal: a winged creature with pitchfork, a skeleton with sickle, a grimacing face with sharp teeth... The faintest draught of air awakens these shapes and causes their shadows to dance across the walls of the museum and around the viewers. The *Théâtre d' Ombres* (Theatre of Shadows) by Christian Boltanski appears like the staging of an archaic drama, like humankind's primeval nightmare of death. According to Boltanski, art offers the only possibility of defending oneself against death. The motif of the dance of death has a long history. It spread through the arts while the plague was raging in late medieval Europe. Literature, the visual arts, and music thematised the great equalizer: Death, which, emerging from the realm of shadows into the world of the living, will sooner or later get every living being in its unrelenting grip.
Boltanski considers his work to be a comparatively »pleasant version of the dance of death«. Mortality and memory are central subjects in his overall oeuvre. The *Théâtre d' Ombres* examines the theme of mortality not only in terms of its content, but also with regard to the medium of its expression. In allusion to the Greek etymology of the word »photography«, namely »to draw with light«, Boltanski considers the shadow to be the »primary photograph« possessing the status of an ephemeral drawing: the image disappears when the light dies. LD

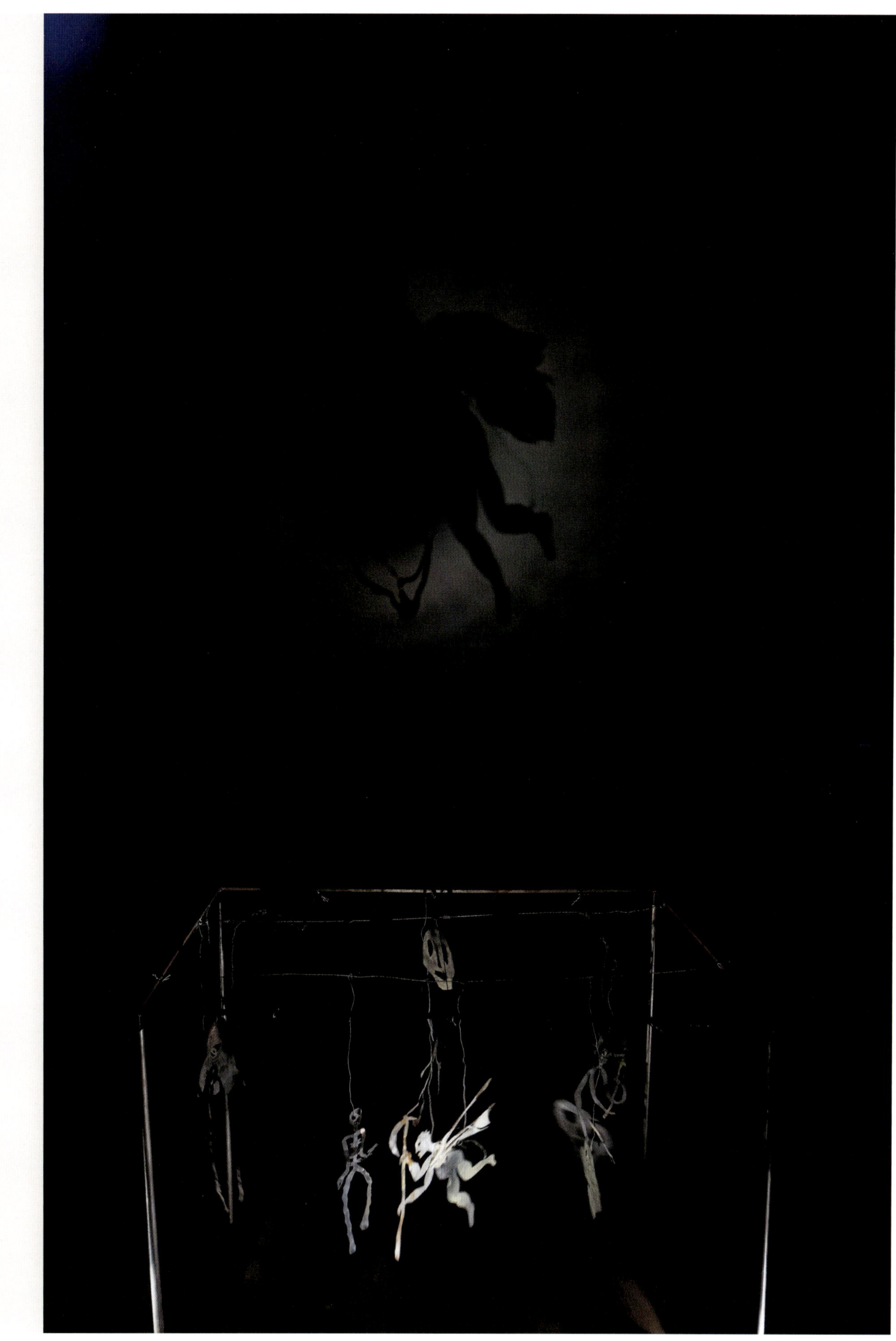

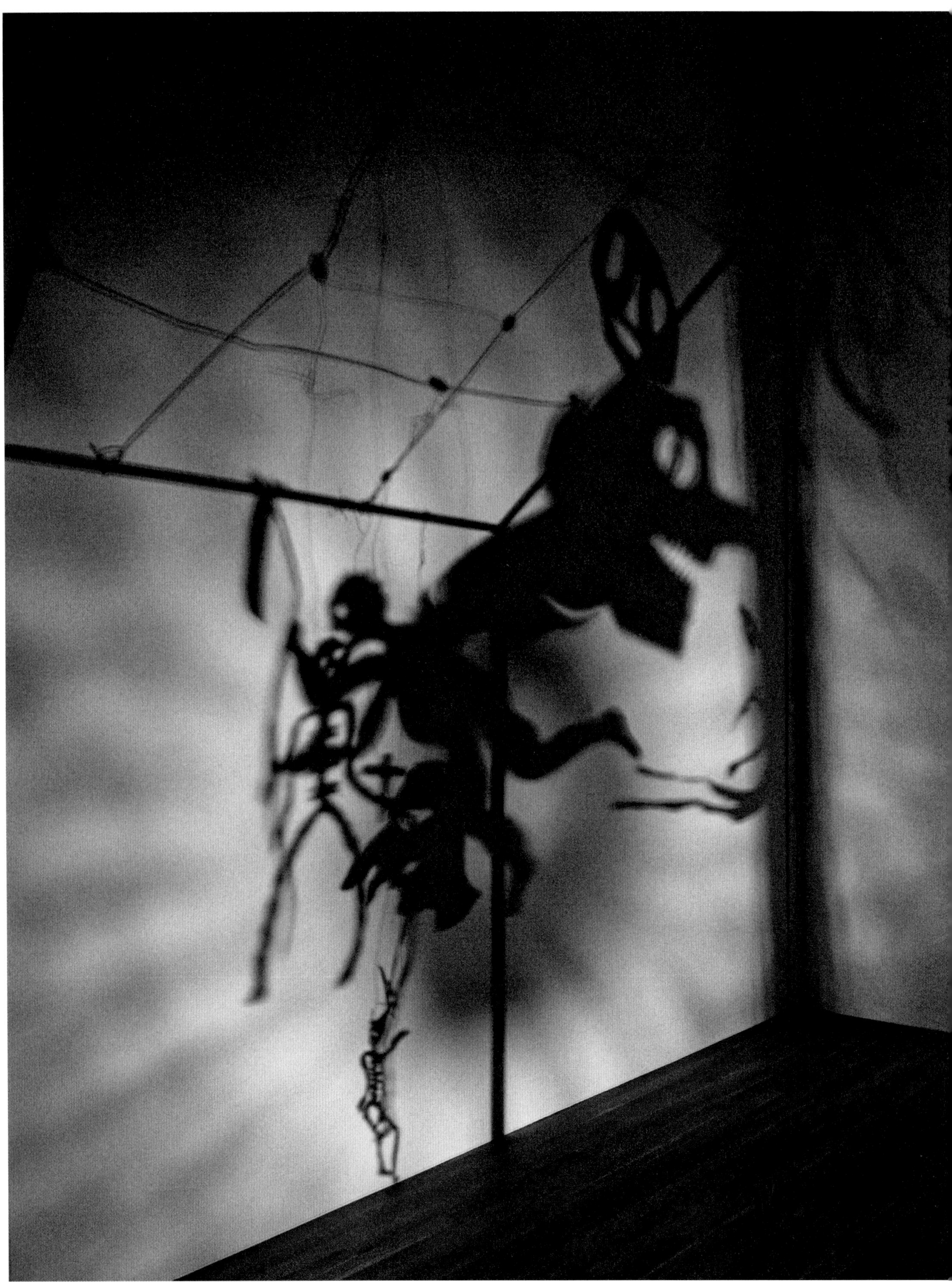

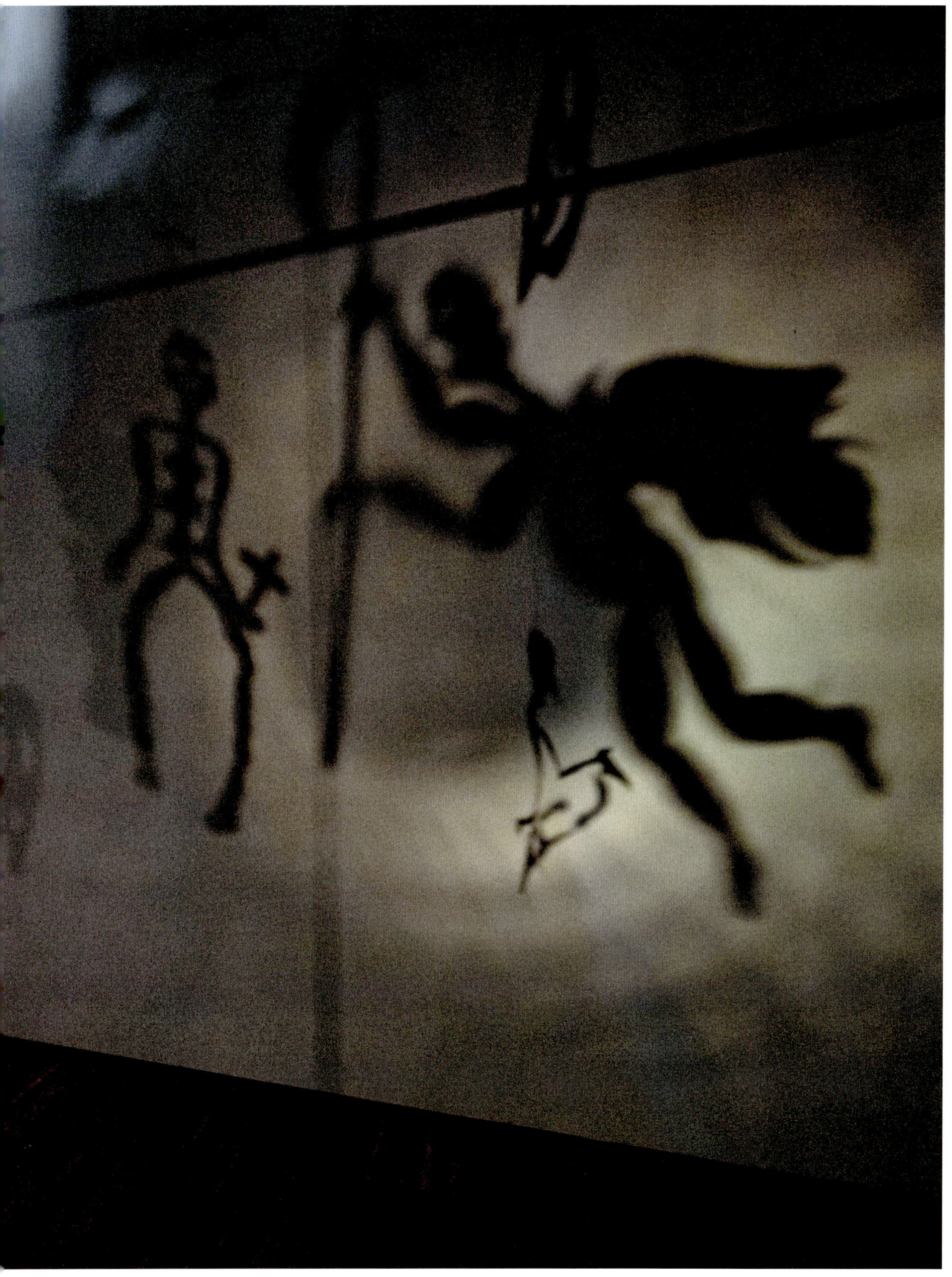

KOEN VAN DEN BROEK

J.J. (rozak test), 2012

In ihrer reduzierten Formensprache erscheinen Koen van den Broeks Gemälde zunächst wie rein abstrakte Kompositionen aus Linien, Flächen und Farben. Diese werden maßgeblich durch die Fotografie bestimmt, wobei van den Broek häufig amerikanische Landschaften und urbane Metropolen als Vorlagen für seine Arbeiten wählt. Sie zeigen Straßenschluchten, Häuserfassaden und Fahrzeuge in einer oft kargen, menschenleeren Umgebung. Nur einzelne markante, vermeintlich nebensächliche Details weisen darauf hin, dass es sich hier um Bilder verlassener Städte handelt. Besonders in den Blick geraten dabei die Gehwege und Straßen, die Risse im Asphalt, die Bordsteinkanten und Schatten. Als schemenhafte, abstrakte Flecken überziehen Letztere die urbane Landschaft und verfremden die Ansicht bis in die Unkenntlichkeit. Meist liegen die Gegenstände, die Schatten werfen, außerhalb des Bildraums, wodurch diese selbst zu Protagonisten der Werke werden, sich von ihren Urhebern lösen und in den undefinierbaren Stadträumen verselbstständigen.
Die gedeckten Farben, die langen Schatten und die Abwesenheit des Menschen verleihen van den Broeks Gemälden ein Gefühl der Distanz und Einsamkeit. Hier scheint die Zeit still zu stehen, nichts bewegt sich, nichts existiert - außer dem Schatten. AK

In their reduced formal language, the paintings of Koen van den Broek first appear to be purely abstract compositions consisting of lines, surfaces, and colours. These elements are fundamentally determined by photography, whereby van den Broek frequently selects American landscapes and metropolises as the inspiration for his works. They show urban canyons, building façades, and vehicles in what are often desolate surroundings devoid of people. Only individual, striking, supposedly incidental details point to the fact that these are in fact pictures of abandoned cities. The viewers' attention is focused particularly on the sidewalks and streets, the cracks in the asphalt, the kerbs, and the shadows. These shadows overlay the landscape of the city as phantasmal, abstract splotches; they distort the view past the point of recognition. Most of the time, the objects that cast shadows are situated outside the pictorial space, so that the shadows themselves, liberated from their originators, become protagonists of the works, independent presences in the indefinable urban spaces. The muted colours, the elongated shadows, and the absence of people imbue van den Broek's paintings with a feeling of distance and loneliness. Time seems to stand still here; nothing moves, nothing exists - except the shadows. AK

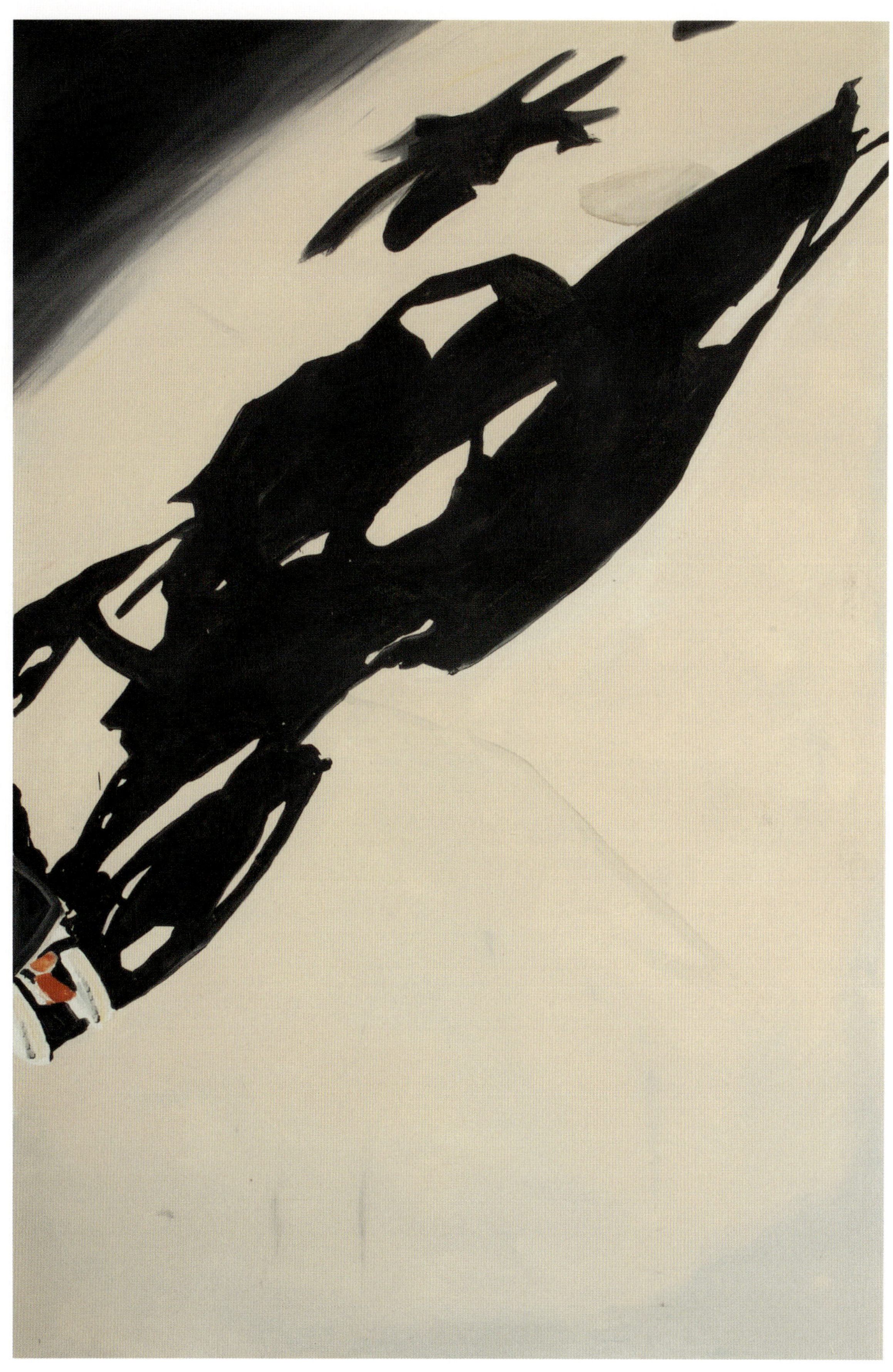

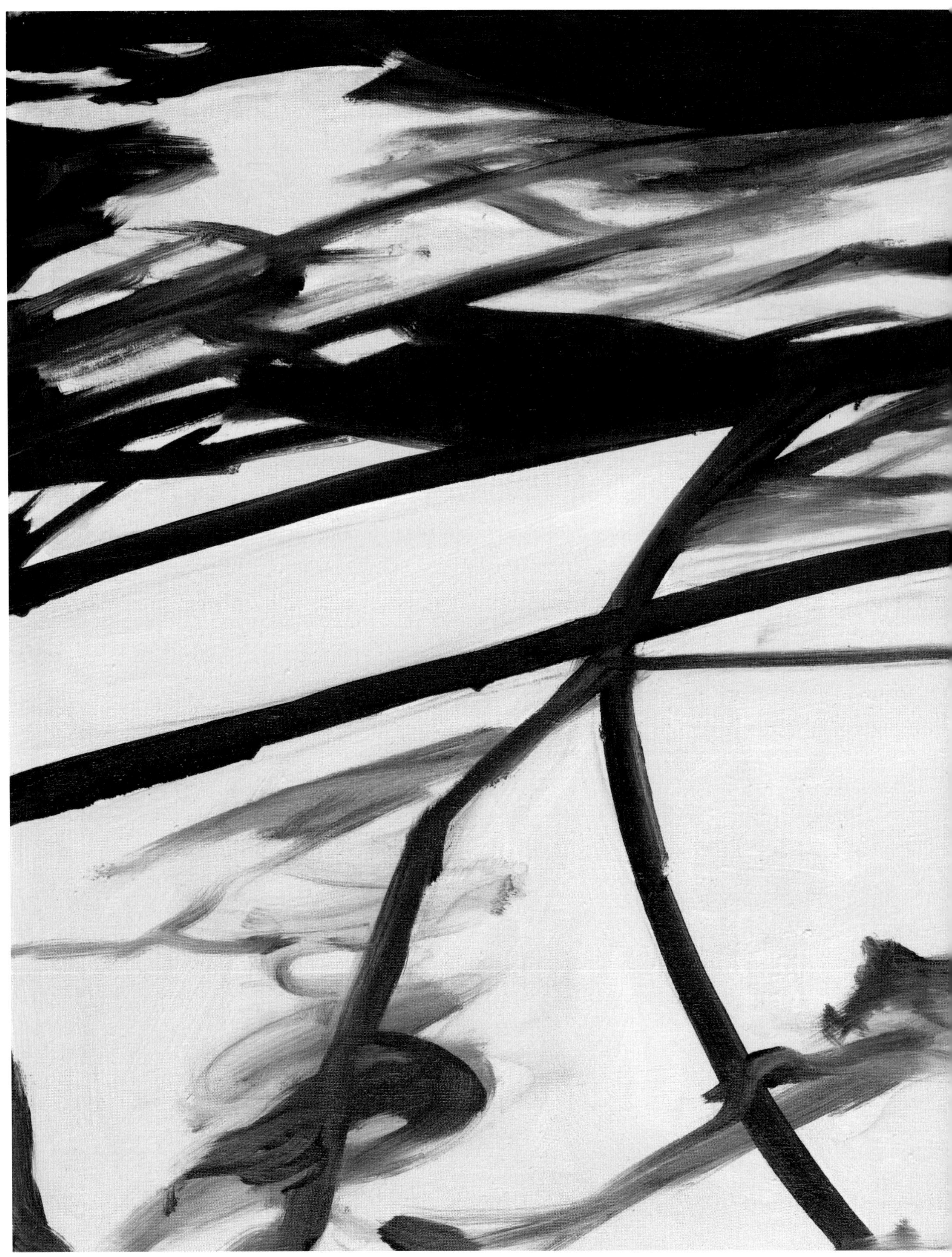

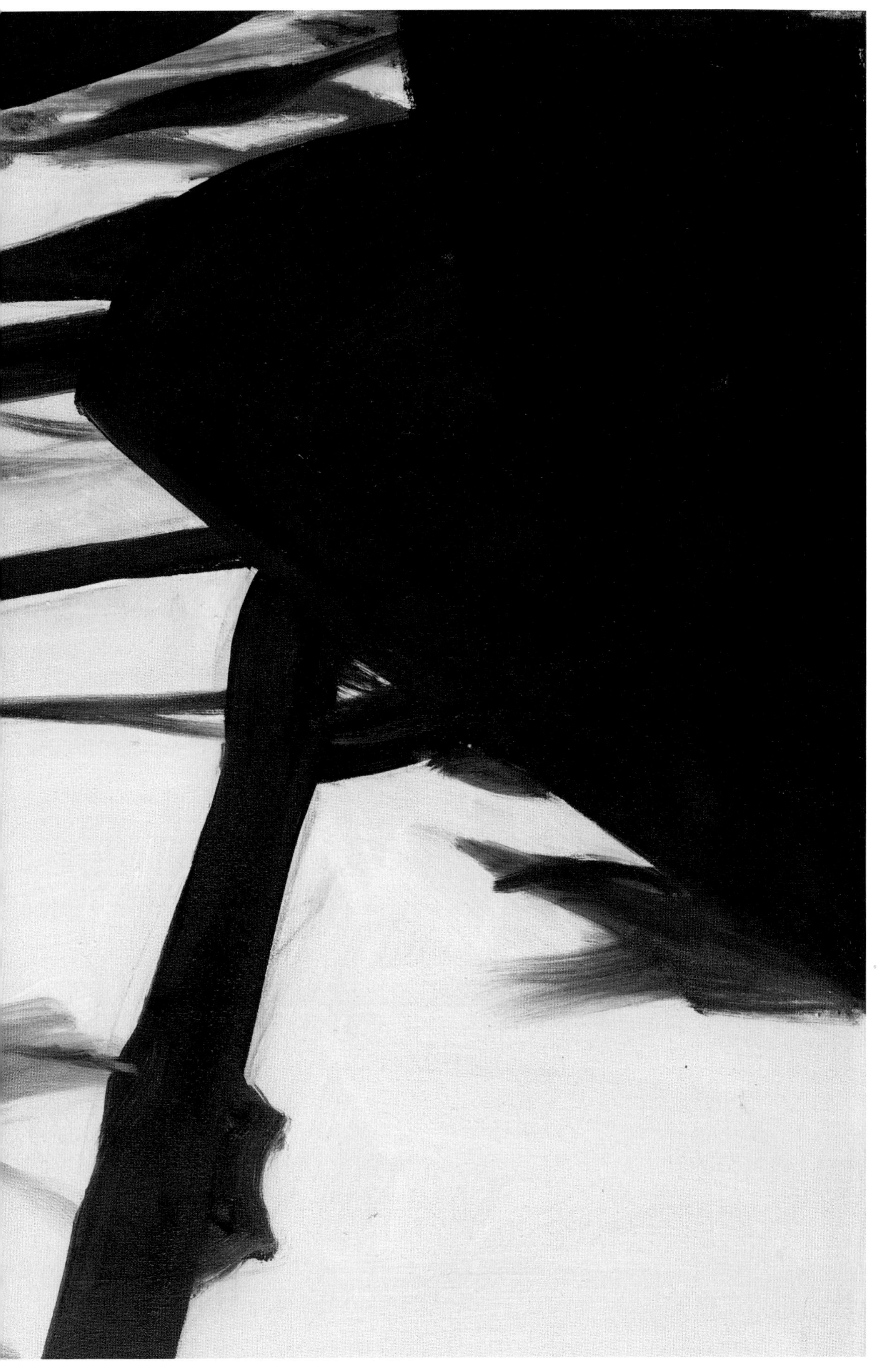

Shadows, 2011

DAVID CLAERBOUT

The Stack, 2002

Auf den ersten Blick erscheint *The Stack* wie eine monumentale Großfotografie, die eine auf einem Gewirr von Betonsäulen ruhende Hochstraßenkreuzung zeigt. Erst dem geduldigen Betrachtenden offenbart sich das Standbild als 36-minütiger Film, der in Echtzeit das Wandern der Sonne dokumentiert und dabei für einen kurzen Moment auch jenes ins Licht taucht, was sich auf dem dunkel verschatteten Grund der architektonischen Konstruktion befindet: einen Obdachlosen, der dort seinen Schlafsack ausgebreitet hat. David Claerbout, der ursprünglich als Maler ausgebildet wurde, fokussiert sein Interesse in seinen Arbeiten darauf, wie Zeitlichkeit – häufig durch die Kombination von Fotografie und filmischer Animation – die Wahrnehmung des jeweiligen Inhalts beeinflusst und verändert. Hat man einmal den Obdachlosen entdeckt, der hier im Wortsinn eine prekäre Schattenexistenz führt, kann man den Film nicht mehr nur als eine formale Auseinandersetzung mit einer Architekturkulisse betrachten, die selbst abstrakte, fast konstruktivistische Züge aufweist. *The Stack* wird vielmehr zu einer Reflexion über einen in der mehrfachen Straßenkreuzung und dem Sonnenlicht gespiegelten Fortschritts- und Geschwindigkeitsoptimismus und der dazu konträr verlaufenden bedrohten Existenz des Obdachlosen, dessen Leben genau dadurch zutiefst verschattet wird. Wie schreibt Bertolt Brecht in der *Dreigroschenoper*: »Denn die einen sind im Dunkeln und die anderen sind im Licht. Doch man sieht nur die im Lichte. Die im Dunkeln sieht man nicht.« SB

At a first glance, *The Stack* appears to be a monumental, large-format photograph showing an intersection of elevated roadways resting on criss-crossed concrete columns. Only to the patient viewer does the seemingly still image reveal itself to be a 36-minute film which documents in real time the wandering of the sun and, for a brief moment, sheds light on what is to be found upon the darkly shadowed foundation of the architectural construction: a homeless man who has spread out his sleeping bag there. In his works David Claerbout, who originally trained as a painter, focuses his interest on how temporality – frequently through the combination of photography and filmic animation – influences and alters the perception of the respective content. Having once discovered the homeless man, who is here living a precarious and shadowed existence, one can no longer consider the film to be merely a formal investigation of an architectural backdrop which itself evinces abstract, almost Constructivist characteristics. Instead *The Stack* becomes a reflection on the one hand about an optimism with regard to speed and progress which is mirrored in the multiple interweaving of roadways and the shining of the sun, and on the other hand about the contrary, threatened existence of the homeless person whose life is plunged into deep shadow by that very ethos. As Bertolt Brecht writes in *Die Dreigroschenoper*: »Some are in the darkness, and some are in the light. And you only see those in the light; those in the darkness you don't see.« SB

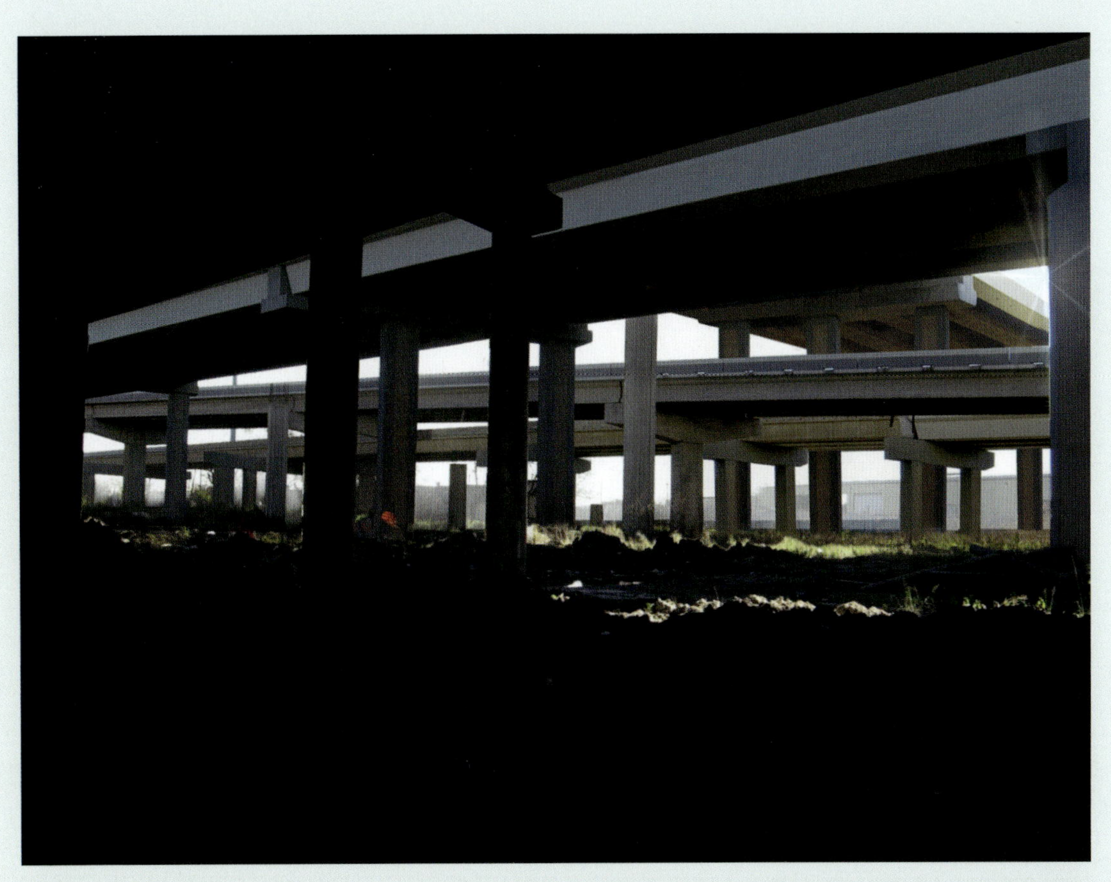

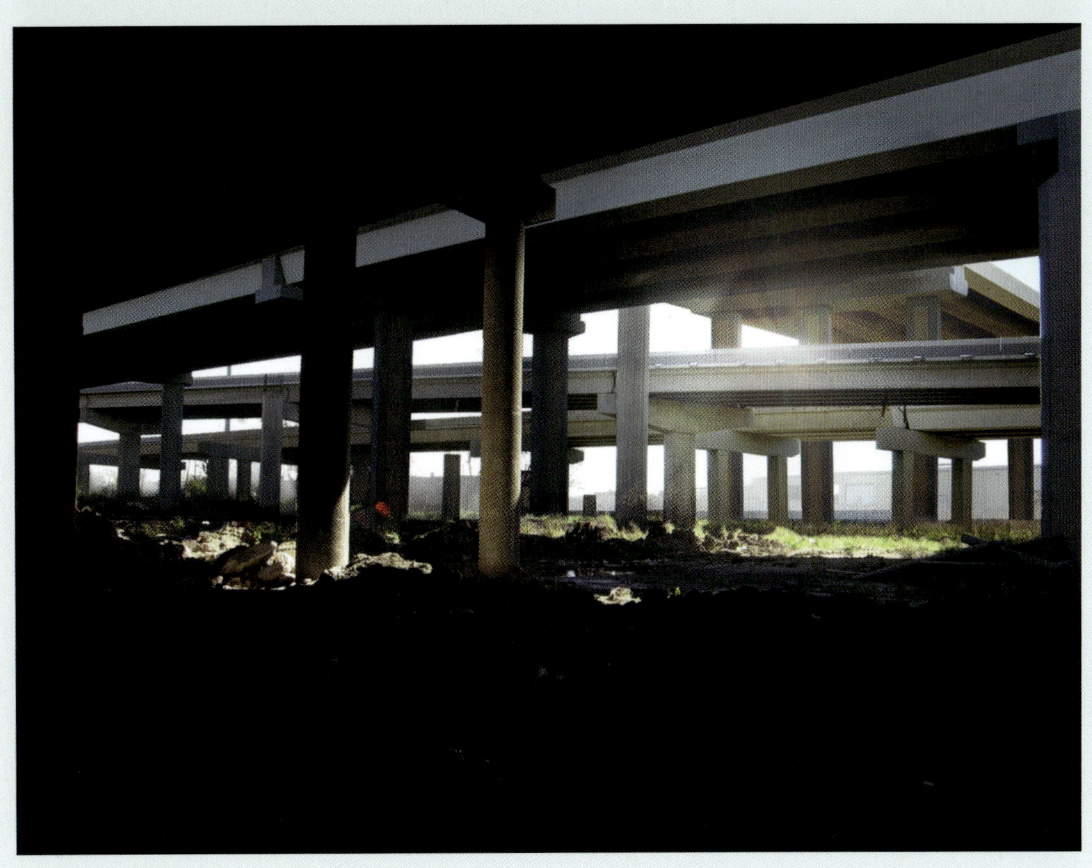

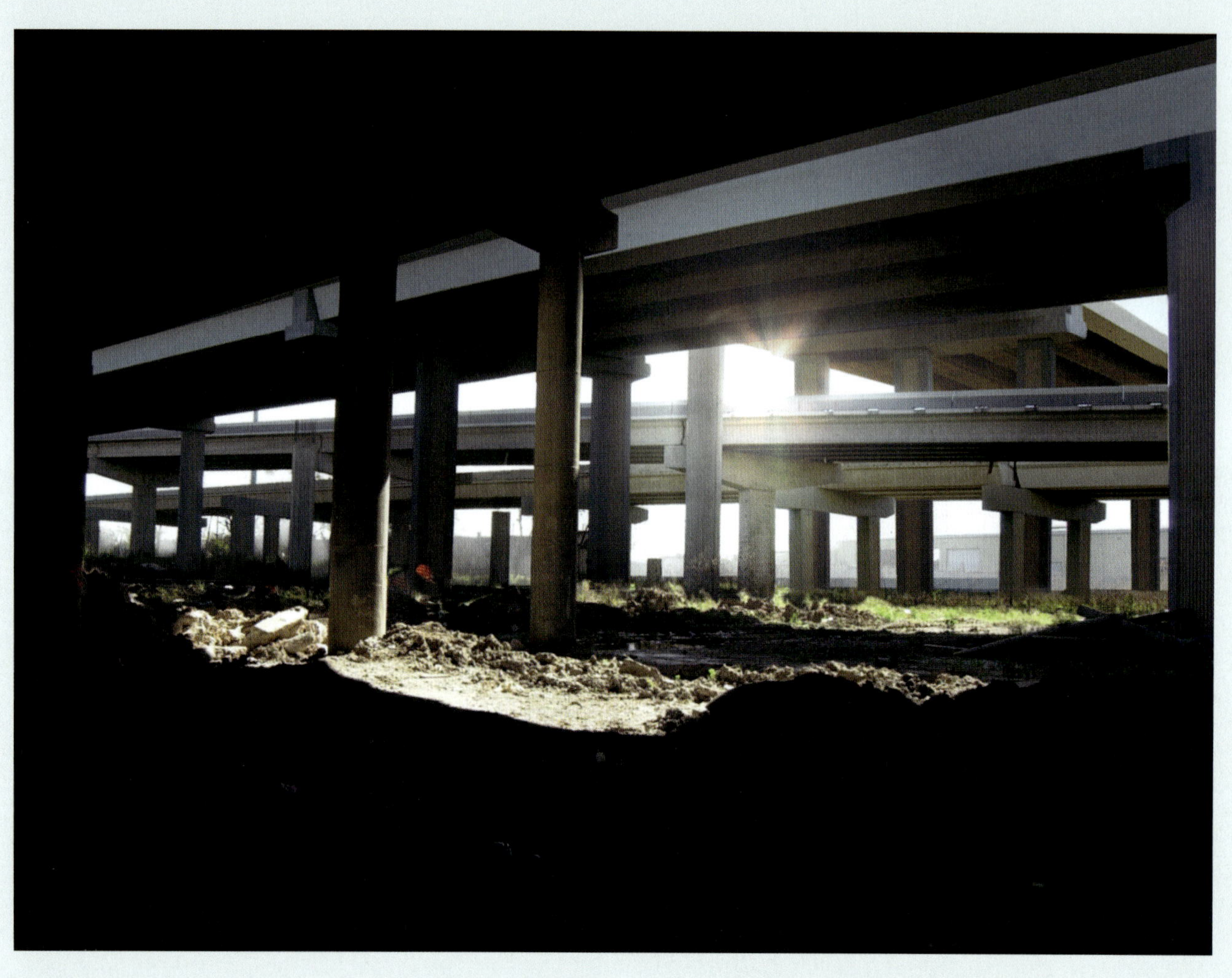

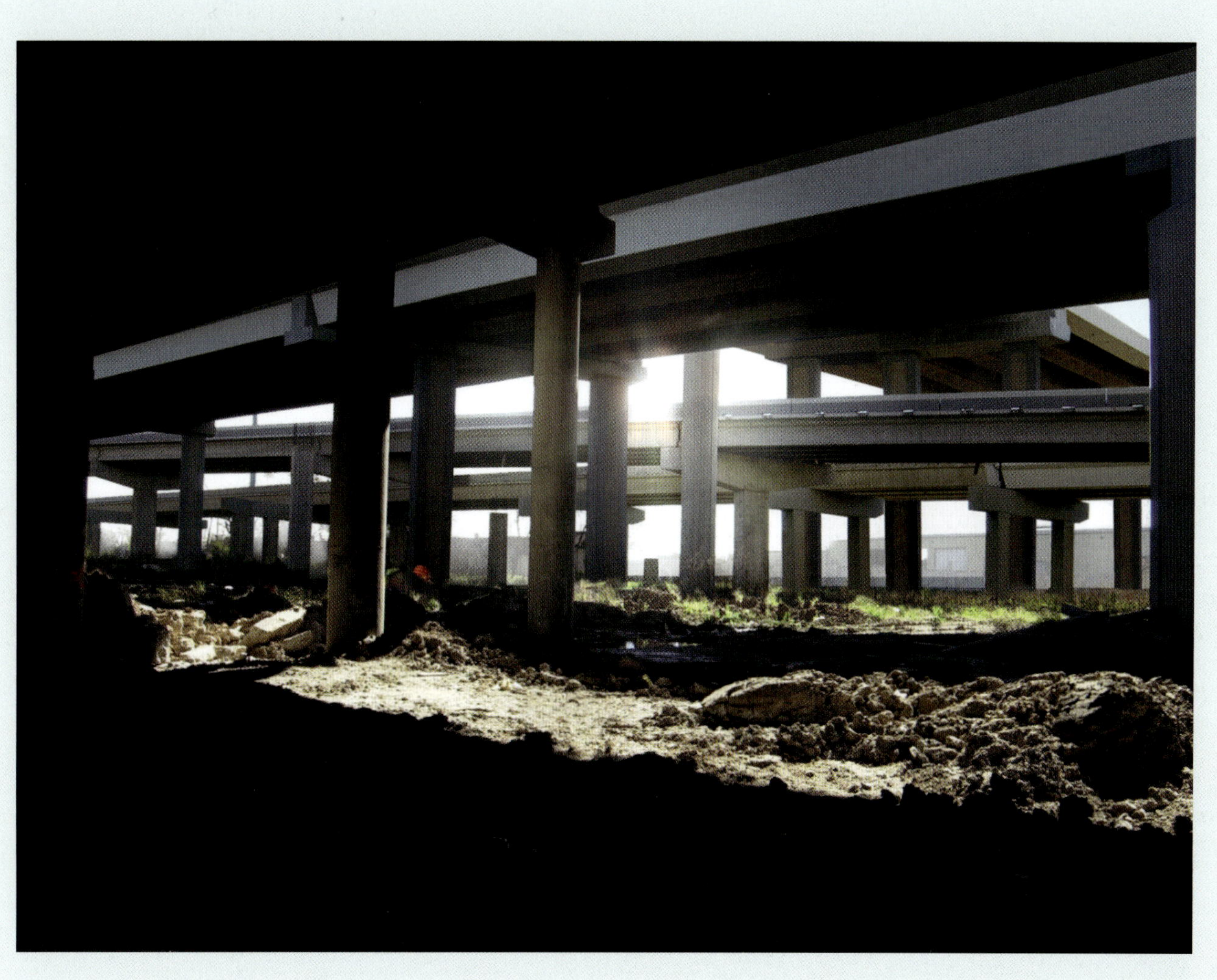

MARLENE DUMAS

The Origin of Painting (The Double Room), 2018

Sie muss sich von ihrem Geliebten trennen. Er geht auf Reisen und nur die Erinnerung an ihn wird ihr bleiben. Um sein Abbild festzuhalten, umrandet sie auf der Wand seinen Schatten. So erfand Dibutade, die verliebte Tochter des korinthischen Töpfers Butades laut Plinius dem Älteren die Malerei. Auf diesen griechischen Mythos bezieht sich Marlene Dumas, eine der einflussreichsten zeitgenössischen Malerinnen, mit ihrem Gemälde *The Origin of Painting (The Double Room)*. Mit kraftvollen Pinselstrichen setzt sie eine überlebensgroße Frau ins Bild, die wiederum ihre Silhouette an die Wand zu malen scheint: eine dunkle Form, die in ihrer Pastosität den Eindruck macht, Licht zu verschlucken. Dumas zeigt Dibutade, sich selbst wie auch die Frau an sich als Schöpferin von Kunst und von neuem Leben. Die Malerin thematisiert die Figur des Schattens als Doppelgängerin. Im Werktitel spielt sie auf Charles Baudelaires Gedicht *Das Doppelzimmer* an und damit auf die Verquickung von Fantasie und Realität zu einem doppelten Seinszustands, die darin zum Thema wird. Das Werk gehört zu einer Serie, die sich mit der Emanzipation des Schattens aus seiner zweidimensionalen Abbildhaftigkeit beschäftigt.
Dumas ist dafür bekannt, sozio-politische Themen in ihre Werke zu verweben. Egal, ob ihre Motive aus den Nachrichtenmedien oder der europäischen Kulturgeschichte stammen: Schwarze Schatten, die aus dem Pinsel der südafrikanischen Künstlerin stammen, stellen zugleich Blackness in ein komplexes Spannungsverhältnis. LD

She has to bid farewell to her lover. He is going on a journey, and only the memory of him will remain for her to cherish. In order to keep hold of his image, she traces out his shadow on the wall. According to Pliny the Elder, this is how Dibutade, the enamoured daughter of the Corinthian potter Butades, invented painting. Marlene Dumas, one of the most influential contemporary painters, makes reference to this Greek myth with her painting *The Origin of Painting (The Double Room)*. She uses powerful brushstrokes to depict a larger-than-life woman who seems to be painting her silhouette on the wall: a dark form which, in its pastose nature, gives the impression of swallowing up light. Dumas presents Dibutade, herself, and woman in general as the creator of art and of new life. The painter thematises the figure of the shadow as a doppelgänger. In the title of the work, she alludes to the poem »La Chambre Double« by Charles Baudelaire and thereby to the intermingling of fantasy and reality in a double state of existence which becomes the theme of her work. The painting is part of a series devoted to the emancipation of the shadow from its two-dimensional, representational nature.
Dumas is known for integrating socio-political themes into her works. Regardless of whether her motifs come from the news media or have their origin in European cultural history: black shadows coming from the brush of the South-African artist simultaneously insert Blackness into a field of complex dynamism. LD

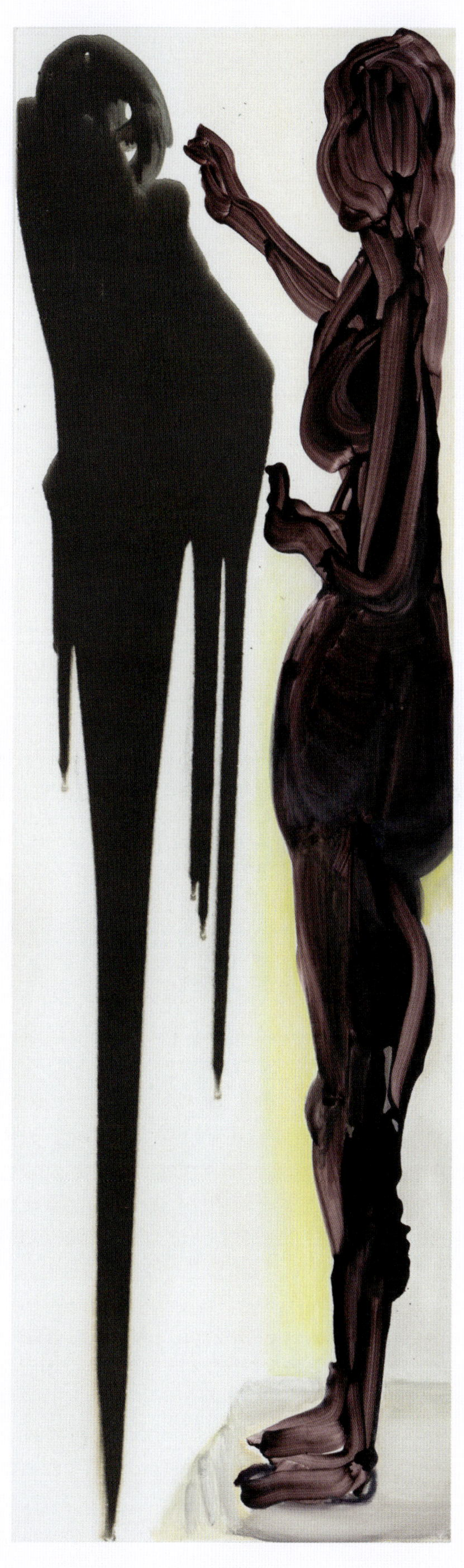

OLAFUR ELIASSON

Your uncertain shadow (growing), 2010

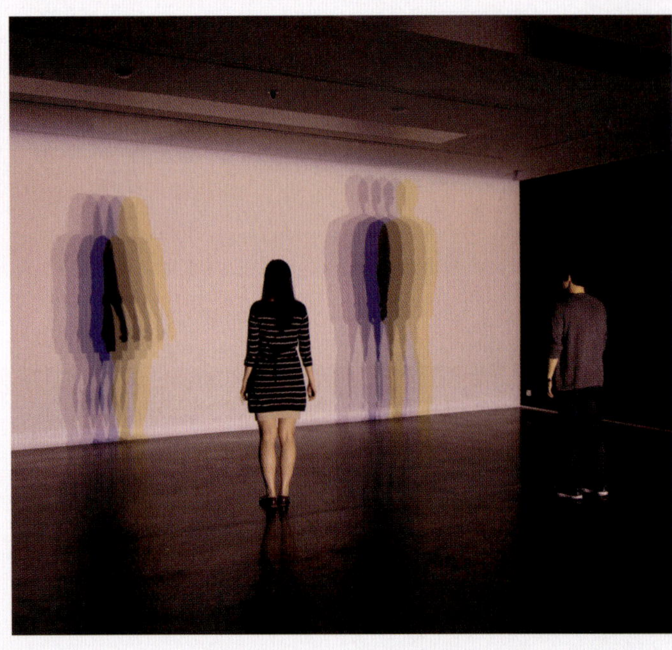

Die Lichtarbeit von Olafur Eliasson entwickelt ihre Wirkung erst durch die Beteiligung der Besuchenden. Ganz im Sinne »angewandter Physik« können die Akteur:innen ihre auf die Wand projizierten Schattenumrisse selbst beeinflussen und variieren. Mehrere verschiedenfarbige Scheinwerfer, die in Reihe nebeneinander angeordnet werden, addieren sich in der Summe zu weißem Licht. Indem die Besucher:innen mit ihren Körpern einzelne Lichtquellen blockieren, können sie neue Farbmischungen entstehen lassen. Auf diese Weise werden durch die Bewegung im Raum sowie im spielerischen Wechsel von Nähe und Distanz die Schatten aufgesplittert, sodass die Körperumrisse vervielfältigt und übereinandergelagert auf der Wand erscheinen. Die klare Kontur als sichtbare Spur der eigenen Existenz löst sich in ungewisse, vibrierende Schemen auf.
Eliasson ist bekannt für seine Skulpturen und raumgreifenden Installationen, in denen er oftmals Materialien und Phänomene wie Licht, Wasser und Lufttemperatur einsetzt, um die Wahrnehmung der Betrachtenden für ihre Umwelt zu sensibilisieren. 2009 gründete der Künstler in Berlin sein Institut für Raumexperimente, in dem er mit einem Team von rund 30 Mitarbeiter:innen zahlreiche Projekte an der Schnittstelle zwischen Kunst und Wissenschaft realisierte. 2014 eröffnete er außerdem zusammen mit seinem langjährigen Mitarbeiter, dem deutschen Architekten Sebastian Behmann, das Studio Other Spaces als ein Büro für Kunst und Architektur. FF

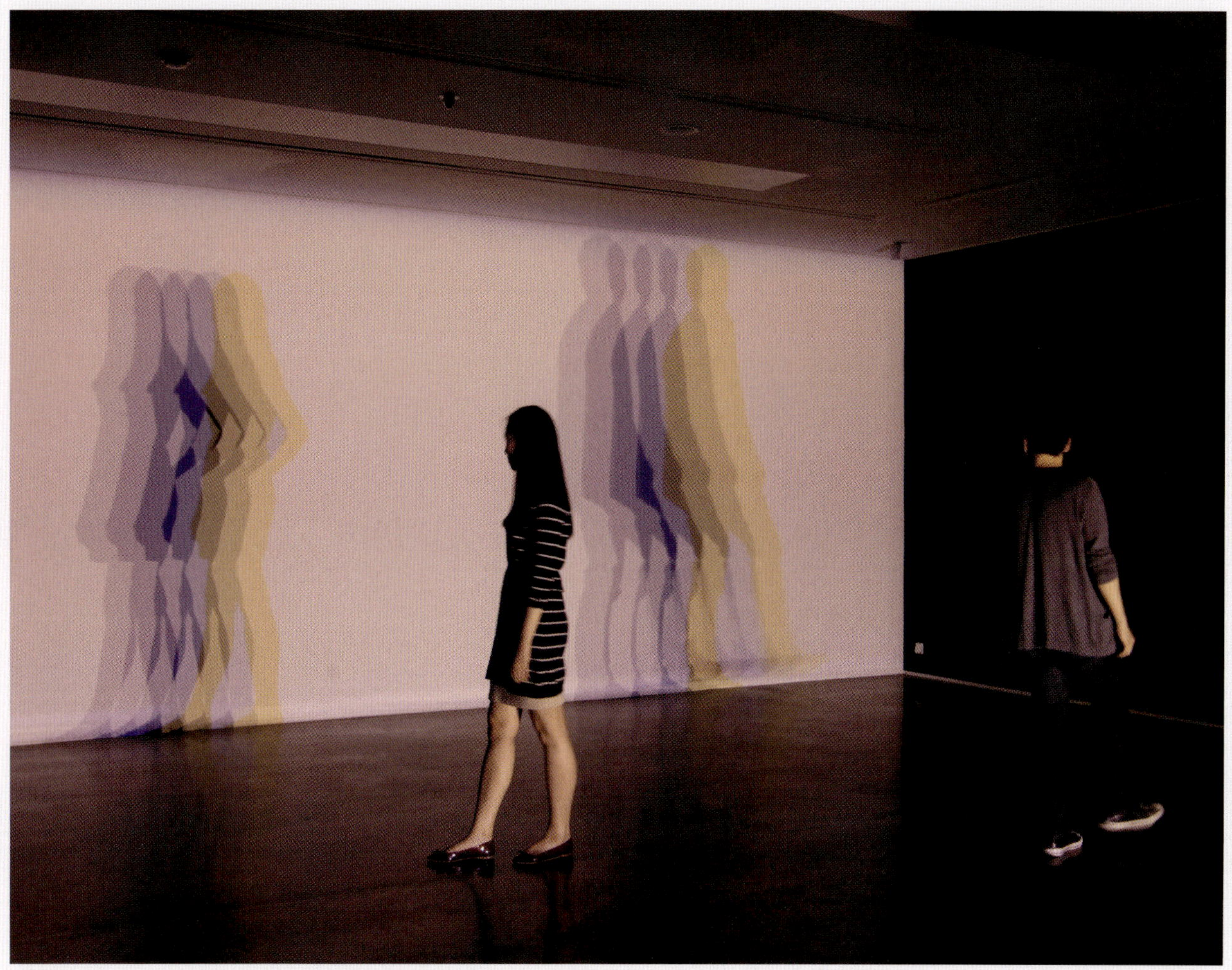

The light-work by Olafur Eliasson only unfolds its impact through the active participation of visitors. Entirely in the sense of »applied physics«, the protagonists can themselves influence and vary their silhouettes projected onto the wall. Several different spotlights, arranged alongside each other in a row, add their luminosity together into white light. When visitors block individual light sources with their bodies, they give rise to new mixtures of colours. Thus movement within the space as well as playful shifting between proximity and distance causes the shadows to be split so that silhouettes appear upon the wall in multiple and overlapping shapes. The distinct contour as a visible trace of the individual's own existence dissolves into uncertain, vibrating phantoms.
Eliasson is known for his sculptures and space-encompassing installations, in which he often makes use of materials and phenomena such as light, water, and air temperature in order to sensitise viewers' perception of their surroundings. In Berlin in 2009, the artist established his Institute for Spatial Experiments where, with a team of nearly thirty colleagues, he realised numerous projects along the interface between art and science. In 2014, together with his long-standing colleague, the German architect Sebastian Behmann, he set up the Studio Other Spaces as an office for art and architecture. FF

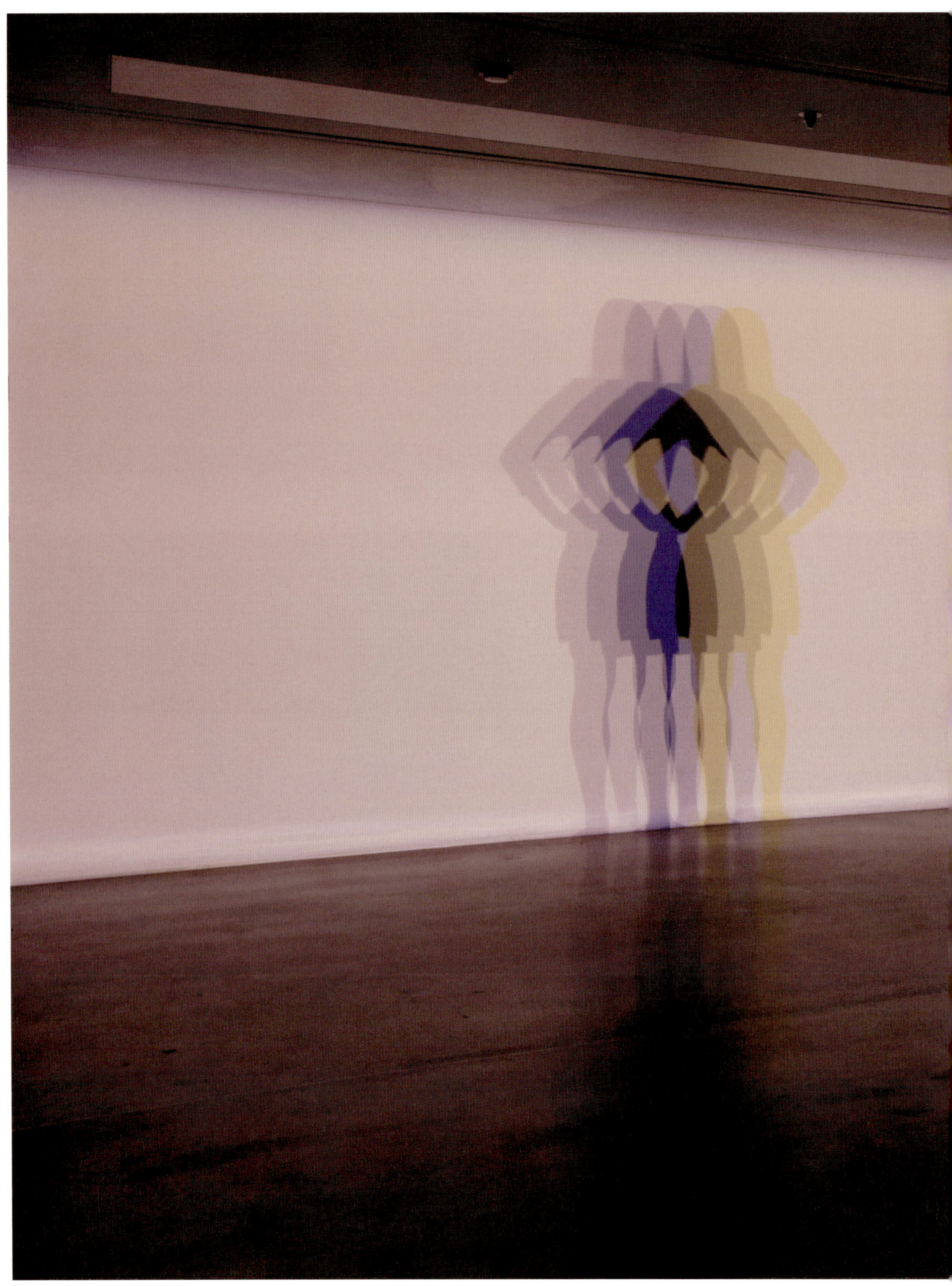

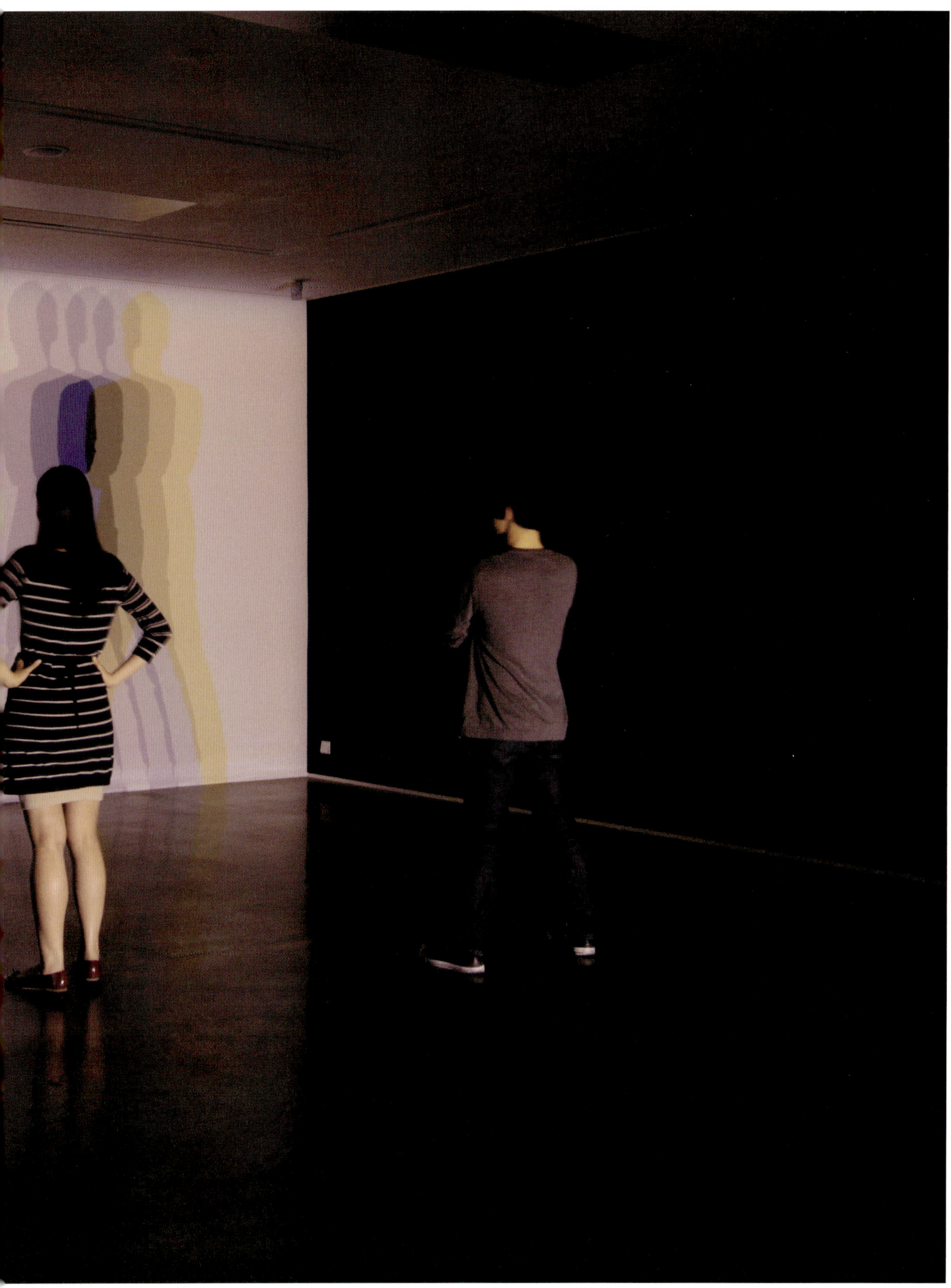

HANS-PETER FELDMANN

Zwei Mädchen mit Schatten, 1999

Wenn es ein Bild gibt, das auf ganz einfache Weise die komplizierte Wirklichkeit des Schattens zwischen körperloser Erscheinung und realer Existenz sichtbar macht, dann ist es dieses. Ausgangspunkt war ein von Hans-Peter Feldmann gefundenes Foto aus der Mitte des 20. Jahrhunderts, aus dem der Künstler eine Person ausgeschnitten hat. Zusätzlich zu dem Schatten des auf dem Foto sichtbaren Mädchens und dem Schatten, den paradoxerweise der im Foto ausgesparte Negativkörper wirft, entsteht so irritierenderweise ein dritter realer Schatten, nämlich jener, den die ausgeschnittene Silhouette auf dem weißen Hintergrund erzeugt. Die Leerstelle im Foto erschafft so gesehen neben den beiden bildimmanenten Schattenwürfen einen tatsächlichen Schatten im Raum des Betrachtenden. Damit reflektiert die Arbeit die eigentümliche mediale Doppelstruktur der Fotografie (ursprünglich Skiagrafie = Schattenbild). Demnach ist das Foto einerseits durch einen photochemischen Prozess mit der Realität verbunden und gleichzeitig dennoch »nur« ein Abbild eines Augenblicks, der im Moment der Fixierung bereits wieder entschwunden ist. Der Cut-Out betont diese Ambivalenz des Mediums, indem er einerseits die Erinnerung an die ursprüngliche Präsenz, andererseits auch deren Verlust dokumentiert. Der Finger des Mädchens berührt entsprechend eine Leerstelle, die für diese widersprüchliche Verbindung von ersehnter Nähe und realer Distanz steht. SB

If ever there were a picture which, in an utterly simple manner, ushers into view the complicated reality of the shadow oscillating between bodiless appearance and real existence, this is it. The point of departure was a photograph from the mid-twentieth century, found by Hans-Peter Feldmann, out of which the artist cut the shape of a person. In addition to the shadow of the girl visible in the photograph and the shadow paradoxically cast by the negative body left as a gap, there perplexingly arises a third, real shadow, namely the one created by the cut-out silhouette upon the white background. Seen in this way, the empty area in the photograph casts an actual shadow in the space of the viewer alongside the two pictorially immanent shadows. The work thus reflects the peculiar, media-related double structure of the photograph (originally called a skiagraph, or »shadow image«). The photograph is accordingly connected with reality through a photochemical process on the one hand, yet on the other is simultaneously »merely« the image of an instant which, at the moment of its fixation, has already disappeared. The cut-out emphasises the ambivalence of this medium inasmuch as it documents both the memory of the original presence and its loss. Thus the finger of the girl touches an empty spot which stands for the contradictory connection between desired proximity and actual distance. SB

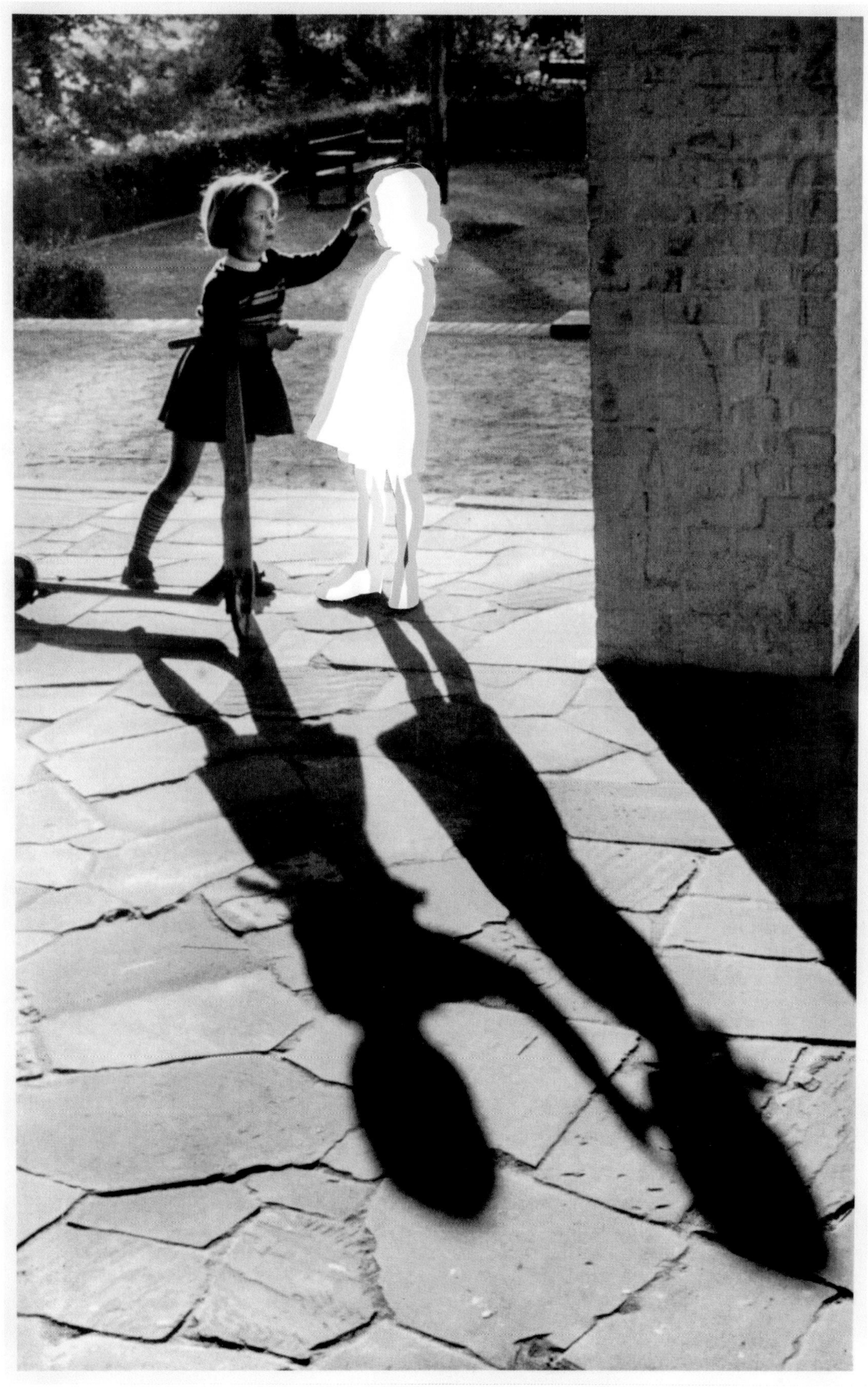

Das Schattenspiel, 2002

In einem fantastisch anmutenden Ballett bewegen sich Schlagschatten unterschiedlichster Form und Gestalt über eine Wand, verbinden sich zu einem fortwährend veränderlichen, komplexen Gesamteindruck. Die Silhouetten durchdringen und überlagern sich, wachsen riesenhaft an und schrumpfen wieder zusammen, wirken – je nach Abstand zur Beleuchtung – mal dunkler, mal heller.
So irreal-entrückt Hans-Peter Feldmanns *Schattenspiel* erscheint, so profan zeigt sich die zugrundeliegende Installation. Spielzeug, Nippfiguren und Dekorationsobjekte aller Art platziert der Künstler auf sich drehenden Holzplatten. Eine kitschige, billige Anmutung eint die disparaten Objekte, teils lassen Abnutzungsspuren auf Ausgesondertes schließen. Glühbirnen, montiert in leeren liegenden Kaffeedosen, fungieren als Lichtquelle für das Schattenspiel. Aufgebockte Tischlerplatten tragen das Arrangement, dem ein stark provisorisches Moment anhaftet: Rings um die rotierenden Tableaus liegen weitere Figuren und Holzleisten scheinbar willkürlich verstreut. Die Verkabelung ist offen sichtbar.
Die ostentativ vorgeführte Diskrepanz zwischen dem tatsächlich Gegebenen und dessen Schattenbild lässt an Platons berühmtes Höhlengleichnis denken. Betont der griechische Philosoph die Unmöglichkeit, das wahre Wesen der Dinge aus ihrem Schattenwurf abzuleiten, so zeigt der Künstler beides zugleich: Die Banalität der Gegenstände und deren schlichte Präsentation kontrastiert mit ihrer Poetisierung im Tanz der Schatten – gerade aus diesem Spannungsfeld erwächst die Faszination, die von Feldmanns Installation ausgeht. BM

In a fantastical ballet, shadows with extremely diverse forms and shapes move across a wall and conjoin into a constantly changing and complex overall impression. The silhouettes interpenetrate and overlap, grow to gigantic proportions and then shrink back together; depending on their distance to the light source, they sometimes appear darker, sometimes brighter. While Hans-Peter Feldmann's *Schattenspiel* seems unreal and otherworldly, the underlying installation shows itself to be utterly mundane. The artist places toys, ornamental figures, and decorative objects of all sorts upon rotating wooden plates. The disparate objects are united by their kitschy, cheap appearance; signs of wear and tear on some of them indicate that they have been discarded. Incandescent bulbs, mounted in empty, horizontal coffee cans, serve as the light source for this play of shadows. Propped-up pieces of plywood carry the arranged items, which have a pronouncedly provisional character. Further figures and wooden strips lie scattered, apparently at random, around the rotating tableaus. The electrical wiring is openly visible.
The demonstratively displayed discrepancy between what is actually present and its pattern of shadows calls to mind Plato's famous Allegory of the Cave. Whereas the Greek philosopher emphasises the impossibility of recognising the true essence of things from the shadows they cast, the artist shows both at once: the banality of the objects and their unadorned presentation contrasts with their poetical transformation in the dance of the shadows. It is precisely out of this dynamic field that the fascination which emanates from Feldmann's installation emerges. BM

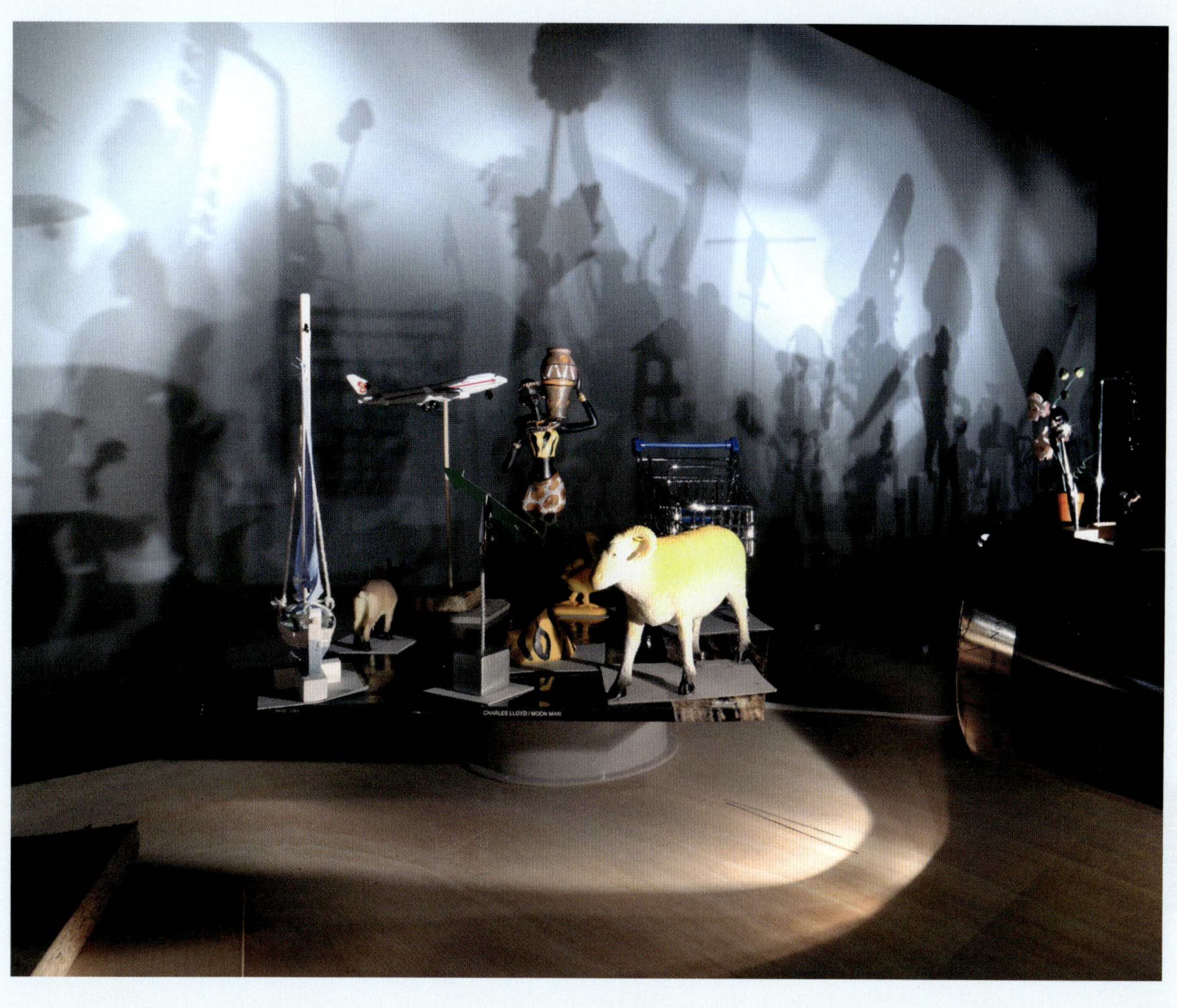
CHARLES LLOYD / MOON MAN

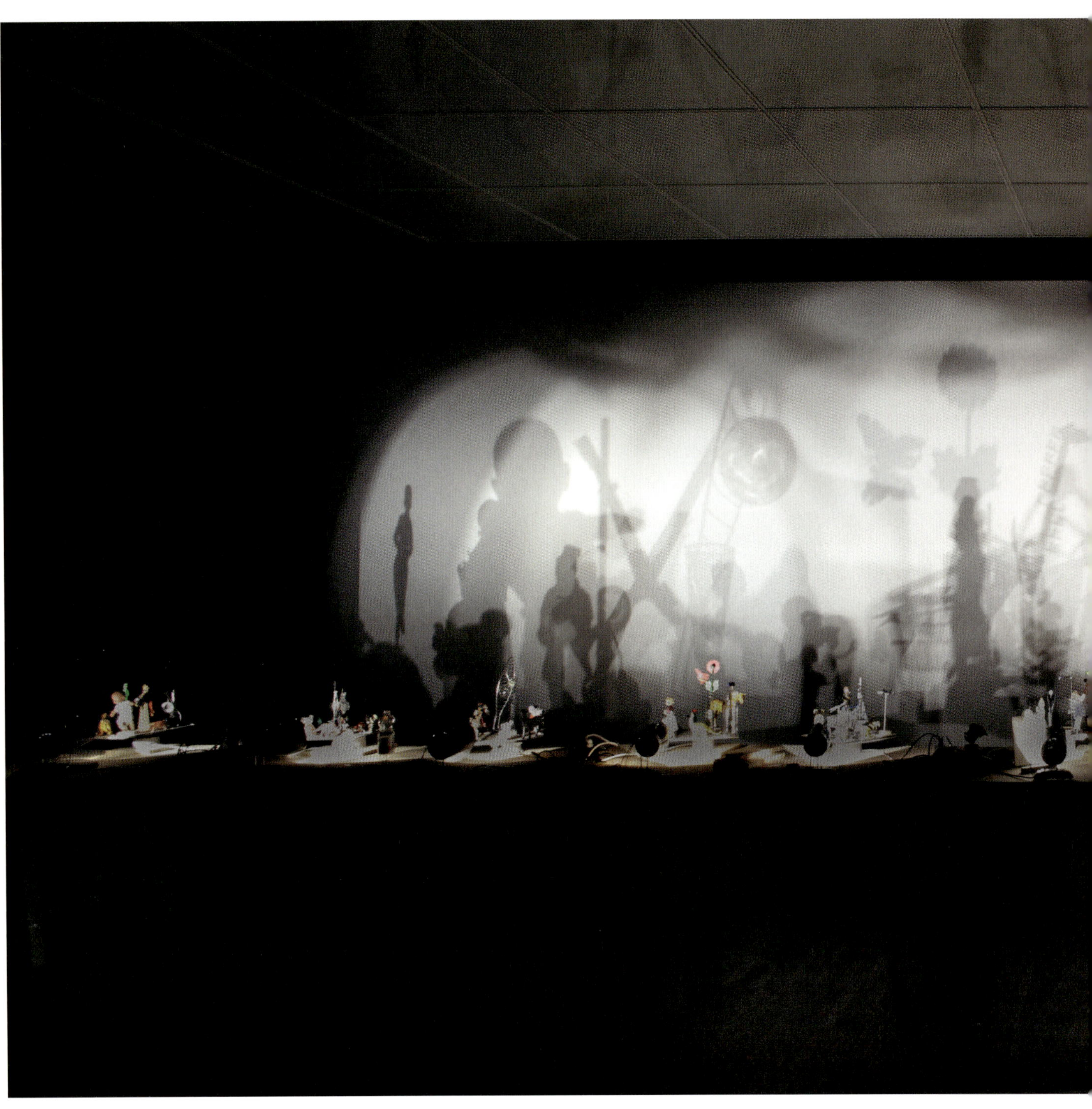

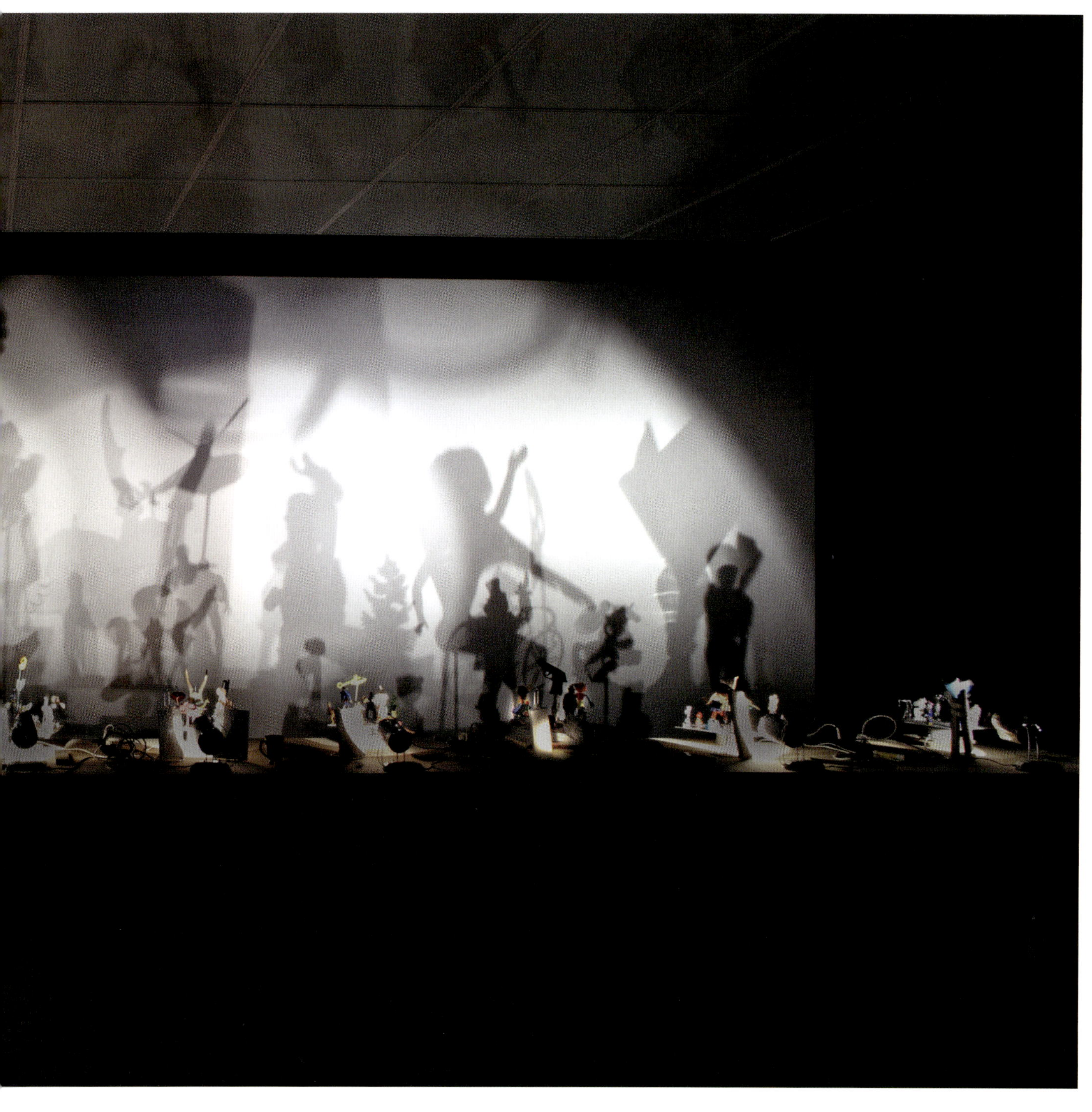

VADIM FISHKIN

Coffee and Ink, 2012
The Door, 2013

Der Einsatz von Licht und Schatten ist in zahlreichen Arbeiten von Vadim Fishkin ein zentrales Element. Dabei verkehrt sich deren symbolische Bedeutung oftmals in ihr Gegenteil: Was von Licht durchflutet wird, bleibt besonders undurchsichtig und rätselhaft. So verweisen in *The Door* das flackernde Licht und die Geräusche, die hinter einer halb verschlossenen Tür hervordringen, auf eine Party, die sich jedoch der Betrachtung entzieht und lediglich vage Rückschlüsse auf die dortigen geheimnisvollen Ereignisse zulässt.
In *Coffee and Ink* wiederum führt der Schatten eines Gegenstands, der sonst als Beleg für dessen physische Existenz dient, die Betrachtenden gezielt in die Irre: Ein Tintenfass, das theatralisch ins Rampenlicht gerückt wird, wirft statt des bekannten Schattenbildes den Umriss einer Kaffeetasse in den weißen Lichtkegel. Während die Absurdität dieses Phänomens zunächst staunend zur Kenntnis genommen wird, versuchen die Betrachtenden im nächsten Schritt Licht ins Dunkel zu bringen, indem sie wie in einem Bilderrätsel nach möglichen Verbindungen zwischen Kaffee und Tinte suchen: Ist es lediglich das Bild von einem schreibenden, Kaffee trinkenden Poeten, das hier durch die assoziative Verschmelzung der zwei Objekte hervorgerufen werden soll? Da es sich in beiden Fällen um dunkle, intransparente Flüssigkeiten handelt, die ursprünglich aus Afrika und Asien stammen, könnte es auch naheliegen, dass der Künstler mit dieser Art von Zaubertrick auf einen anderen Zusammenhang hinweisen möchte: die zweifelhafte Selbstverständlichkeit der verfügbaren Exportprodukte in Europa. Auf diese Weise wirft das poetische Motiv im buchstäblichen Sinne seine Schatten und verwandelt sich zu einem politisch-melancholischen Sinnbild der globalen Warenflüsse. FF

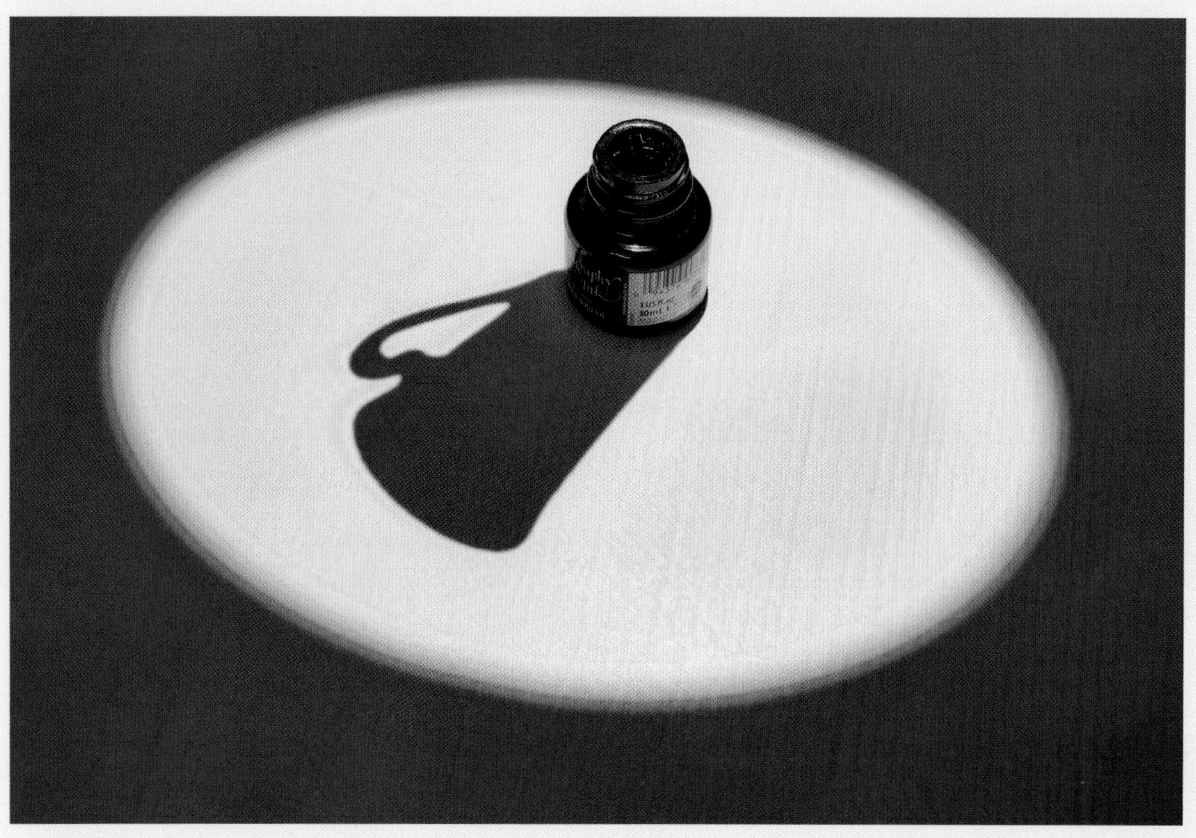

Light and shadow are central elements in numerous works by Vadim Fishkin. Their symbolical meaning is often shifted into an opposite significance: that which is flooded with light remains particularly impenetrable and enigmatic. In *The Door*, for example, the flickering light and the noises emerging from behind a half-opened door provide indications of a party which, however, withdraws from visibility and allows only vague surmises as to what mysterious events are taking place there.
In *Coffee and Ink*, the shadow of an object, which otherwise would serve as proof of its physical existence, confronts viewers with a deliberate deception. An ink bottle which has been placed theatrically in the spotlight casts not its own shadow, as expected, but instead the dark silhouette of a coffee cup. Whereas viewers initially perceive the absurdity of this phenomenon with amazement, in a next step they endeavour to bring light into the darkness, as if responding to a picture-puzzle, by seeking possible connections between coffee and ink: Is it the image of a poet who is both writing and drinking coffee that is supposed to be summoned here through the associative blending of two objects? As both coffee and ink are dark, non-transparent liquids originally coming from Africa and Asia, there is reason to suppose that the artist's magic trick points towards another contextual connection: namely the dubious self-evidence with which we regard the range of products available for export to Europe. In this way, the poetic motif literally casts a shadow and transforms itself into a melancholy political symbol for the global circulation of commodities. FF

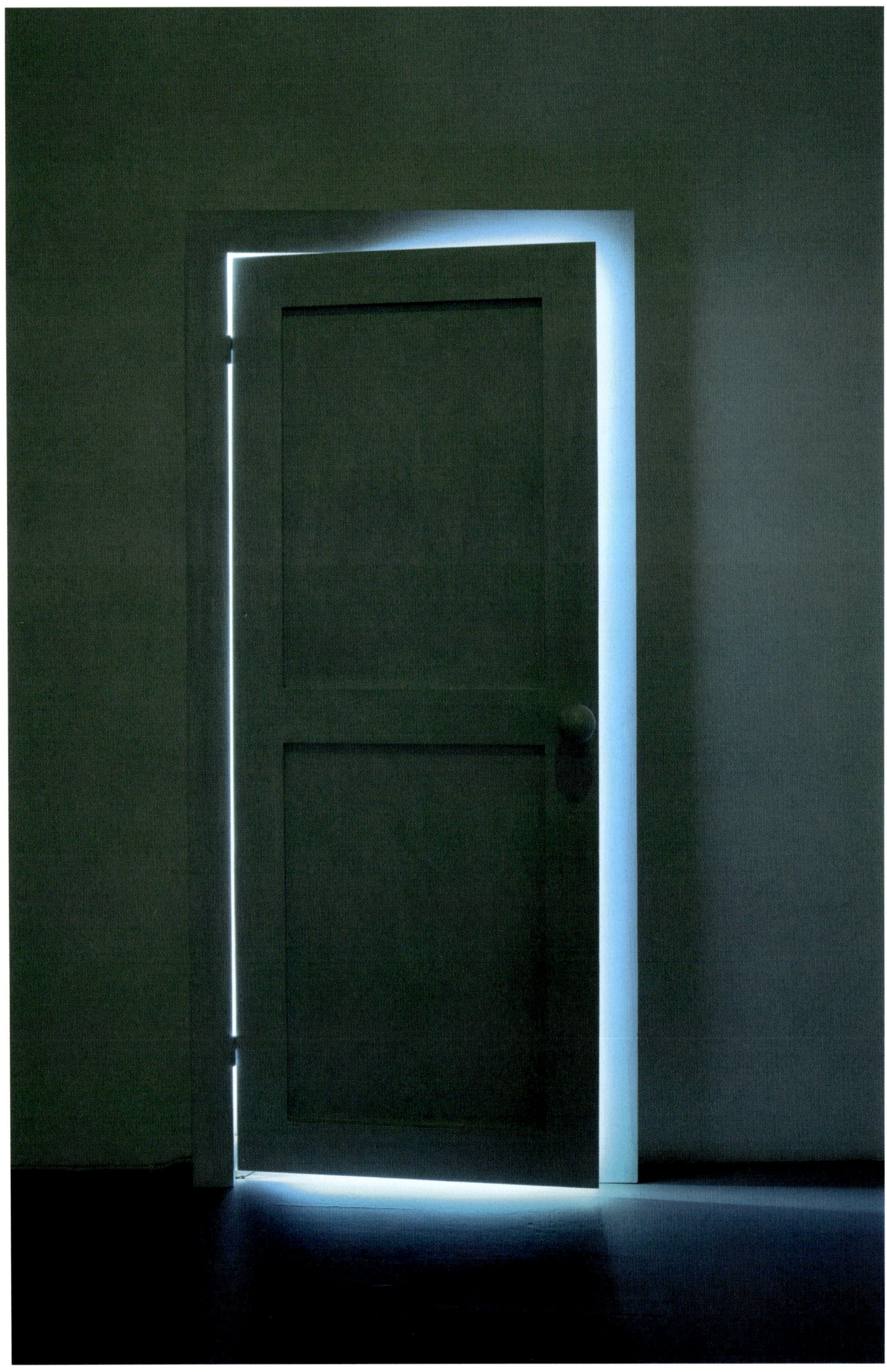

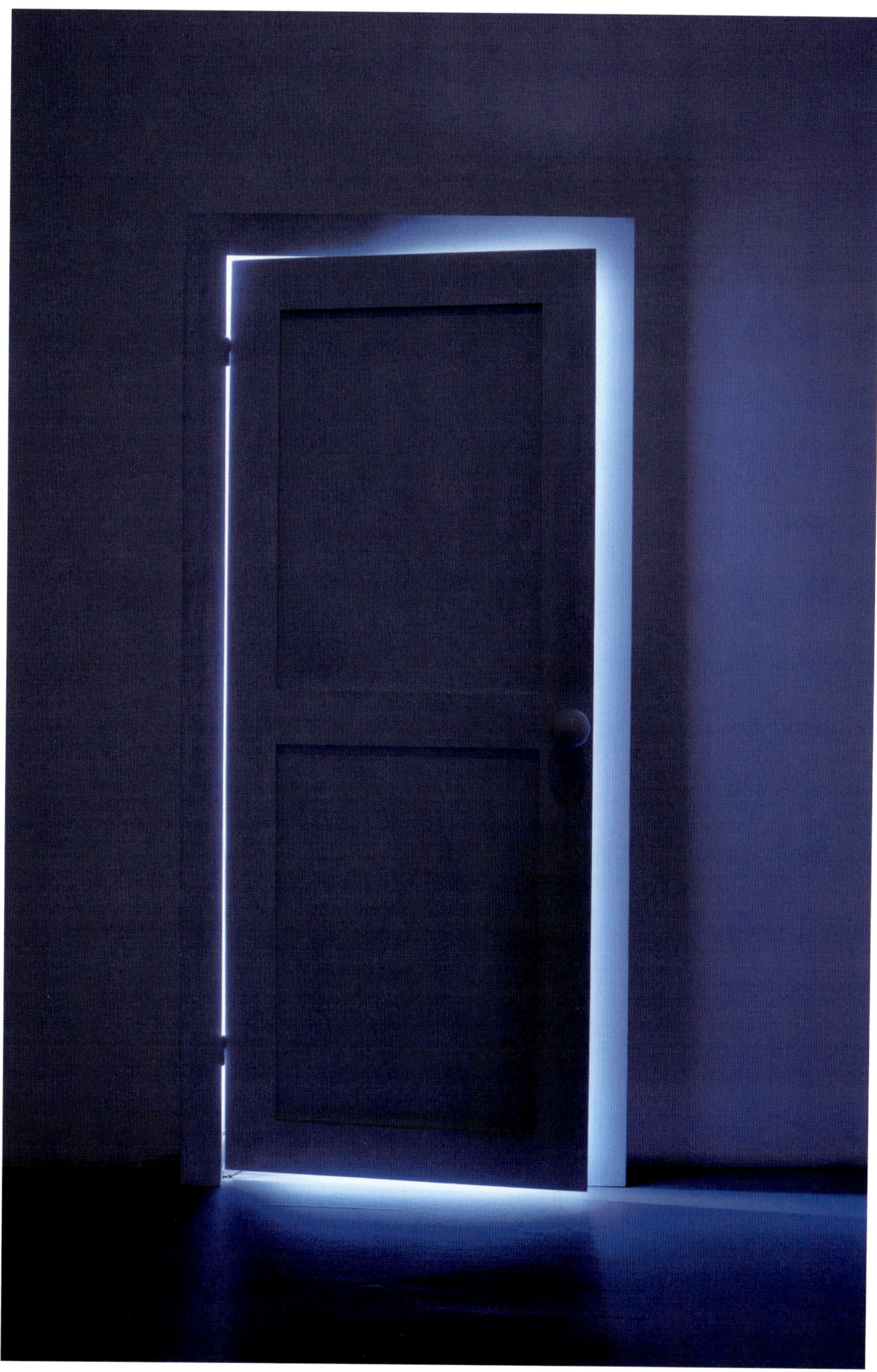

LEE FRIEDLANDER

New York City, 1966

In den Straßen New Yorks fällt der Schatten eines Mannes auf eine in Rückenansicht festgehaltene Passantin – dem eigentlich alltäglich-unspektakulären Motiv verleiht der US-amerikanische Fotograf Lee Friedlander eine beklemmend-suggestive Wirkung. Markant hebt sich die dunkle Silhouette vom hellen, pelzbesetzten Mantel und blonden Haarschopf der Frau ab. Friedlander zeigt im wortwörtlichen Sinn eine »Beschattung« und evoziert so Vorstellungen von Observation und Verfolgung. Die Passantin ist sich des Geschehens in ihrem Rücken offenbar nicht bewusst, erscheint als passives Objekt der Beobachtung. Die Betrachter:innen der Fotografie nehmen dabei die Position des nur über seinen Schatten präsenten Mannes ein, erleben sich in dessen Rolle.

Tatsächlich stammt der Schattenwurf vom Fotografen selbst, der sich so als Urheber der Aufnahme mit in die Szene einschreibt. Damit unterläuft Friedlander ein Grundprinzip der dokumentarischen Fotografie: die Idealvorstellung einer vermeintlich unmittelbaren, neutralen Abbildung der Wirklichkeit, aus der die subjektive Position des Fotografen gänzlich zurückgenommen ist. Maßgeblich prägt die indirekte Präsenz des Künstlers mittels Schatten und Spiegelungen die gesamte Serie der »Self Portraits«, die der Fotograf 1970 in einem gleichnamigen Künstlerbuch publizierte und auch nach dessen Erscheinen noch jahrelang fortführte.
BM

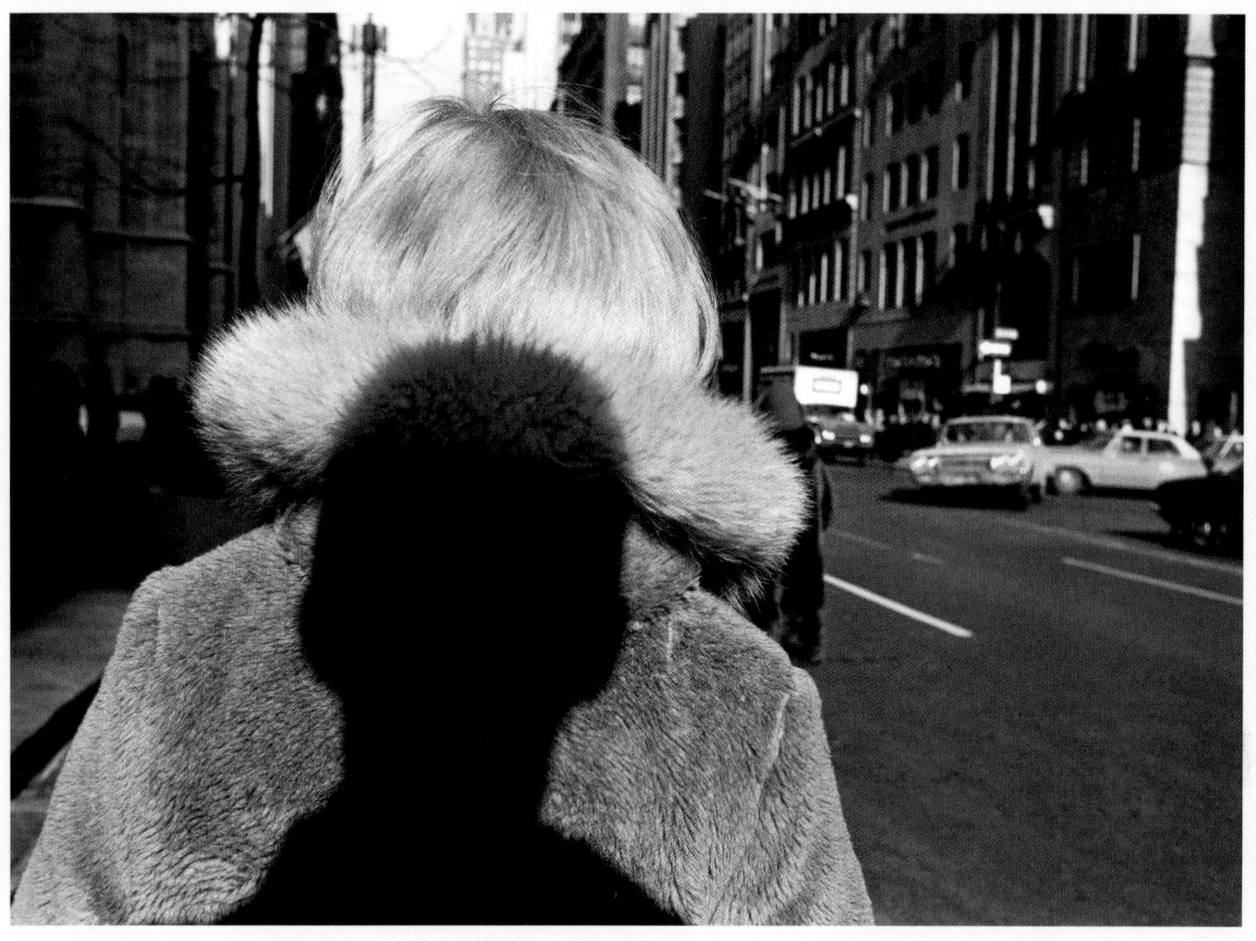

On the streets of New York, the shadow of a man falls upon a female passer-by depicted in a rear view; the American photographer Lee Friedlander imparts an oppressive, evocative impact to what is actually a quotidian and unspectacular motif. The dark silhouette is strikingly distinct both from the bright coat trimmed with furs and from the woman's blond head of hair. Friedlander presents in a literal sense an instance of »shadowing« and thereby summons up notions of observation and pursuit. As she proceeds upon her way, the woman is apparently not aware of what is happening behind her; she appears as a passive object of surveillance. Viewers of the photograph take up the position of the man who is present only through his shadow and experience themselves in his role.

In fact, the shadow is cast by the photographer himself, who thereby, as the originator of the image, includes himself in the scene. In this way, Friedlander undermines a basic principle of documentary photography, namely the ideal of a supposedly immediate, neutral depiction of reality, from which the subjective position of the photographer is entirely removed. The indirect presence of the artist by means of shadows and reflections has a fundamental impact on the entire series of »Self Portraits«, which the artist published in 1970 in an eponymous artist's book and which he continued for years after its appearance. BM

Canyon de Chelly, 1983

Seit den späten 1960er-Jahren arbeitet Lee Friedlander an seiner Serie der »Self Portraits«. Anders als der Titel erwarten lässt, zielen die »Selbstbildnisse« des US-amerikanischen Fotografen nicht auf die Darstellung der eigenen Persönlichkeit; der Künstler ist in den Werken häufig nicht einmal körperlich präsent. Lediglich als Schlagschatten auf steinigem, spärlich bewachsenem Boden ist er etwa in *Canyon de Chelly* zu sehen – wie alle Aufnahmen der Serie ist das Foto nach seinem Entstehungsort benannt. Der unebene Untergrund wie auch die momenthafte Pose mit breitbeinigem Stand und zum Fotografieren erhobenem Arm verleihen der Silhouette eine spannungsvoll-lebendige Anmutung. Der Schatten erscheint so als vermeintlich eigenständig agierender Stellvertreter des Künstlers.
Mit dem Schattenwurf oder auch partiellen Spiegelungen der eigenen Person erhebt Friedlander in seinen »Self Portraits« just das zum zentralen Thema, was Fotograf:innen üblicherweise als technische Fehler zu vermeiden suchen: Die indirekte Präsenz in der eigenen Aufnahme verweist auf deren Entstehungsbedingungen und unterläuft so Vorstellungen einer unmittelbaren, dokumentarisch-neutralen Abbildung der Wirklichkeit.
Indem Friedlander seine Anwesenheit durch den Schatten offenbart, physisch im Bild jedoch abwesend bleibt, betont er zugleich ein zentrales Charakteristikum der Fotografie, die indexikalische Beziehung von Bild und Objekt: Die Aufnahme belegt, dass das fotografierte Motiv zum Zeitpunkt der Entstehung real zugegen war. Umso deutlicher macht die spätere Betrachtung dessen Absenz bewusst. *Canyon de Chelly* rückt diese Ambivalenz in den Fokus. BM

Ever since the late 1960s, Lee Friedlander has been working on his series of »Self Portraits«. In contrast to the expectations raised by the title, the »self-portraits« of the American photographer do not aim at a depiction of his own personality: often the artist is not even physically present.
In *Canyon de Chelly*, for example, Friedlander can be seen merely as a hard shadow upon rocky soil with meagre vegetation; like all the works in the series, the photograph is named after the place where it was taken. The uneven ground, as well as the momentary pose, with legs outstretched and arm raised to take the picture, imbues the silhouette with a dynamic, living appearance. Thus the shadow seems to be a substitute for the artist, acting independently of him.
With cast shadows or partial mirrorings of his body, Friedlander transforms precisely that which photographers customarily seek to avoid, as a technical error, into the central theme of his »Self Portraits«. Friedlander's indirect presence in his own pictures points to the situation in which they were taken. The artist thereby undermines notions of an immediate, documentary, and neutral representation of reality.
Inasmuch as Friedlander reveals his presence through the shadow, even as he remains physically absent in the picture, he simultaneously emphasises a fundamental characteristic of photography: namely the indexical relationship between image and object. The picture confirms that the photographed motif was actually present at the instant of its creation. Hence the subsequent viewing draws its absence all the more clearly into awareness. *Canyon de Chelly* directs its focus towards this ambivalence. BM

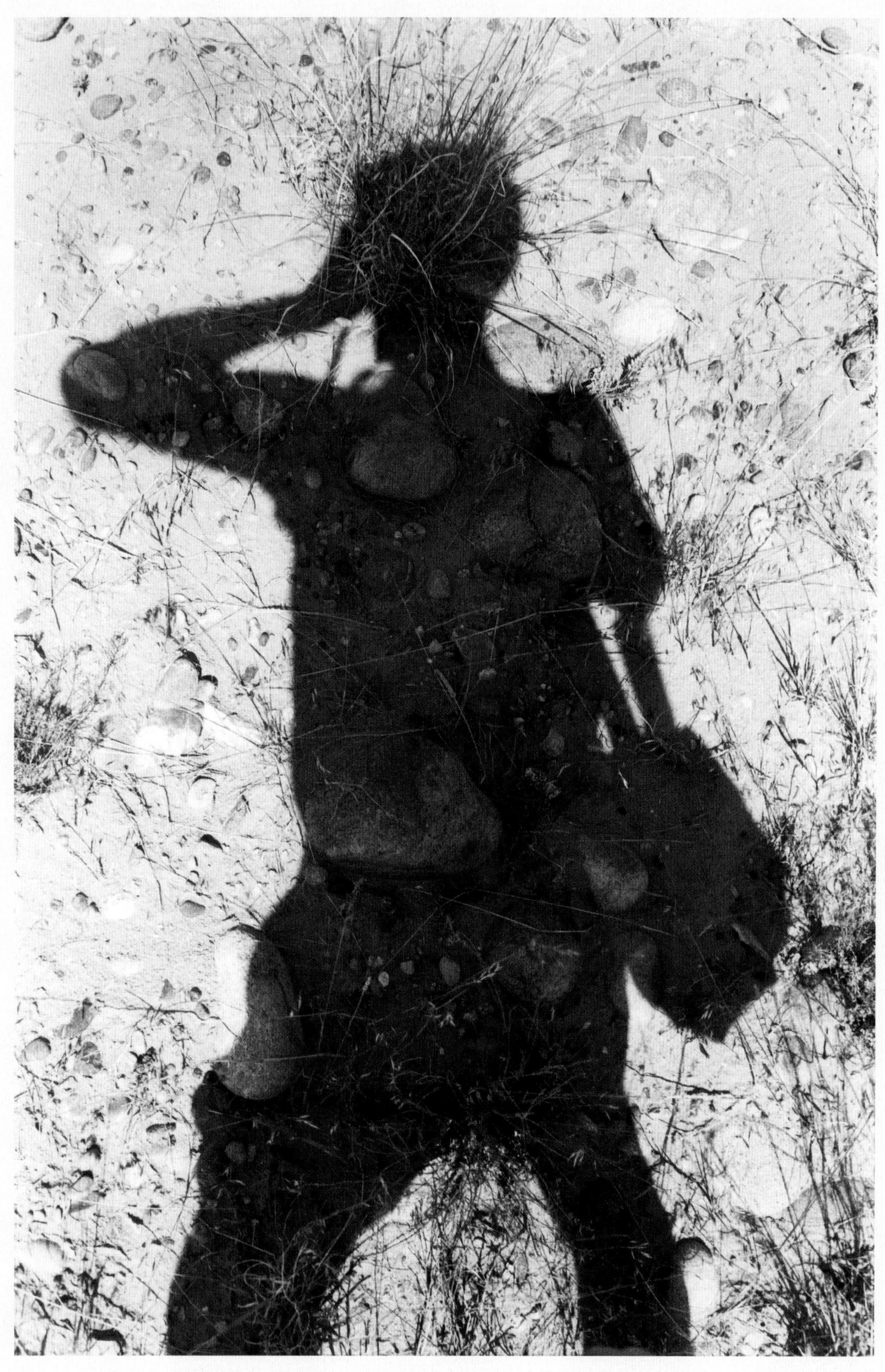

RALPH GIBSON

Untitled, 1968 from *The Somnambulist*

Durch eine halbgeöffnete Tür fällt ein Lichtstreif in den engen, schummrigen Flur. Eine Hand greift nach dem Türknauf, die zugehörige Person wird vom Türrahmen verdeckt. So entsteht eine geisterhafte Anmutung, welche durch die starke Verschattung im Gegenlicht noch verstärkt wird. Die körperlose Hand erscheint im Schattenwurf an der Wand gedoppelt; die Silhouette erinnert an eine gekrümmte Klaue – das Unheimliche hält Einzug in die motivisch schlichte, äußerst reduzierte Szenerie.
Im Zusammenspiel von Licht und Schatten scheint die Aufnahme bedeutungsvoll überhöht und zugleich offen für individuelle Assoziationen der Betrachter:innen. Das effektvolle Helldunkel suggeriert eine Sphäre des Irrealen, des Traums. Unausweichlich wird der Blick zur Tür gelenkt, die einen Übergang hin zum Unbekannten, womöglich auch Unbewussten oder Jenseitigen markieren mag. Was hinter der Tür liegt, wirkt zum Greifen nah und bleibt doch ebenso verborgen wie unerreichbar.
Die Schwarz-Weiß-Aufnahme publizierte Ralph Gibson 1970 in seinem Künstlerbuch *The Somnambulist*. Der Band versammelt traumartige Szenen ohne konkreten narrativen Zusammenhang, die der erratischen Wahrnehmung des titelgebenden Schlafwandlers nachempfunden scheinen. *The Somnambulist* markiert damit einen Wendepunkt im Schaffen des US-amerikanischen Fotografen – von seinen dokumentarischen Anfängen zu einer individuellen, teils experimentellen Bildsprache, die alltägliche Motive mittels Komposition und Beleuchtung surreal verfremdet. BM

A strip of light falls through a half-opened door into the narrow, dim corridor. A hand reaches for the doorknob, while a view of the attending person is blocked by the doorframe. This gives rise to a spooky semblance, enhanced by the vivid shadowing with back light. The bodiless hand appears in duplicate through the shadow cast onto the wall. The silhouette is reminiscent of a bent claw; the uncanny enters the motifically simple, extremely reduced scene.
In its interplay between light and shadow, the picture seems significantly exaggerated, even as it is open to individual associations on the part of the viewer. The impactful chiaroscuro summons up a sphere of non-reality, of dream. The gaze is irresistibly directed towards the door, which may mark a transition to the unknown, perhaps also to the unconscious or otherworldly. Whatever there is behind the door seems within one's grasp but likewise remains concealed and unattainable.
Ralph Gibson published this black-and-white photograph in his artist's book *The Somnambulist*. The volume assembles dreamlike scenes without a concrete narrative framework; they seem to be inspired by the erratic perceptions of the eponymous somnambulist. Thus *The Somnambulist* marks a turning point in the creative output of the American photographer: a transition from his documentary beginnings to an individual, partly experimental visual language which imparts a surreal distortion to everyday motifs by means of composition and lighting. BM

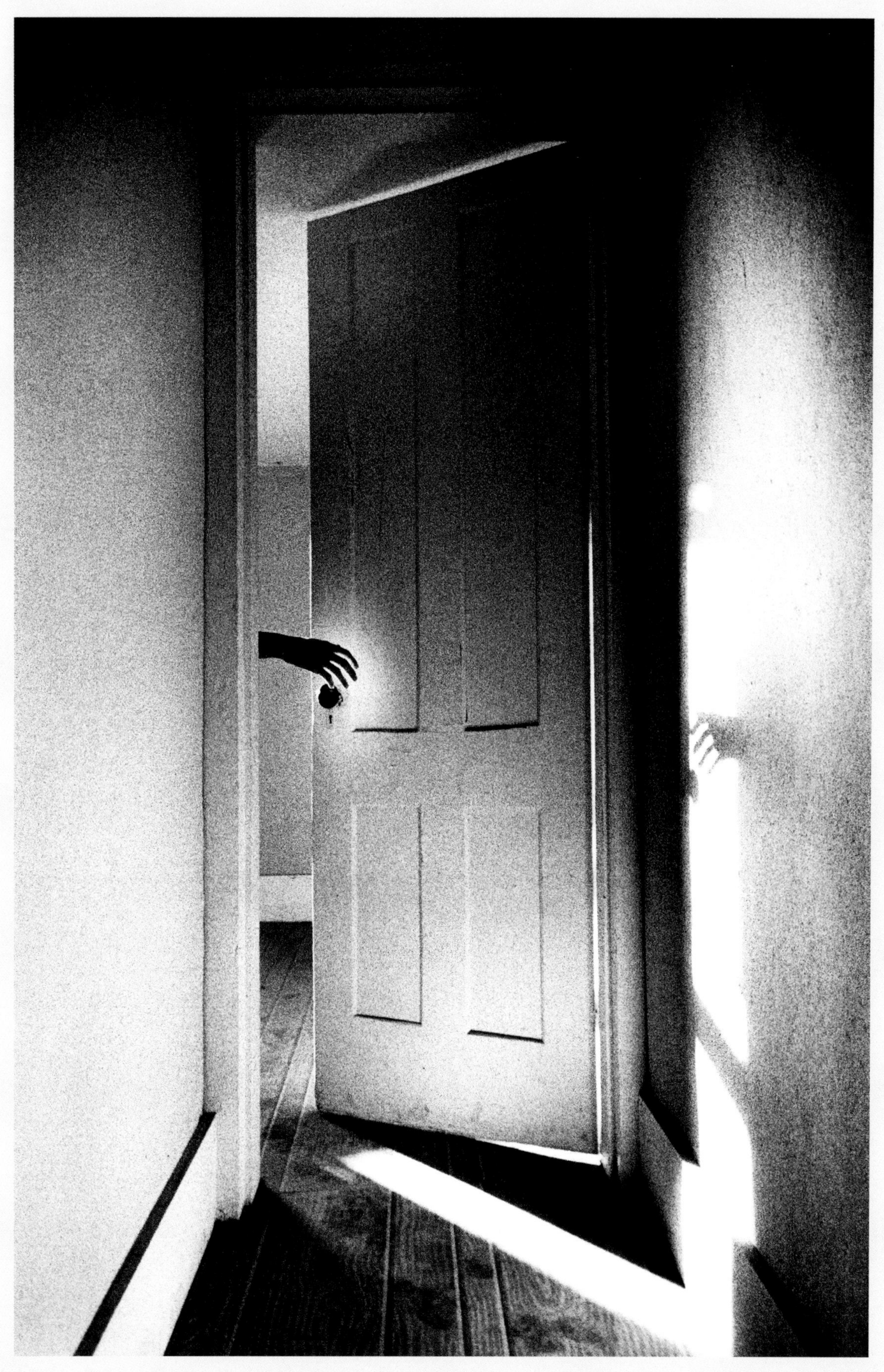

JEAN-PAUL GOUDE

Chanel, Égoïste Platinum, 1993

Für das 1990 kreierte und ursprünglich als *Bois Noir* vertriebene Parfüm *L'Égoïste* entwickelte Chanel zusammen mit Jean-Paul Goude eine spektakuläre Werbekampagne. In weniger als vier Wochen baute man in einer Wüste bei Rio de Janeiro die Fassade des Luxushotels Carlton Cannes nach und ließ 36 Schönheiten auf den einzelnen Balkonen auftreten. Diese deklamierten zwischen geöffneten und geschlossenen Balkontüren schreiend und sichtlich erregt Textfragmente aus Pierre Corneilles tragikomischem Stück *Le Cid* (1636), zum Beispiel: »Egoist, wo steckst du!, zeige dich, Schurke.« Der so angesprochene Mann blieb dabei gesichtslos und präsentierte stattdessen mit ausgestrecktem Arm durch die angelehnten Fensterläden auf einem der Balkongeländer ausschließlich einen Flakon des entsprechenden Parfums.
Wie eine Fortsetzung des mit einem goldenen Löwen in Cannes ausgezeichneten Werbespots wirkte das wiederum von Jean-Paul Goude verantwortete Plakat sowie der Filmclip zu dem 1993 veröffentlichten Duft *Égoïste Platinum*. Ein nur mit einem Handtuch bekleideter muskulöser Mann kämpft, gestärkt durch eine Dosis des Parfums, gegen sein Spiegelbild, bis ihn sein riesenhaft vergrößerter Schatten aus dem Off niederstreckt und sich seine Parfümflasche aneignet. Das kann der Egoist nicht auf sich sitzen lassen und holt sich nach einem kurzen Boxkampf den Flakon zurück. Merke: Ein echter Egoist duldet keinen Schatten neben sich – nicht mal seinen eigenen. SB

For the perfume *L'Égoïste*, created in 1990 and originally marketed as *Bois Noir*, Chanel collaborated with Jean-Paul Goude to develop a spectacular advertising campaign. In less than four weeks, a replica of the façade of the luxury Carlton Cannes hotel was built in a stretch of desert near Rio de Janeiro; 36 beautiful women then stood on the individual balconies. Between open and closed balcony doors, screaming and visibly agitated, they declaimed textual fragments from Pierre Corneille's tragicomical play *Le Cid* (1636), for example: »Egoist, where are you hiding? Show yourself, scoundrel!« The man being thus addressed remained faceless and instead, with arm extended through the slightly open shutters on one of the balconies, proffered a flacon of the corresponding perfume.
The poster, once again the creation of Jean-Paul Goude, and the film clip for the fragrance *Égoïste Platinum*, released in 1993, were in some sense a continuation of that commercial, which was awarded a Golden Lion in Cannes. A muscular man, clad only in a towel, wrestles – strengthened by a dose of the perfume – with his mirror image until, from offscreen, his gigantically enlarged shadow lays him low and takes hold of his tiny bottle of perfume. The egoist cannot let things stand as they are and, after a brief boxing contest, seizes the flacon once again. Worthy of note: a genuine egoist cannot countenance a shadow alongside him – not even his own. SB

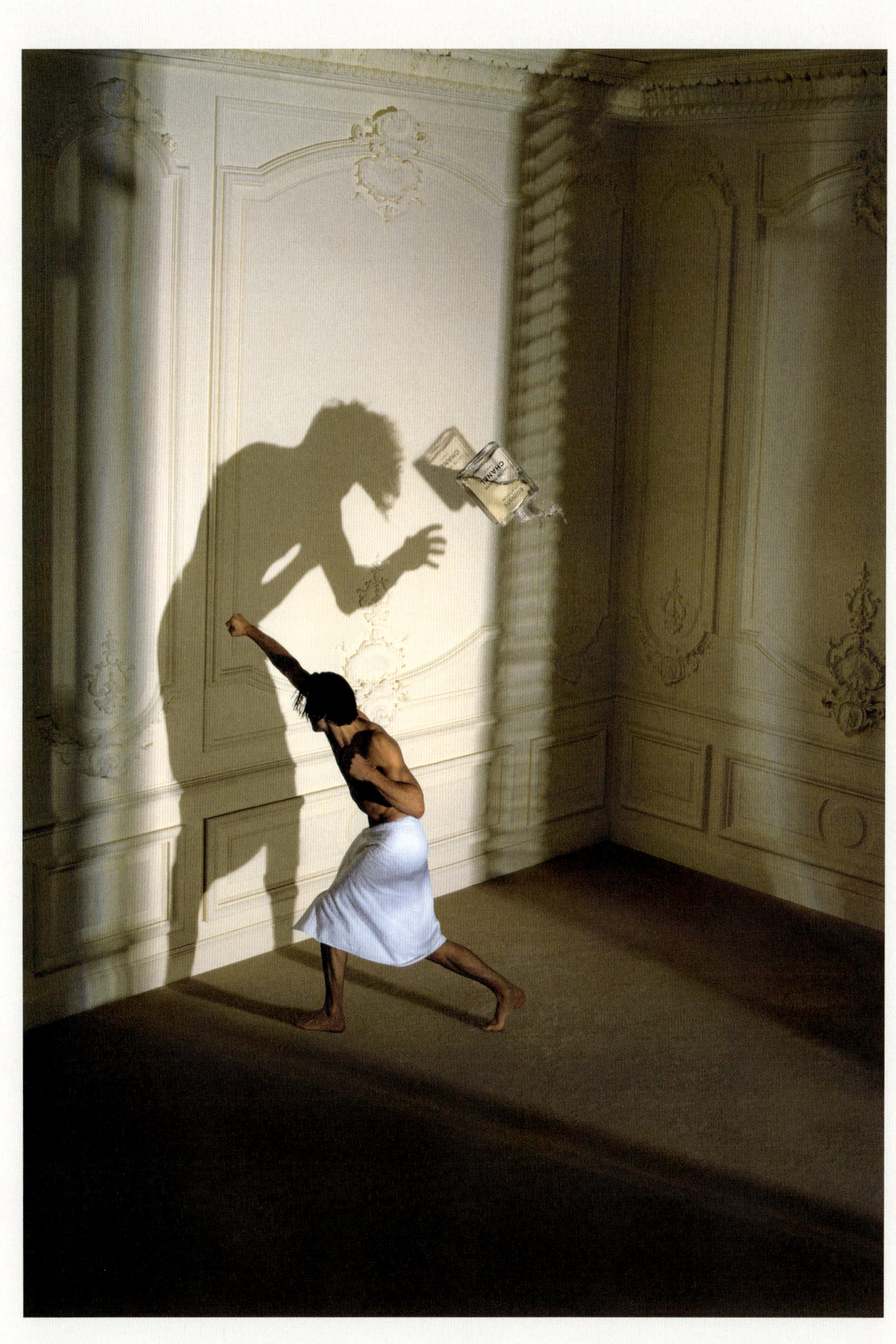

J. J. GRANDVILLE

Les ombres porteés (Planche 1, Planche 2), 1830

Inspiriert von der zeitgenössischen Begeisterung für Schattenrisse gestaltete der französische Zeichner J. J. Grandville, mit bürgerlichem Namen Jean Ignace Isidore Gérard, Ende 1830 ein Bildpaar für die Zeitschrift *La Caricature:* Honorige Mitglieder der französischen Gesellschaft ziehen an den Betrachter:innen vorüber; ihre titelgebenden Schlagschatten zeichnen sich im Hintergrund auf einer Wand ab. Sie geben die Figuren in grotesker Verzerrung wieder, die eine gänzlich andere, fantastisch-entlarvende Erscheinung zeitigt – im Schatten offenbart sich das wahre Wesen: Der Adlige wird so zum Schwein, der trinkfreudige Mönch zur Kanne, der gesittete Bürger als gehörnter Ehemann bloßgestellt. In Ablehnung an den volkstümlichen Spitznamen *père dindon* erscheint der beleibte Jesuitenpater als Truthahn. Eine Kokarde an seinem Dreispitz spielt auf den Opportunismus der Jesuiten an, die vor der Julirevolution 1830 König Karl X. nahegestanden hatten, sich nun aber offenbar den reformerischen Kräften zuwandten. Grandville wirft so nicht nur einen humorvollen Blick auf menschliche Schwächen, sondern verbildlicht auch Kritik an der gesellschaftlichen Elite und deren politischen Umtrieben. Seine Arbeiten stehen idealtypisch für die Blüte der Karikatur im Frankreich des 19. Jahrhunderts: Im Kräftemessen von konstitutioneller Monarchie und republikanischer Opposition kam der kritischen Presse wie auch der gesellschaftspolitischen Satire eine maßgebliche Rolle zu. In *Les ombres portées* versteckt sich denn auch ein Plädoyer für die Pressefreiheit: Den Zensor, erkennbar an seiner geöffneten Schere, charakterisiert Grandville im Schattenwurf als Teufel. BM

Inspired by the contemporary enthusiasm for silhouettes, the French draughtsman J. J. Grandville, whose actual name was Jean Ignace Isidore Gérard, created a pair of pictures for the periodical *La Caricature* at the end of 1830: respectable members of French society pass by the viewers; their silhouettes appear in the background on a wall. They render the figures in a fantastical distortion which produces an entirely different, revealing appearance – their true nature is manifested in the shadows they cast. Hence the aristocrat becomes a pig, the bibulous monk appears as a tankard, the well-mannered citizen a cuckolded husband. In reference to the popular nickname *père dindon*, the corpulent Jesuit Father appears as a turkey. A cockade on his tricorne hat alludes to the opportunism of the Jesuits who had supported King Charles X before the July Revolution of 1830, but who have now apparently turned their support towards the powers of reform.

In this way, Grandville not only presents human shortcomings in a humorous way, but also expresses criticism of the social elite and its political machinations. His works are considered to be ideal examples of the blossoming of caricature in nineteenth-century France. Journalistic criticism and social-political satire played a fundamental role in the trial of strength between constitutional monarchy and republican opposition. Accordingly, a call for the freedom of the press is hidden within *Les ombres portées*: Grandville characterises the censor, recognisable through his opened scissors in the cast shadow, as the Devil. BM

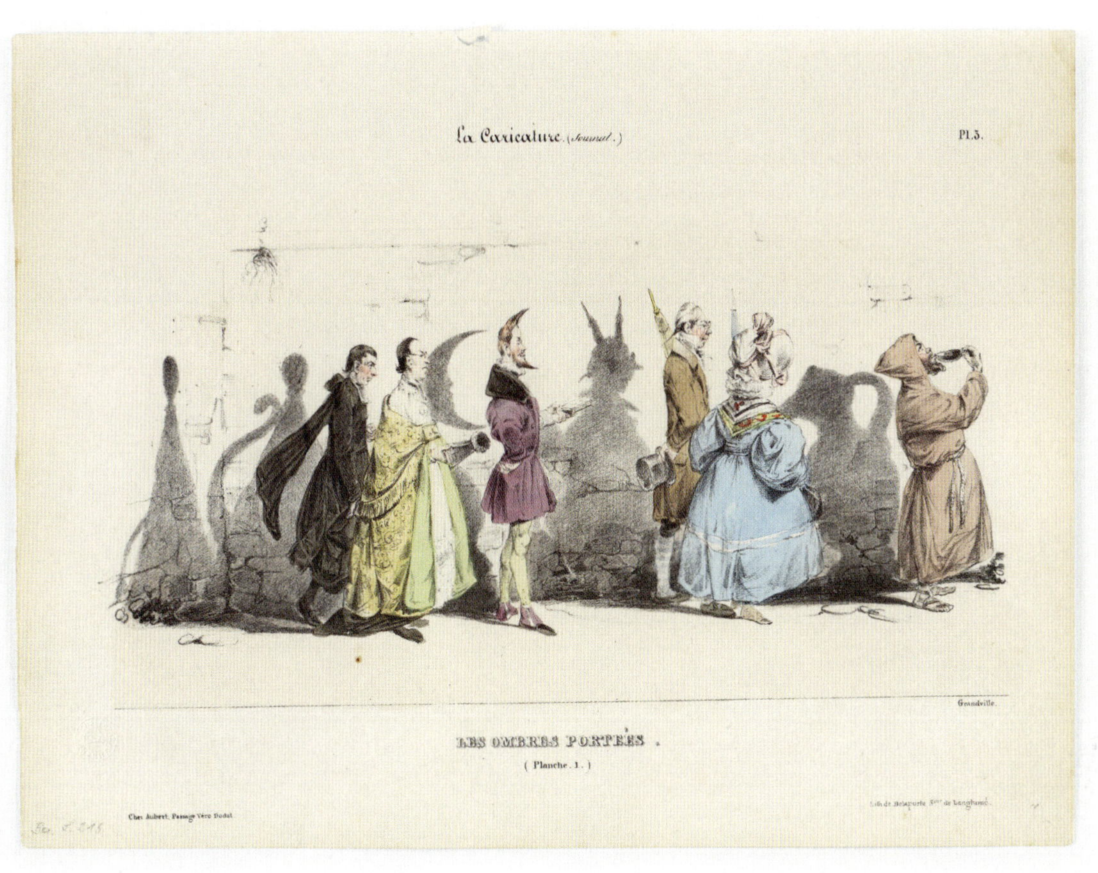
La Caricature (Journal.)
Pl. 3.
Grandville.
LES OMBRES PORTÉES.
(Planche. 1.)
Chez Aubert, Passage Véro Dodat
Lith de Delaporte Succ.r de Langlumé.

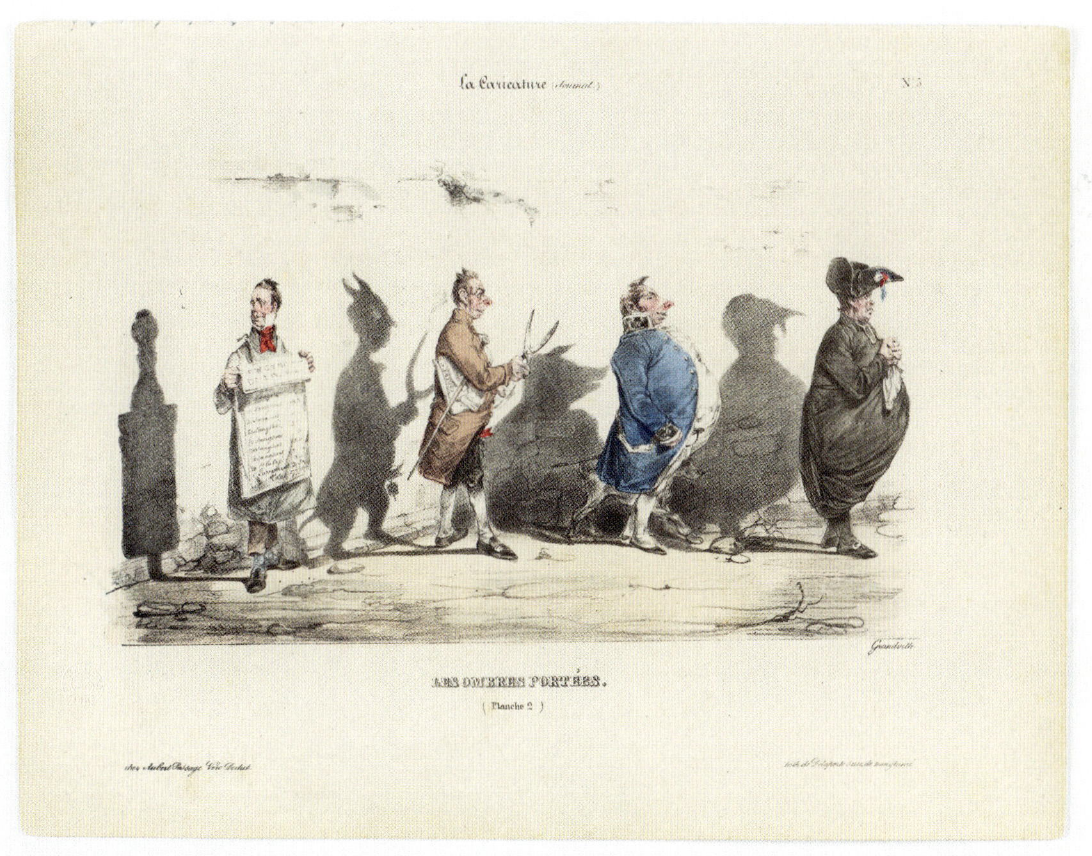
La Caricature (Journal.)
Grandville
LES OMBRES PORTÉES.
(Planche 2)
chez Aubert Passage Véro Dodat

JENNA GRIBBON

Me, a lurker, 2020

Einblick in eine sonnige Szene im Grünen: Zwei weiblich gelesene nackte Personen liegen auf einer weißen Picknickdecke, während eine weitere, ebenfalls unbekleidete und weiblich kodierte Figur sie fotografiert. Eine vierte Person markiert ihre physische Präsenz nur durch den großen Schatten, den sie auf die Erde wirft. Dem Titel folgend handelt es sich dabei um die Künstlerin selbst, die in der Rolle einer sich anschleichenden Beobachterin, im Englischen: *lurker*, auftritt und von den Menschen auf der Wiese unbemerkt bleibt.
Gribbon untersucht den Akt des Sehens auf mehreren Ebenen: Zunächst betrachtet die fotografierende Person das Abbild der Frauen auf ihrem Smartphone. Im Weiteren beobachtet die Künstlerin stellvertretend durch den Schatten die gesamte Szene auf der Wiese, während schließlich alle Betrachtenden des Gemäldes auf den voyeuristischen Charakter des eigenen Sehens aufmerksam gemacht werden.
In ihrem Œuvre setzt sich die US-amerikanische Künstlerin mit folgender kunsthistorischen Frage auseinander: Wem gebührt die (visionelle) Macht, die eigene Perspektive auf den weiblichen, queeren Körper künstlerisch festzuhalten? Ausgehend von der kunsthistorischen Tradierung verbindet Gribbon dieses thematische Erbe mit dem zeitgenössischen Einfluss allgegenwärtiger und allumfassender Bildproduktion in Sozialen Netzwerken sowie der immer steigenden Qualität der Smartphonekameras. PB

The view of a sunny scene in nature: two naked figures that read as female are lying on a white picnic blanket while a further, likewise unclothed and feminine-coded figure photographs them. The physical presence of a fourth person is marked only by a large shadow cast onto the ground. In accordance with the title, this is the artist herself who appears in the role of a furtively approaching observer and thereby remains unnoticed by the persons on the meadow.
Gribbon investigates the act of vision on several levels: the photographing person initially views the image of the women on her smartphone. Furthermore, the artist – represented by the shadow – observes the entire scene on the meadow, while ultimately all viewers of the painting are made aware of the voyeuristic character of their own gaze.
In her oeuvre, the American artist probes the following art-historical issue: Who holds the (visual) power of recording a personal perspective onto the queer, female body? Proceeding from the art-historical tradition, Gribbon connects this thematic legacy with the contemporary influence of omnipresent and all-inclusive pictorial production in social networks as well as with the constantly improving quality of smartphone cameras. PB

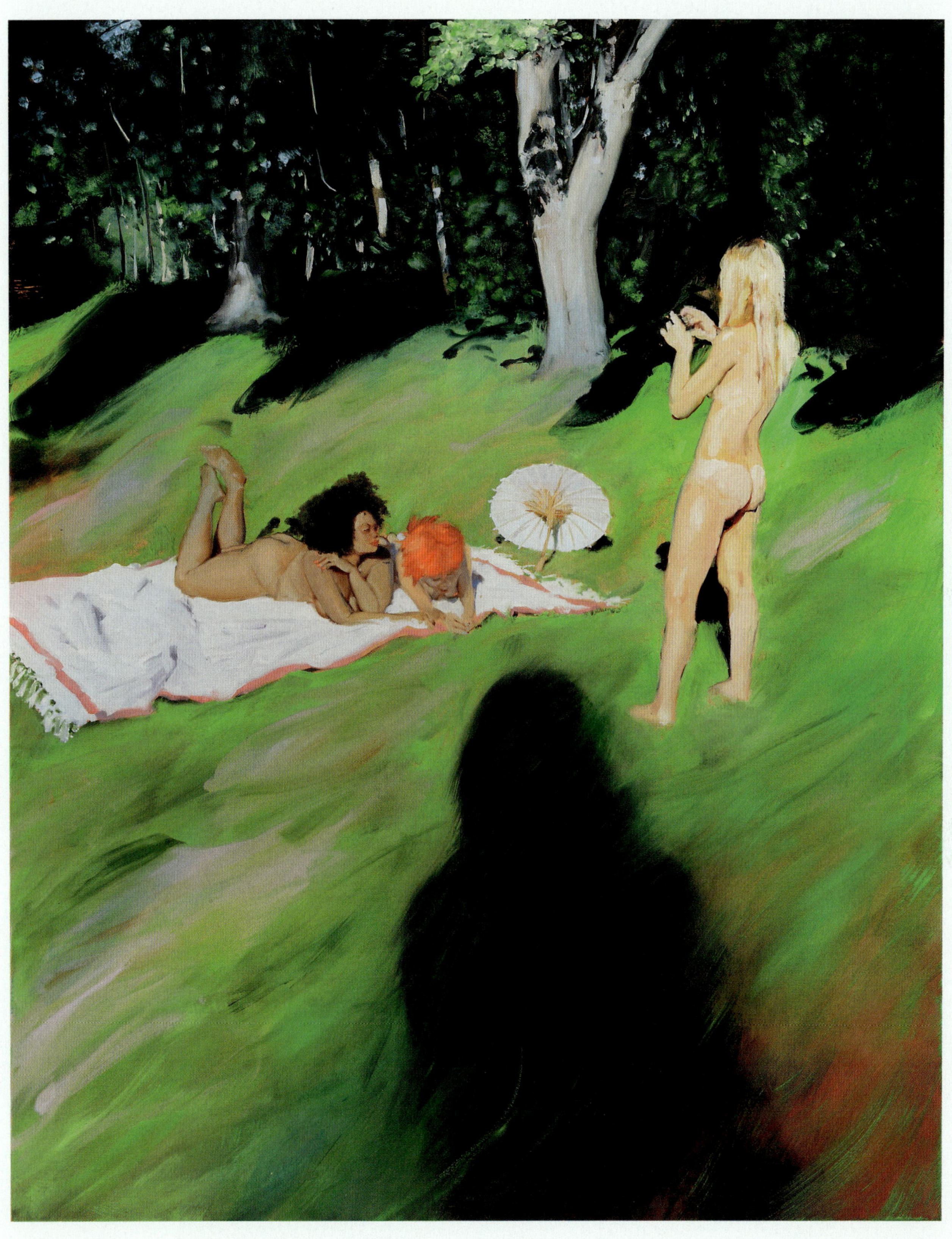

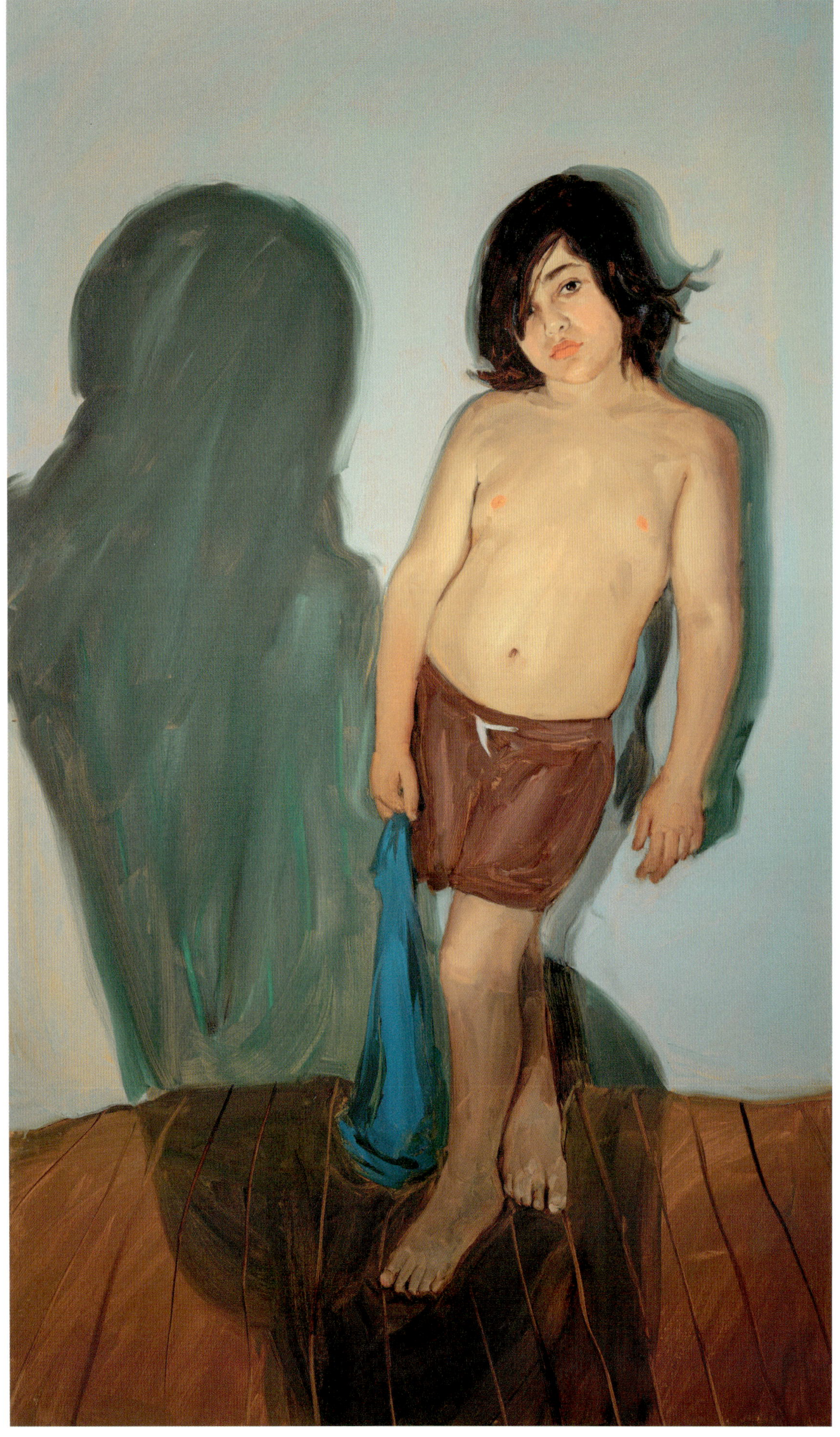

Regarding Me Regarding My Child, 2020

JANICE GUY

Untitled, 1977

Die Augen geschlossen, die Kamera ganz nah, fotografiert Janice Guy sich selbst im blendenden Sonnenlicht. Abstrakte Schattenformen, die die Künstlerin mit ihren eigenen Händen erzeugt, tanzen über ihre Haut und verdecken hier und da ihren nackten Körper. Durch die herangerückte Perspektive vermitteln die Aufnahmen etwas Sinnliches, Intimes. Doch mit jeder Fotografie scheinen die Schatten an Dominanz über Guys Körper zu gewinnen, sie regelrecht zu verschlingen. Schattenhände streicheln ihren Körper und legen sich mit gespreizten Fingern auf ihre Brust, schließen sich um ihren Hals und verschließen ihr den Mund, bringen sie zum Schweigen. Eine schwarze Silhouette, die an die Form einer Waffe erinnert, schmiegt sich an den Nacken der Künstlerin. Die Schatten unterstreichen das sinnliche Spiel mit dem Licht, untergraben jedoch gleichzeitig die feministische Botschaft: Guys Körper befindet sich in einem Moment zwischen sexueller Freiheit und einem Akt der Gewalt, zwischen *Empowerment* und Unterdrückung.

In ihren Fotografien der 1970er-Jahre rückt Guy, ähnlich wie auch andere feministische Künstlerinnen dieser Zeit, immer wieder ihren eigenen Körper ins Zentrum der Arbeiten: Meist nackt liegt sie verrenkt auf dem Sofa, beschmiert ihre Haut mit Farbe, verzieht ihr Gesicht zu Grimassen. Wir sehen eine starke Frau, die förmlich ruft: Hier bin ich, das ist mein Körper und ich alleine bestimme über ihn. In diesen Bildern ist Guy Fotografin und Muse, Voyeurin und Betrachtete zugleich und entblößt so das Konstrukt des »männlichen Blicks«. AK

Closing her eyes and holding the camera quite close, Janice Guy photographs herself in glaring sunlight. Abstract forms of shadows, created by the artist with her own hands, dance across her skin and cover her naked body here and there. Through their close-up perspective, the photographs convey something sensual, intimate. But with each photograph, the shadows seem to increase their dominance over Guy's body, to downright devour her. Shadowy hands caress her body and rest upon her breast with splayed fingers, close round her neck, and block her mouth, compelling her to silence. A black silhouette, resembling the shape of a weapon, snuggles up to the nape of the artist's neck. The shadows emphasise the sensual play with the light even as they undermine the feminist message: Guy's body is situated at a position between sexual freedom and an act of violence, between empowerment and oppression.

In her photographs from the 1970s, Guy – similarly to other feminist artists of that era – repeatedly places her own body at the centre of her works: most often naked, she lies contorted upon the sofa, smears paint upon her skin, distorts her face into grimaces. We see a strong woman who seems to call out vigorously: »Here I am; this is my body, and I alone am in control of it.« In these pictures, Guy is simultaneously photographer and muse, voyeur and subject; in this way, she exposes the construct of the »male gaze«. AK

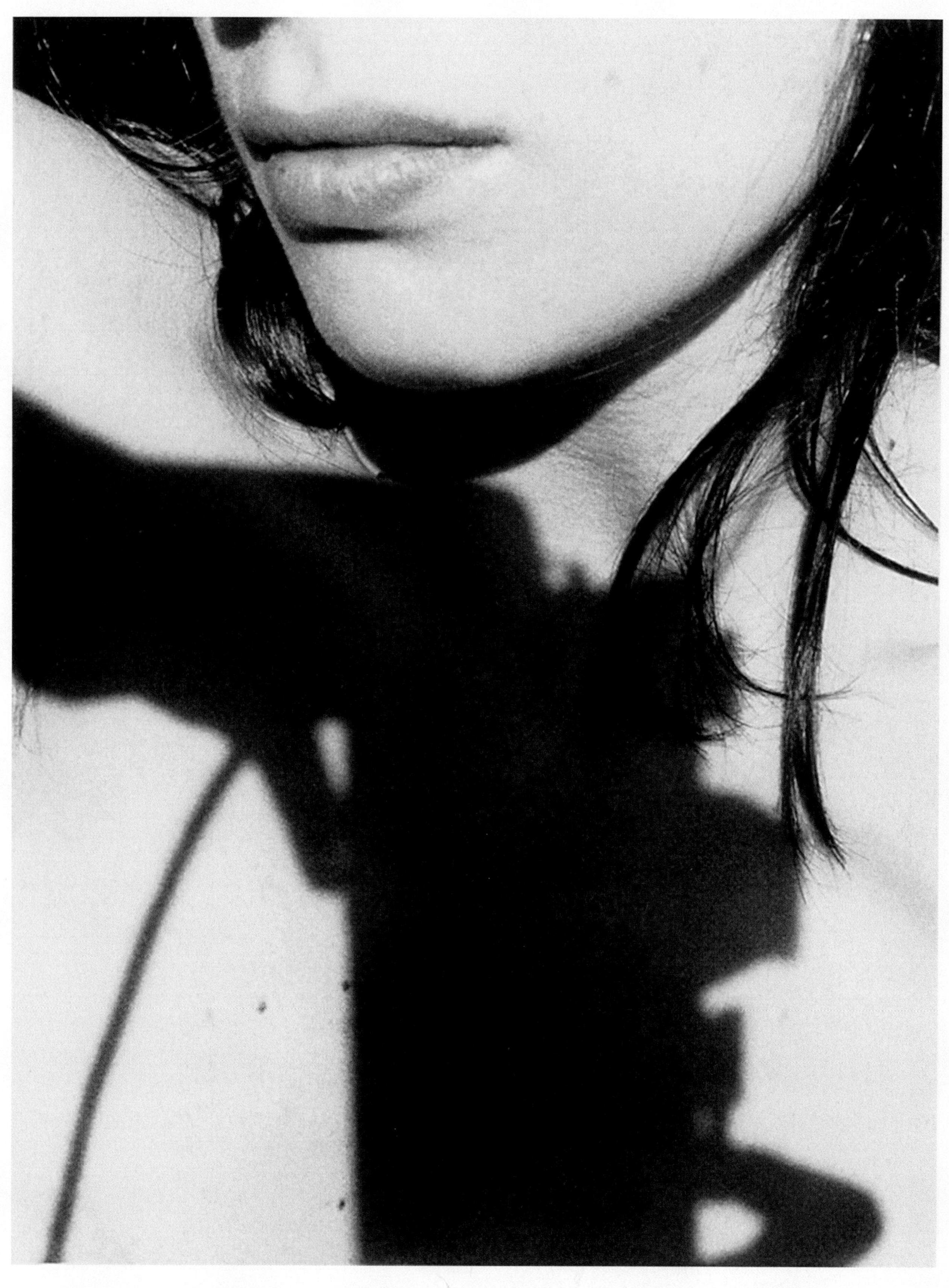

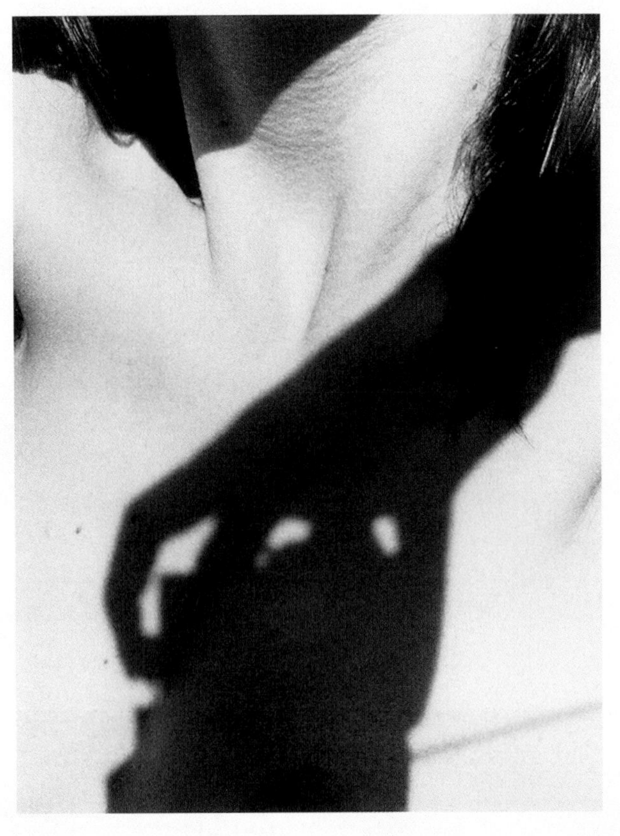
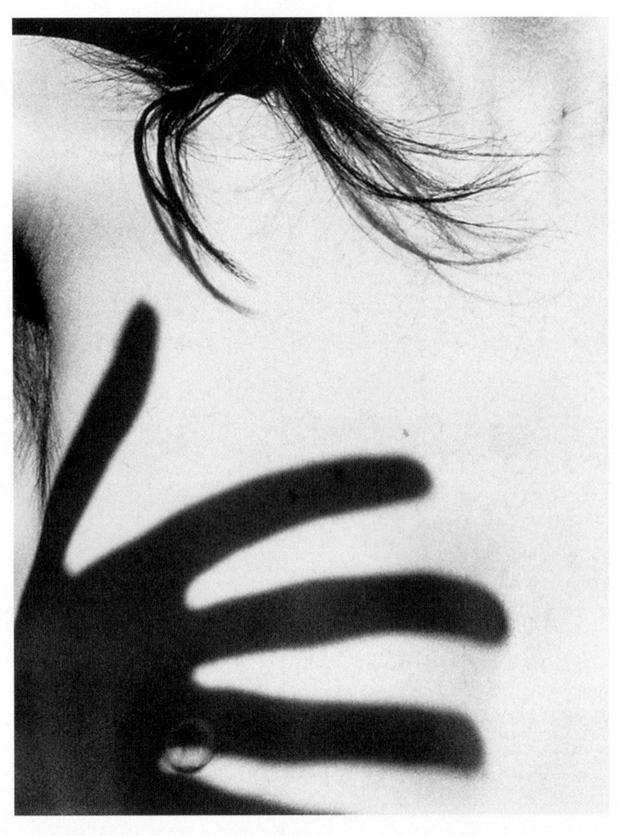
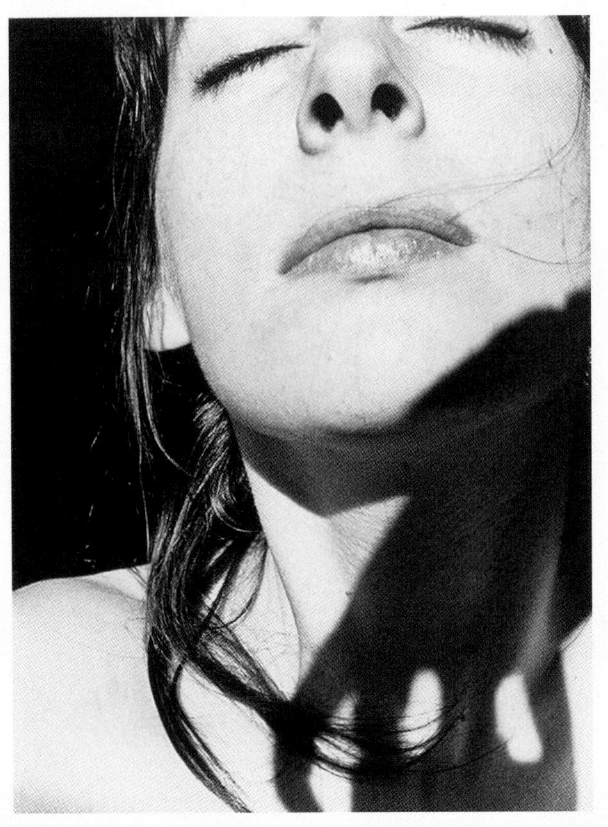
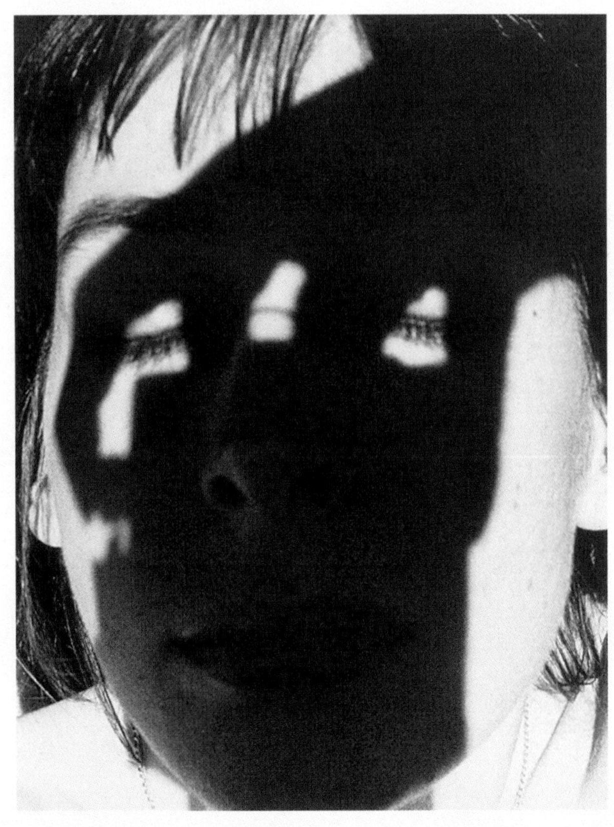

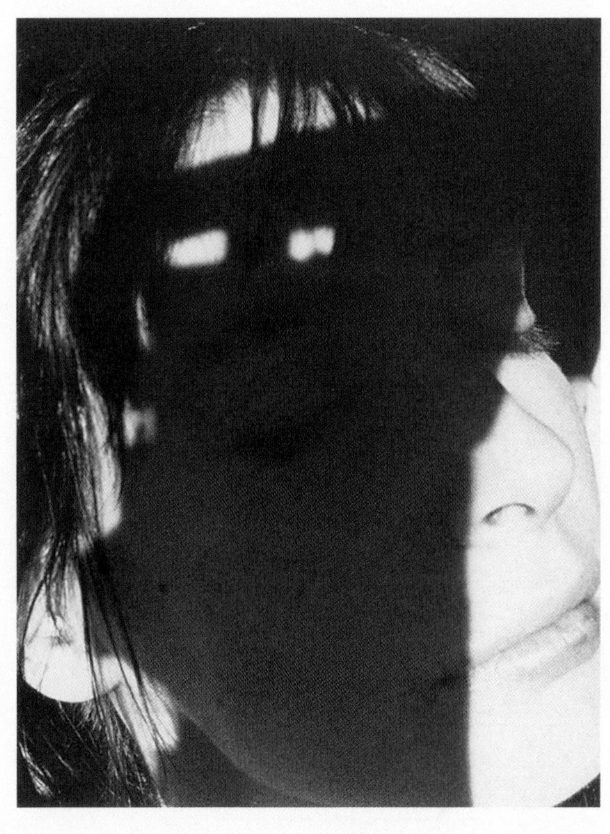

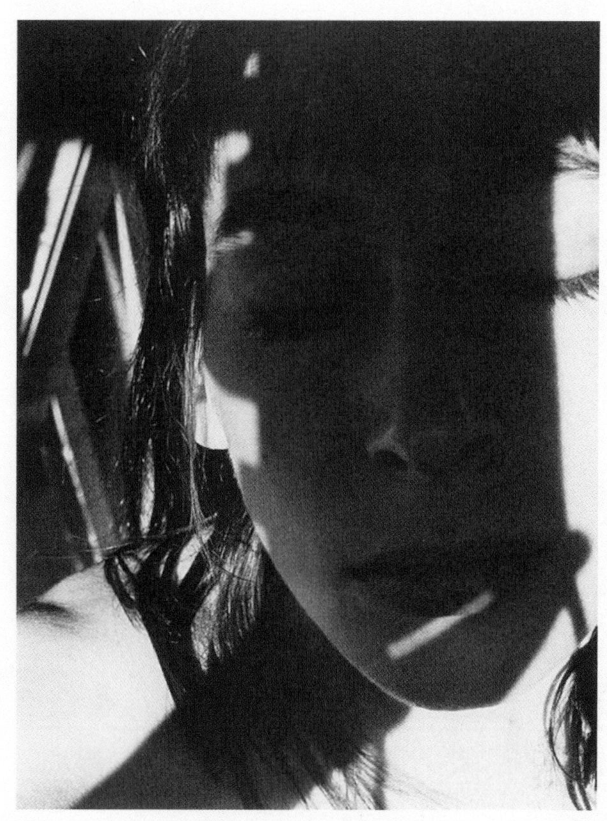

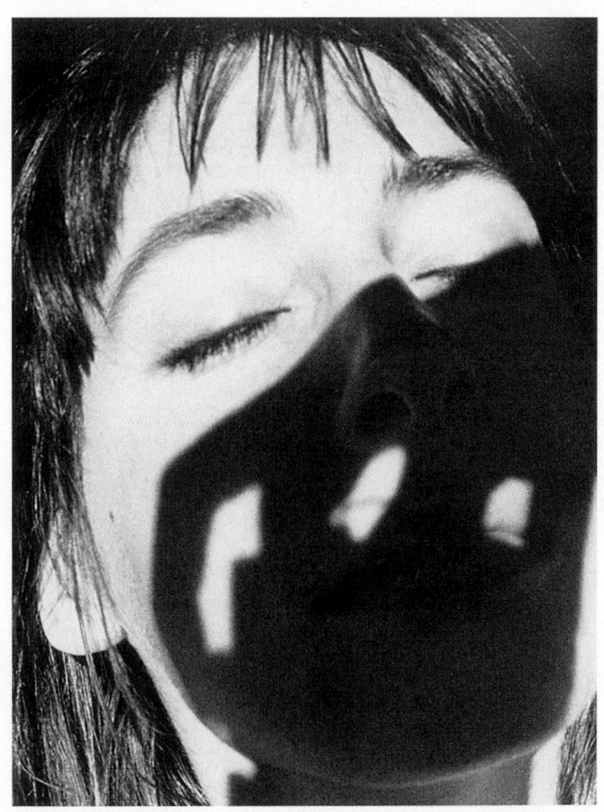

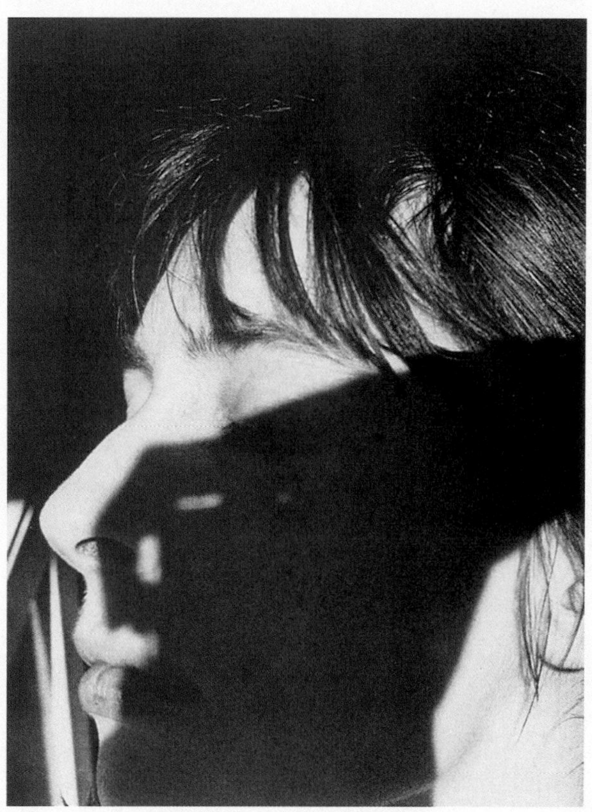

NADIA KAABI-LINKE

All Along the Watchtower, 2012/2025

Manchmal kann ein Schatten realer erscheinen als das Objekt, das ihn wirft. Bei Nadia Kaabi-Linkes *All Along the Watchtower* ist dieses Phänomen noch verschärft, weil wir es hier mit einem Schatten zu tun haben, zu dem es kein Objekt gibt, das seine Existenz begründen könnte. Über den Boden und die Wand des Ausstellungsraums zieht sich ein akkurater in Airbrush-Technik ausgeführter Schattenriss, der, anders als im Titel der Arbeit angedeutet, keinen Wachturm, sondern einen Hochsitz repräsentiert. Die paradoxe Erscheinung des auf seinen Schattenwurf reduzierten und damit entkörperten Jägerstandes reflektiert in einem grundsätzlichen Sinn die allgemeinen Prinzipien der Überwachung. So wie der Jagende auf seinem Stand das Wild beobachten kann, ohne von diesem wahrgenommen zu werden, funktionieren auch technische Überwachungsmonitore als verborgene Augen, die sehen, ohne gesehen zu werden. Die Arbeit dokumentiert damit die Realität einer Welt, die uns alle permanent in den Blick nimmt, ohne dass wir dessen gewahr werden. In Bob Dylans Lied *All Along the Watchtower* (1967) heißt es dazu nicht unbedingt optimistisch: »There must be some kind of way outta here«. Tatsächlich erfüllt sich die Hoffnung allerdings nicht. Kaabi-Linke, gebürtige Tunesierin mit ukrainischen Wurzeln, wuchs in den Arabischen Emiraten auf und lebt mittlerweile in Berlin. Ihre vielfältigen meist installativen Werke beziehen sich ganz direkt auf ihre von vielen unterschiedlichen kulturellen Einflüssen geprägte Biografie. SB

Sometimes a shadow can appear to be more real than the object that casts it. In Nadia Kaabi-Linke's *All Along the Watchtower*, this phenomenon is intensified by the fact that what we have here is a shadow for which no object could explain its existence. Extending across the floor and wall of the exhibition space is a silhouette, executed meticulously in airbrush technique, and representing – in contrast to the implication of the work's title – not a watchtower, but a raised hunting platform. The paradoxical appearance of this lookout reflects in a fundamental sense the general principles of surveillance. Just as the hunter can observe wild animals without being perceived by them, technical surveillance monitors likewise function as hidden eyes which see without being seen. Thus the work documents the reality of a world which keeps us permanently in view without itself being seen. As Bob Dylan's song »All Along the Watchtower« (1967) says, with something less than upbeat optimism: »There must be some kind of way outta here.« But in fact, the hope does not come to fruition. Kaabi-Linke, a native Tunesian with Ukrainian roots, grew up in the United Arab Emirates and now lives in Berlin. Her diverse, mainly installation works make direct reference to her own biography, marked as it is by many different cultural influences. SB

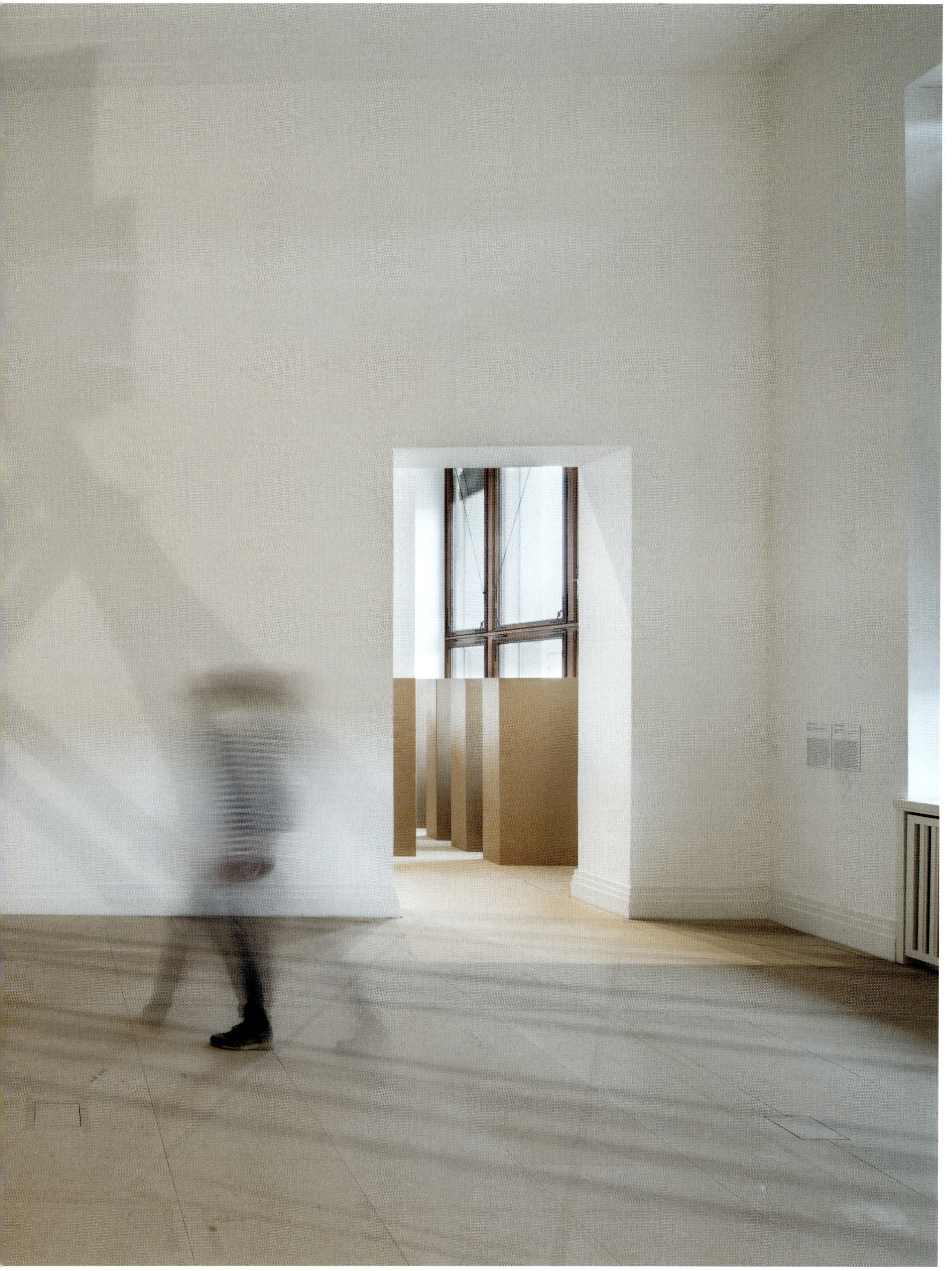

WILLIAM KENTRIDGE

Shadow Procession, 1999

Zu der Akkordeonmusik des Johannesburger Straßenmusikers Alfred Makgalemele zieht ein endloser Zug von aus schwarzem Tonpapier ausgeschnittenen bzw. ausgerissenen Figuren durch eine unbestimmte Landschaft. Beladen mit einer Vielzahl von Gegenständen, bis hin zu ganzen Häusern, verkörpern sie weniger die im Titel anklingende Idee einer Prozession, sondern eher die einer unaufhörlichen Flucht. Sie sind ganz im Wortsinne Schattengestalten: die Verstoßenen, Unerwünschten, Vertriebenen, die mühselig Beladenen, die von der Gesellschaft – in diesem Animationsfilm angeführt durch die grotesk überzeichnete Figur des diktatorischen König Ubu aus Alfred Jarrys Satire *Ubu Roi* – in die Dunkelheit einer Schattenexistenz gestoßen wurden. Der Film ist ein flammendes Plädoyer gegen jede Form von Unterdrückung und Vertreibung, lässt aber ganz bewusst offen, ob es am Ende Gerechtigkeit für die Opfer geben wird. *Shadow Procession* fasst viele Elemente der künstlerischen Sprache des 1955 in Johannesburg geborenen William Kentridge zusammen: die zwischen Klage und Ausgelassenheit oszillierende Musik, die theatrale und zugleich zyklische Anlage des Geschehens, die Konzentration auf Silhouetten und Schatten sowie der zutiefst humane, mitleidende Blick auf den geknechteten Menschen. Grundsätzlich beziehen sich die Themen Kentridges vor allem auf die von Apartheid und Kolonialismus geprägte Historie Südafrikas, die der Künstler aber auch darüber hinaus als »eine große moralische Geschichte über das gesamte 20. Jahrhundert« versteht. SB

Accompanied by accordion music from the Johannesburg street musician Alfred Makgalemele, an endless procession, cut or ripped out of black construction paper, makes its way through an indefinite landscape. Loaded with a large number of objects, all the way to entire buildings, the figures embody less the idea of a procession as indicated in the title, and more the notion of ceaseless flight. They are shadowy shapes in the literal sense of the word: those outcast, undesired, banished individuals who have been thrust into the obscurity of an umbral existence by society – led in this animated film by the grotesquely exaggerated figure of the dictatorial King Ubu from Alfred Jarry's satire *Ubu Roi* (1896). The film issues a fiery summons to oppose each and every form of repression and expulsion, but deliberately leaves open the question as to whether there will ultimately be justice for the victims. *Shadow Procession* unites many elements of the artistic language developed by William Kentridge, born in 1955 in Johannesburg: the music oscillating between plaint and placidity; the theatrical and simultaneously cyclical character of the event; the concentration on silhouettes and shadows; and the deeply humane, compassionate perspective with regard to the oppressed. On a fundamental level, Kentridge's themes make reference above all to the history of South Africa, upon which apartheid and colonialism left so deep an imprint, and which the artist furthermore considers to be »a great moral narrative concerning the entire twentieth century.« SB

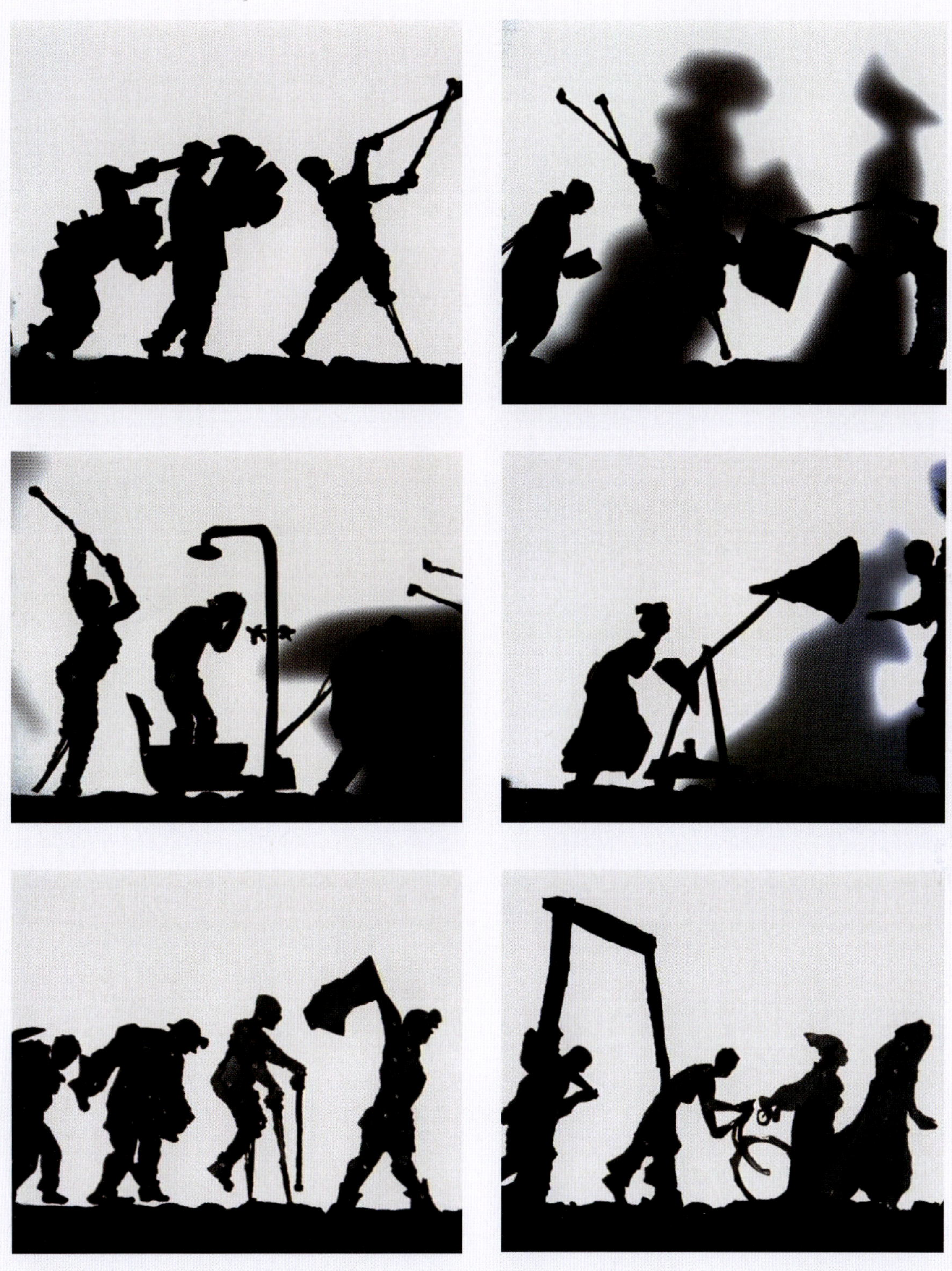

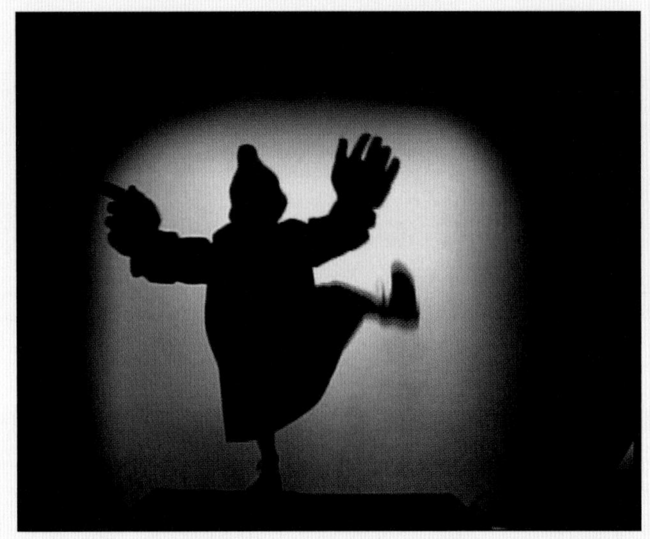

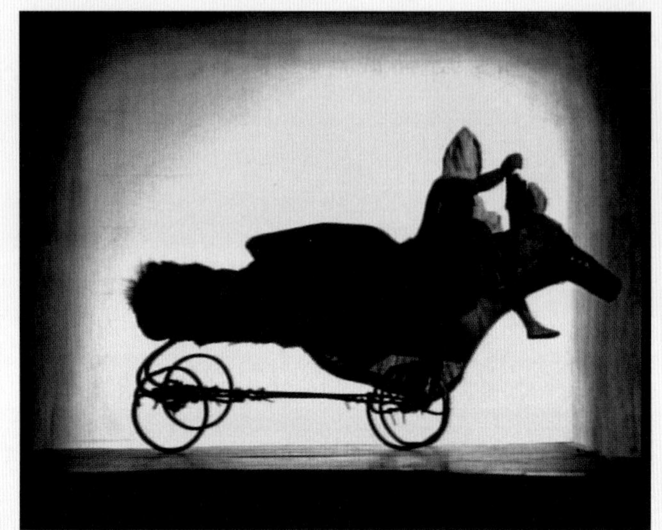

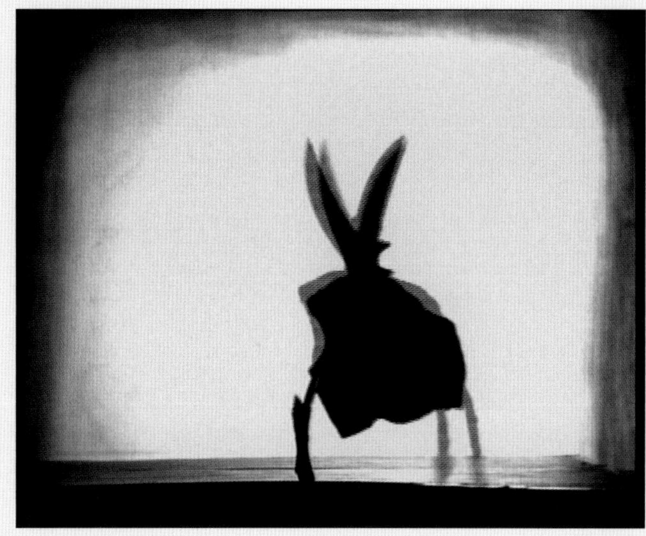

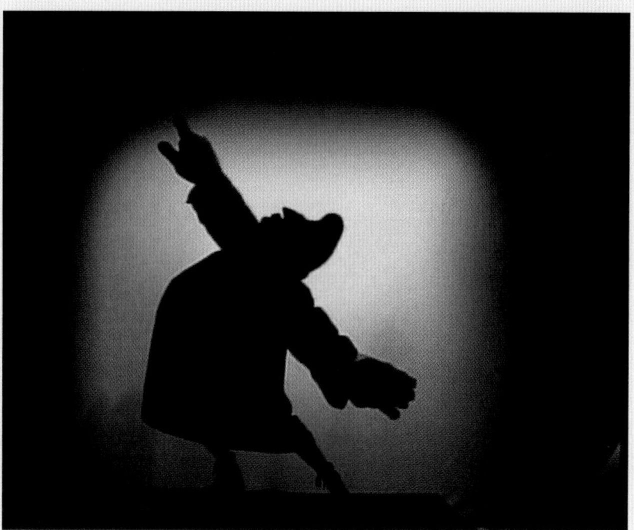

ERNST LUDWIG KIRCHNER

Schlemihls Begegnung mit dem Schatten, 1915

Als farbstarken Holzschnitt gibt Ernst Ludwig Kirchner eine Schlüsselszene aus Adelbert von Chamissos Novelle *Peter Schlemihls wundersame Geschichte* von 1813 wieder: Nachdem der Protagonist bei einem Tauschhandel gegen einen nie versiegenden Säckel Gold seinen Schatten dem Teufel überlassen hat, wird er gesellschaftlich geächtet. Er flieht in die Abgeschiedenheit der Natur, wo ihm sein vermeintlich herrenloser Schatten begegnet. Vergeblich versucht Schlemihl, diesen zu fangen. In kantig-stilisierter Formensprache und greller Farbigkeit arbeitet Kirchner die Dramatik des Geschehens heraus. Schlemihl scheint kurz davor, sich auf den Schatten zu stürzen, der mit weit ausholender, die gesamte Bildfläche durchmessender Bewegung nach rechts entflieht. Waren in der ersten Fassung des Blattes noch beide Figuren in sattem Schwarz gehalten, so zeigt der finale Zustand Schlemihl in durchscheinendem Blau. Gegenüber dem markant aufragenden Schatten wirkt er seiner Stofflichkeit beraubt. Ohne Schattenwurf, der seine körperliche Präsenz bezeugt, wird Schlemihl buchstäblich zum bloßen Schatten seiner selbst. Kirchner schuf sechs Holzschnitte und eine Lithografie zu Chamissos Erzählung, die jedoch nur lose auf die Handlung Bezug nehmen. Persönliche krisenhafte Erfahrungen flossen mit ein: Im Herbst 1915 wegen psychischer Probleme aus dem Kriegsdienst entlassen, fühlte sich der Künstler als gesellschaftlicher Außenseiter. Den Identitätsverlust, den Chamisso im Bild des fehlenden Schattens fasst, hatte Kirchner beim Militär selbst erlebt. BM

Ernst Ludwig Kirchner renders a key scene from Adelbert von Chamisso's short story *Peter Schlemihls wundersame Geschichte* from 1813 as a vividly coloured woodcut. After the protagonist has handed over his shadow to the Devil in a pact, he encounters disdain from society. He flees into the solitude of nature, where he encounters his shadow, now supposedly devoid of a master. Schlemihl seeks to capture it, but to no avail.

Kirchner uses an angular, stylised formal language and harsh colouration to convey the drama of the occurrence. Schlemihl seems about to pounce upon the shadow, which escapes to the right with an extended movement across the entire pictorial surface. Whereas both figures were rendered in copious black in the first version of the woodcut, its final state presents Schlemihl in translucent blue. In contrast to the strikingly towering shadow, he seems to have been robbed of his materiality. Unable to cast a shadow that would confirm his corporeal presence, Schlemihl literally becomes a shadow of himself.

For Chamisso's story, Kirchner produced six woodcuts and a lithograph which, however, only make loose reference to the plot. Interwoven were the artist's own experiences of crisis; released from wartime duties in the autumn of 1915 because of psychological problems, he felt himself to be a social outcast. In a military context, Kirchner experienced the very loss of identity Chamisso subsumes into the image of a missing shadow. BM

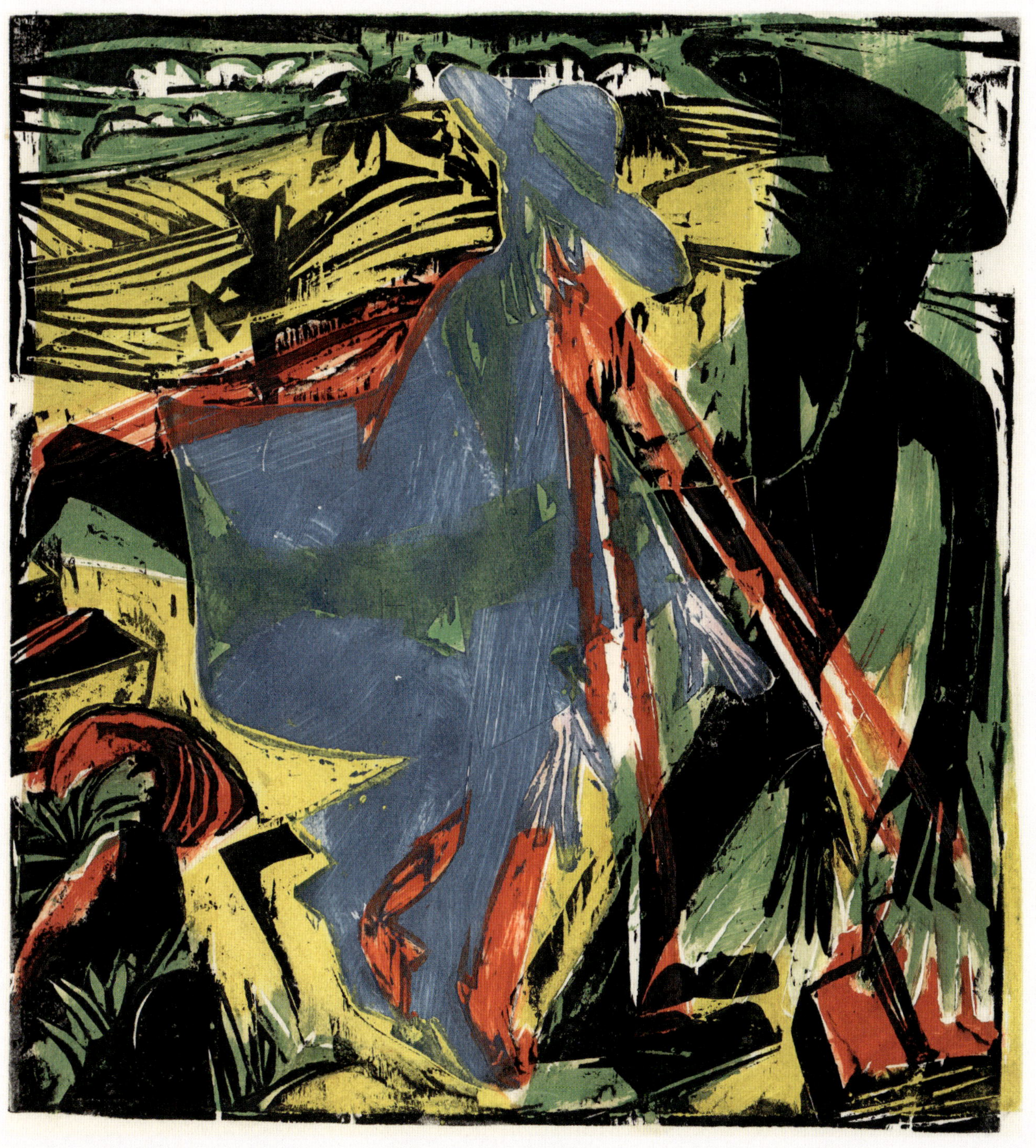

JÜRGEN KLAUKE

Toter Fotograf, 1988/1993

Das zweiteilige Selbstbildnis *Toter Fotograf* gehört zu Jürgen Klaukes Zyklus »Prosecuritas«, für den er Röntgenstrahlen als Methode der Bildgewinnung nutzte. Es zeigt den Künstler gekrümmt, wie einen Embryo im Leib der Mutter, eine Kamera ins Nichts gerichtet. Nichts kann er vor den durchdringenden Röntgenstrahlen verstecken. Ob im Krankenhaus oder am Flughafen, Röntgenstrahlen sind Ausdruck des menschlichen Verlangens nach Kontrolle jeder inner- und außerkörperlichen Gefahr. Diese Versuche, für Sicherheit und Gesundheit zu sorgen, scheinen bei Klauke gescheitert. Das sargähnliche Bildformat und die Körperhaltung spielen auf die urzeitliche Beerdigungungsform des Hockgrabs an und lassen das Werk wie eine archäologische Ausgrabung des prototypischen Fotografen erscheinen. Im Gegensatz zum medizinischen Röntgen des 20. und 21. Jahrhunderts, das Knochen und Objekte hell wiedergibt, verursacht Klaukes Wahl des Bildträgers bei physischer Strahlungsundurchlässigkeit einer Materie eine dunkle Reproduktion. Die vergängliche materielle Existenz des Künstlers wird zum permanenten Bild. Es bleibt eine Spur seiner Existenz erhalten, ein Rest-Ich, ein Schatten seiner selbst. Die Fotografie nehme der Zeit ihre zerstörerische Kraft und mindere unsere Angst vor Vergänglichkeit, schreibt der französische Philosoph Pierre Bourdieu. An die Hoffnung der technischen Konservierung durch die Fotografie scheint auch der skelettierte Fotograf mit der Kamera in der knochigen Hand geglaubt zu haben und präsentiert uns doch statt der Konservierung des Lebens eine Erinnerung an die materielle Vergänglichkeit. LD

The two-part self-portrait *Toter Fotograf* belongs to Jürgen Klauke's cycle »Prosecuritas«, for which he used X-rays as a method to produce a picture. It shows the artist in a bent and curled position, like an embryo in the body of the mother; a camera is aimed into nothingness. Nothing can be concealed from the penetrating X-rays. Whether in a hospital or at the airport, X-rays are an expression of the human desire to exercise control over every danger inside or outside the body. In the case of Klauke, these endeavours to achieve security and maintain health seem to have failed. The coffin-like pictorial format and his posture make reference to the primal funeral form of the crouched burial and give the work the appearance of an archaeological excavation of the prototypical photographer. In contrast to the medical X-ray of the twentieth and twenty-first centuries, which renders bones and objects as bright shapes, Klauke's choice of a pictorial medium which does not allow rays to pass through it creates a dark reproduction. The evanescent corporeal presence of the artist becomes a permanent image. There remains preserved a trace of his existence, the remains of an ego, a shadow of his selfhood. The French philosopher Pierre Bourdieu writes that photography deprives time of its destructive power and reduces our fear of transitoriness. The skeletal photographer holding a camera in his bony hand seems likewise to have believed in the hope of technical preservation through photography; but instead of asserting the maintenance of life, he presents us with a reminder of fleeting physical existence. LD

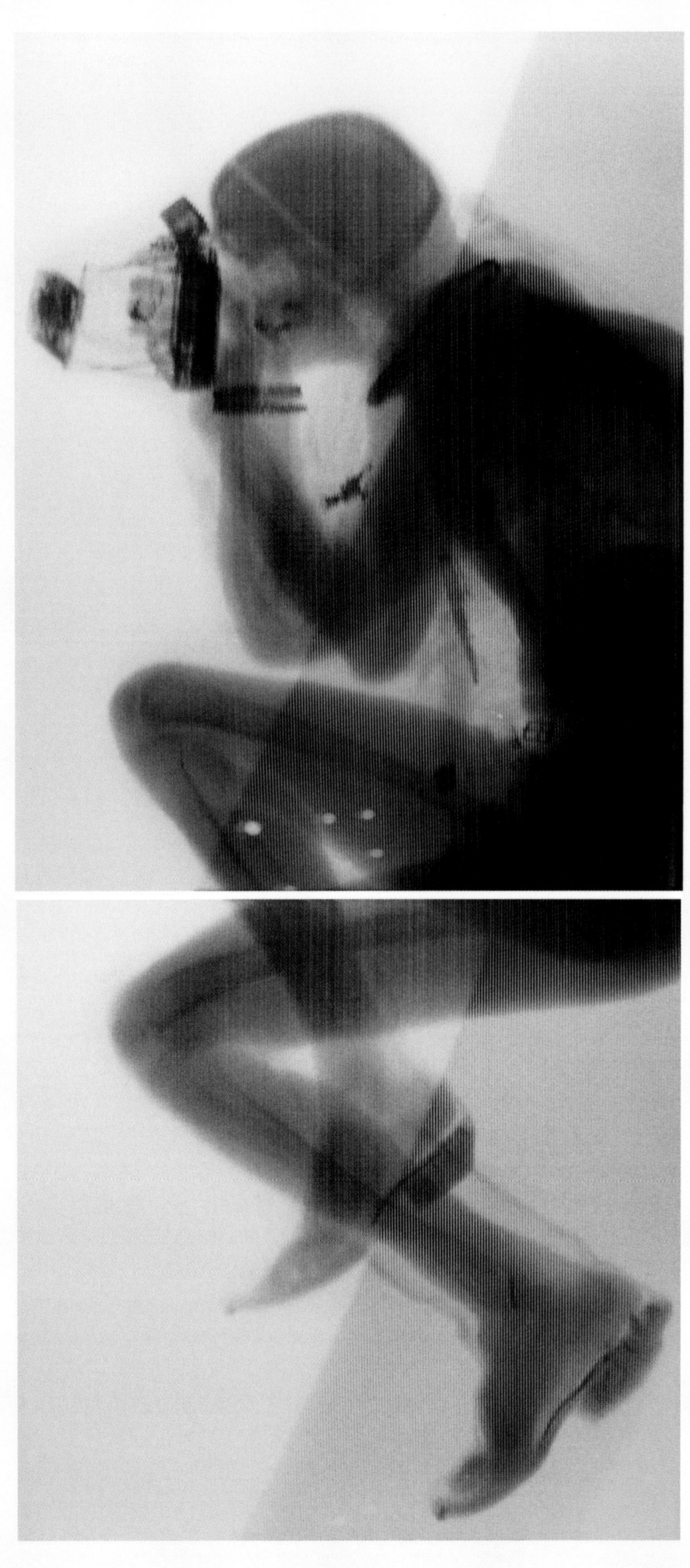

ASTRID KLEIN

Ohne Titel, 1990/91
A) 1. Schrank
B) 7. Schrank

Astrid Klein reflektiert in ihrem Werk Machtstrukturen in Geschichte und Medien, wobei sie darauf abzielt, Repräsentationsmechanismen zu demontieren und konventionelle Bildwelten zu destabilisieren. Unabhängig vom Medium, das sie verwendet, steht der oder die Betrachtende stets im Mittelpunkt ihrer Arbeit.
Wie bei ihren frühen Collagen aus den 1970er- und 1980er-Jahren basiert auch die Serie von Schrankmotiven aus den 1990ern auf gefundenen Bildvorlagen. Die Künstlerin, die sich als Malerin immer wieder mit der Farbe Schwarz beschäftigte, bearbeitete hier Negative und Vorlagen experimentell mit Pinsel und Farbe. Die Fotoarbeiten sind geprägt von einer kühlen, Distanz schaffenden Wirkung und entwickeln zugleich einen starken Sogeffekt. Das längliche Format der Werke, die sich wie Sehschlitze auf der Wandfläche abzeichnen, unterstreicht diese Wirkung. Wie durch ein Nachtsichtgerät betrachtet, verschieben sich die Kontraste: Die Fotografien sind gezeichnet durch eine grobe Körnung und scharf beleuchtete Kanten.
Die Objekte werden formatfüllend ins Bild gesetzt und obwohl die Türen weit geöffnet sind, weist die Schwärze den Blick zurück und suggeriert eine tiefe Leere. Doch was hier an die Grenze des Anschaubaren getrieben wird, enthält bereits den Ansatz seiner Überwindung. So eröffnet der schwarze Hohlraum der Objekte einen Denkraum, eine Projektionsfläche für Erinnerungen, und in der Materialisierung des Nicht-Darstellbaren liegt die Voraussetzung, diese Leere neu zu füllen. FF

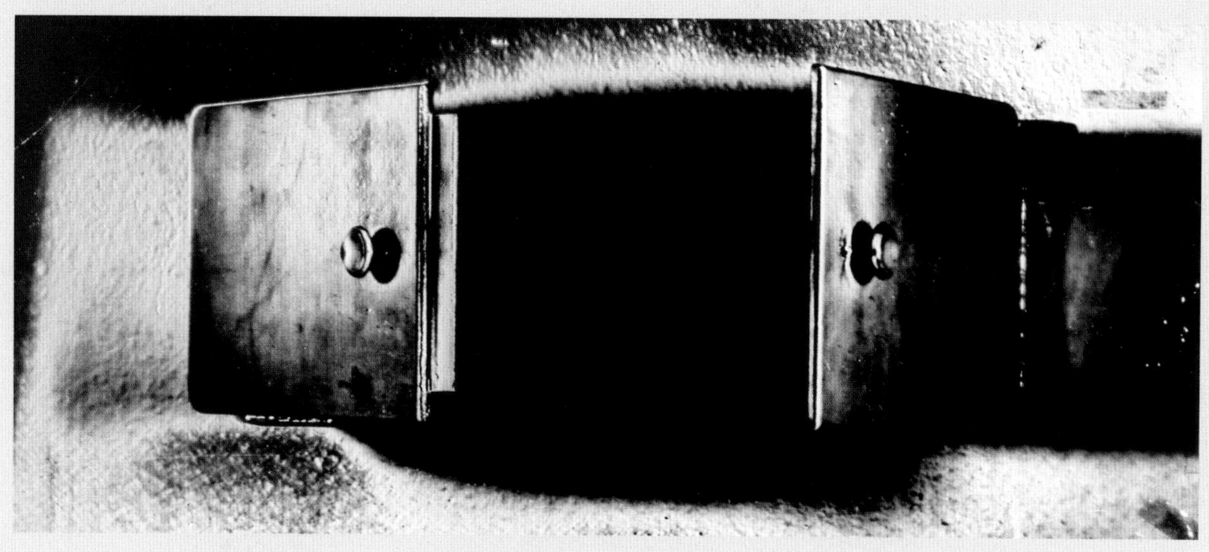

In her oeuvre, Astrid Klein reflects upon power structures in history and the media; her intention is to deconstruct mechanisms of representation and conventional pictorial worlds. Independently of the medium that she happens to be using, the viewer is always situated at the centre of her work.

Just as in her early collages from the 1970s and 1980s, the series of cupboard motifs from the 1990s is based on found pictorial models. The artist, who as a painter repeatedly directed her focus to the colour black, engaged here through the use of brush and paint in an experimental treatment of negatives and found images. The photographic works are characterised by a cool, distance-creating impact and simultaneously develop a strong effect of suction. The elongated format of the works, which appear like observation slits upon the surface of the wall, gives added emphasis to this impact. As if viewed through a night-vision device, the contrasts are shifted; the photographs are characterised by a coarse granularity and crisply illuminated edges. The depicted objects fill the compositional formats; although the doors are wide open, the blackness thrusts the gaze backwards and suggests a deep emptiness. But what is pursued here up to the limits of the beholding gaze already contains the basis for its being surpassed. The black, empty space of the objects opens up a mental space, a projection surface for memories; it is in the materialisation of what cannot be depicted that the prerequisite for filling this void anew may be found. FF

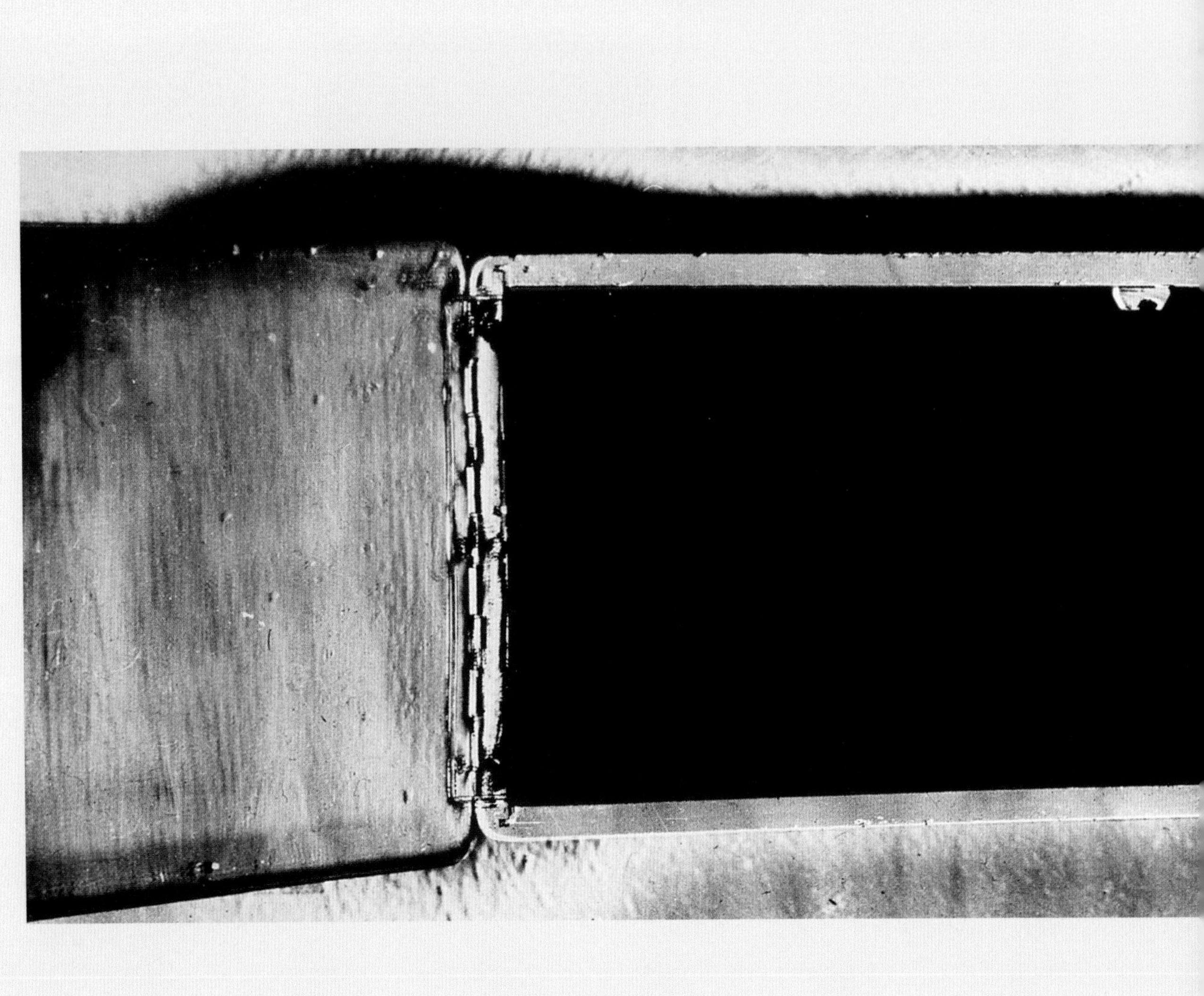

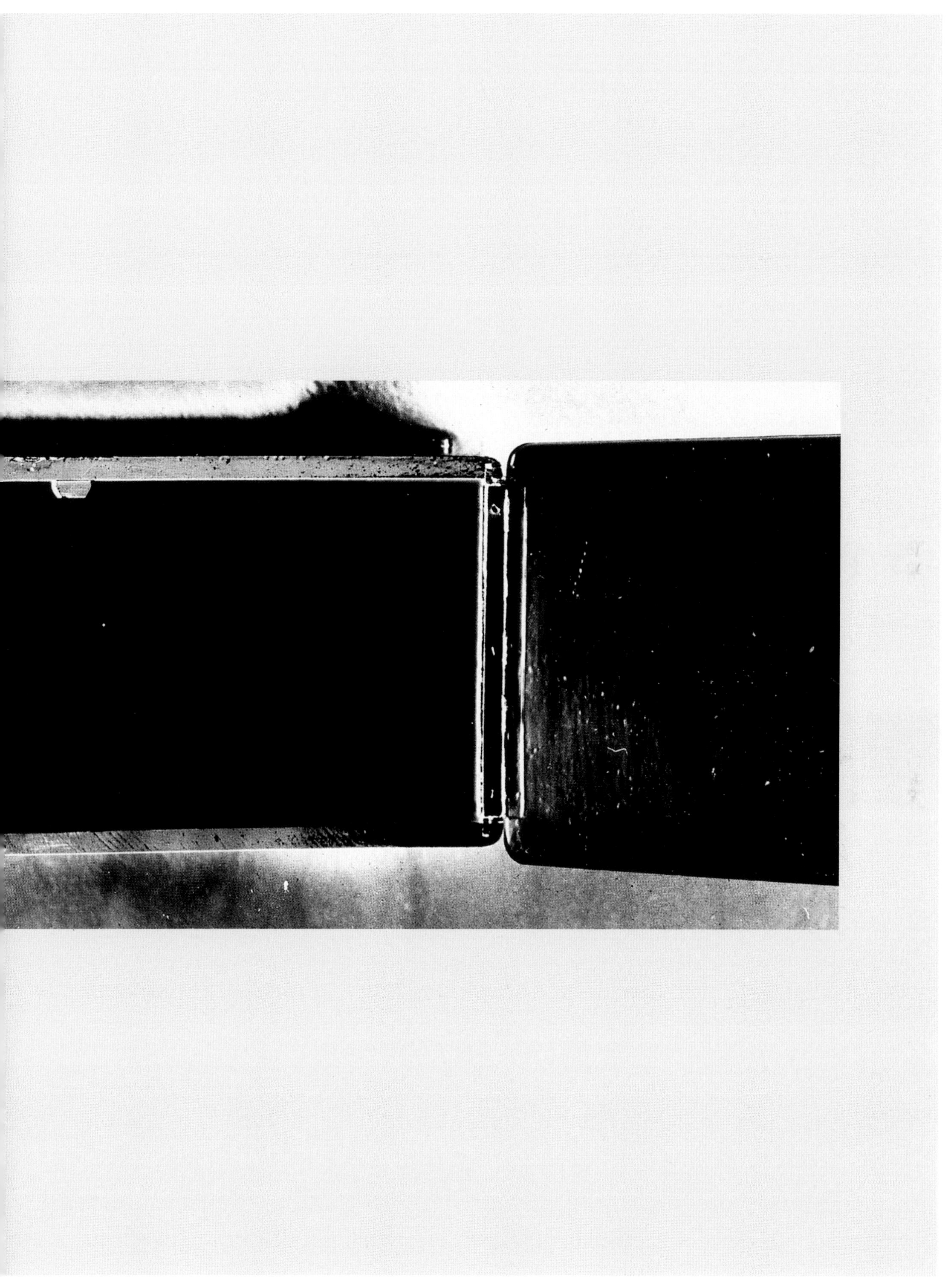

FARIDEH LASHAI

When I count, There Are Only you ...
But When I Look, There is Only a Shadow, 2012/13

Das letzte vollendete Kunstwerk der iranischen Künstlerin, Autorin und Übersetzerin Farideh Lashai ist geprägt von Poesie und Vielschichtigkeit. Zu sehen ist eine Komposition aus achtzig in Tiefdruckverfahren entwickelten Fotoabzügen, die die Schrecken des Krieges abbilden; im Hintergrund wird das musikalische Werk *Nocturne 21* von Frédéric Chopin abgespielt. Rhythmisch zu dem gefühlvollen Stück wandert eine Punktleuchte über die Bilder. Bei jeder Berührung durch den Lichtstrahl wird eine kurze Animation auf den jeweiligen Fotoabdruck projiziert.
Das Werk ist inspiriert von Francisco de Goyas Grafikserie »Los Desastres de la Guerra«, die 200 Jahre vor Lashais Videoinstallation entstanden ist. Lashai hat die einzelnen Abdrucke so bearbeitet, dass keine Figuren im Bild verblieben sind und der Hintergrund zu einer reinen Kulisse wird. Die Projektion der Punktleuchte »belebt« die Gräueltaten des Krieges, indem die Schrecken von einzelnen Taten für einen Moment im Mittelpunkt stehen dürfen, bevor sie im nächsten Augenblick wieder im Schatten verschwinden.
Der Titel *When I count, There Are Only you ... But When I Look, There is Only a Shadow* nimmt Bezug auf T. S. Eliots Gedicht *Das wüste Land* aus dem Jahr 1922 und transformiert somit den menschlichen Schmerz über drei Jahrhunderte hinweg in eine lyrische Kritik an ausbeuterischen politischen Systemen weltweit. PB

The last work completed by the Iranian artist, author, and translator Farideh Lashai is marked by poetry and complexity. On view is a composition consisting of eighty photographic prints developed in the gravure printing process; they depict the horrors of war while, in the background, the musical work *Nocturne 21* by Frédéric Chopin is being played. In a rhythmic response to the lyrical piece, a spotlight wanders across the images. Every time a particular photographic print is touched by the ray of light, a brief animation is projected onto it.
The work was inspired by Francisco de Goya's series of prints »Los Desastres de la Guerra«, created two hundred years before Lashai's video installation. Lashai edited the individual prints in such a way that no figures remain the picture and the background turns into a pure backdrop. The projection of the spotlight »enlivens« the acts of cruelty committed in wartime, inasmuch as the horrors of individual acts are permitted to come front and centre before, in the next instant, they disappear back into the shadows.
The title *When I count, There Are Only you ... But When I Look, There is Only a Shadow* makes reference to T.S. Eliot's poem »The Wasteland« from 1922 and thereby transforms human suffering extending over three centuries into a lyrical critique of exploitative political systems throughout the world. PB

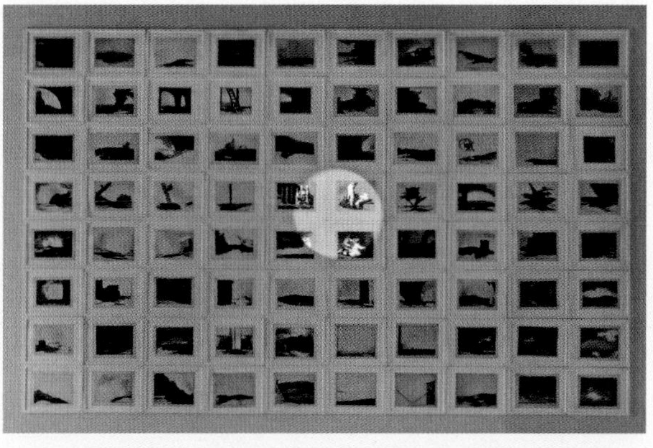
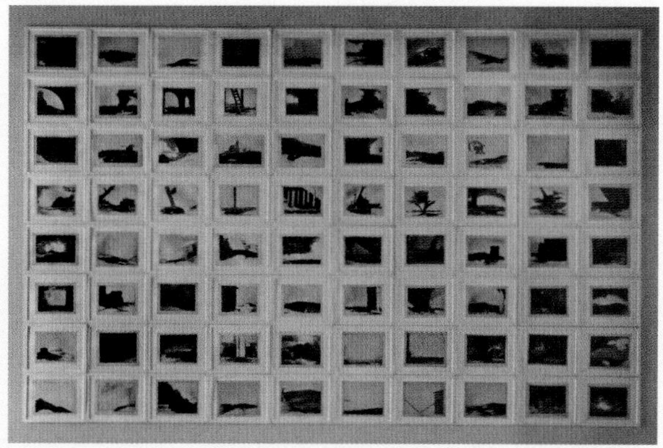
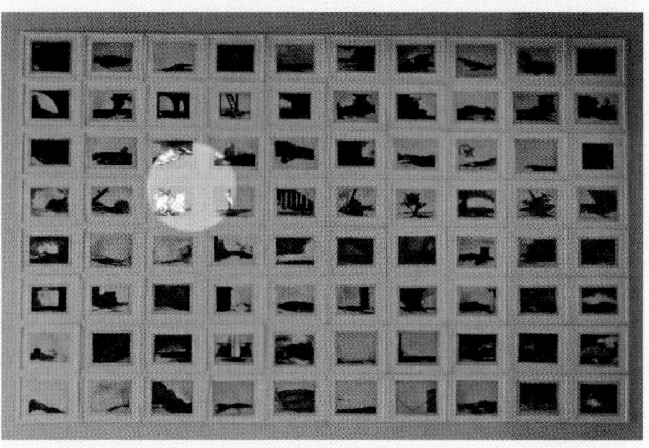
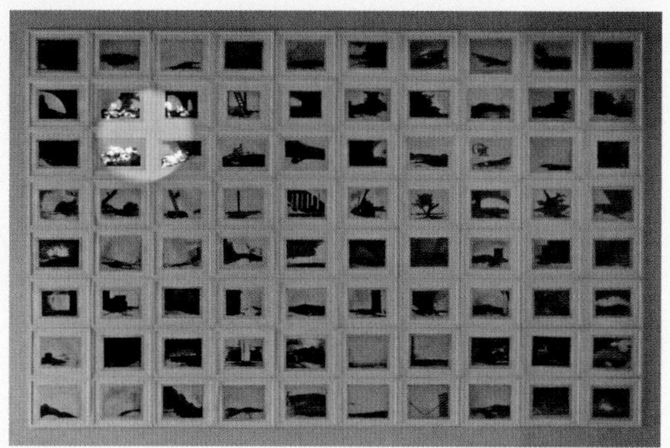
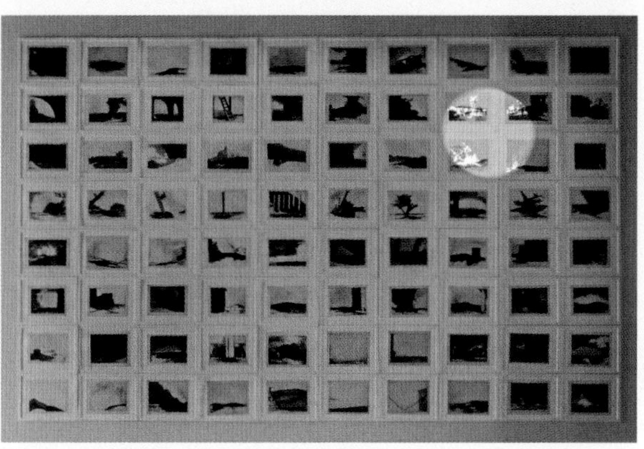
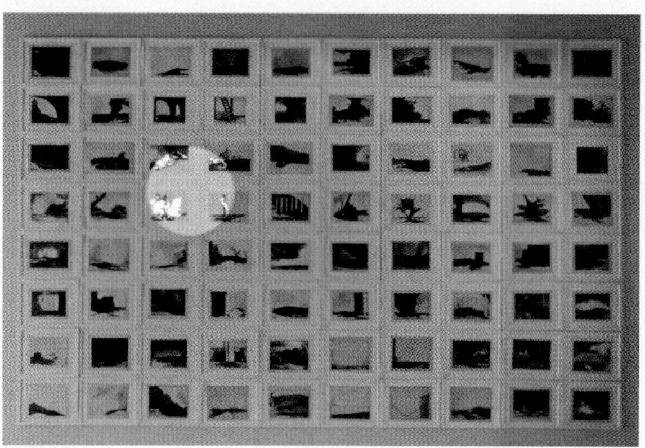

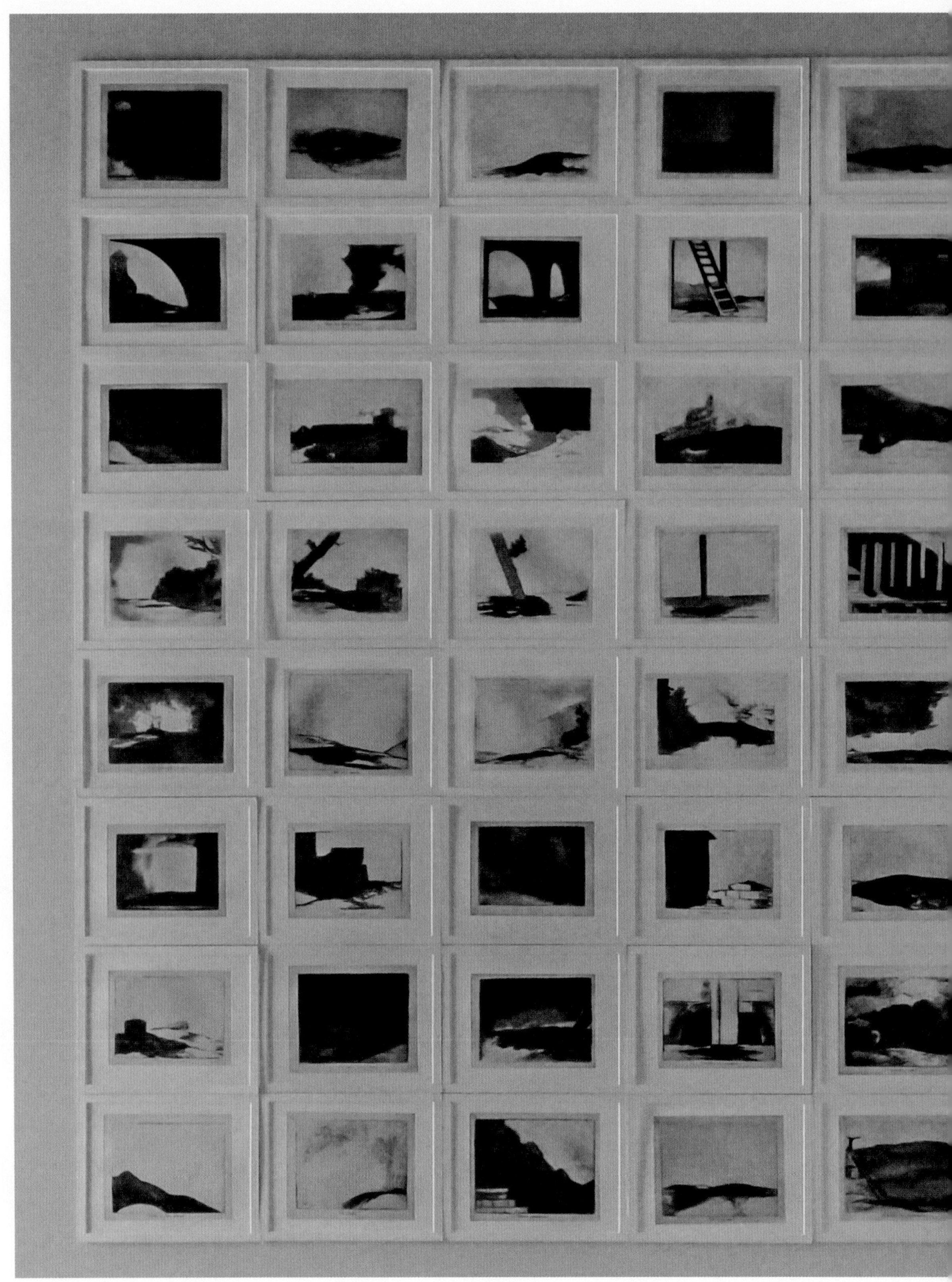

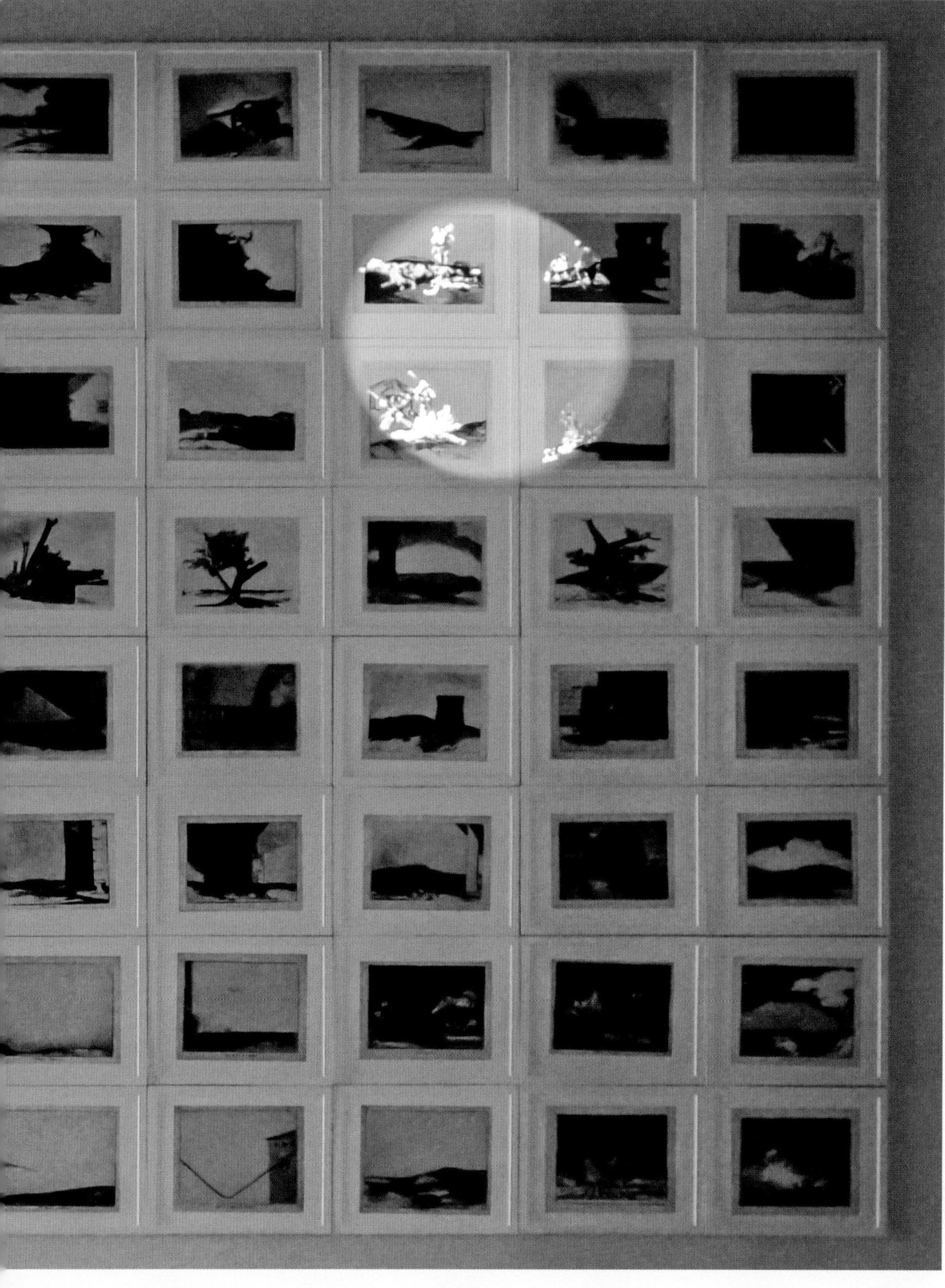

ZILLA LEUTENEGGER

Sunset Neighbourhood, 2009/2021

Wir sehen im Ausstellungsraum eine Straßenlaterne, deren Schatten sich auf der dahinterliegenden Wand abzeichnet und von einem goldenen Lichtkegel umgeben ist, der auf den Sonnenuntergang verweist. Auf diesen Schattenriss der Laterne wird die Silhouette einer Figur projiziert, die in immer wiederkehrenden Bewegungsabläufen wie an einer Reckstange Turnübungen vollführt. Zilla Leutenegger, deren aus dem Hebräischen stammender Vorname – thematisch passend – »Schatten« bedeutet, tritt hier als Protagonistin in Erscheinung. Ihr Ich zeigt sich den Betrachtenden als Erinnerungsbild aus ihrer Kindheit in einer von ihr erdachten Traumwelt. Die für ihre Zeichnungen bekannte Schweizer Künstlerin nutzt dabei unterschiedliche Medien. Damit werden die vollzogenen Bewegungen der projizierten Figur deutlicher erfasst und die Erinnerungsbilder aus längst vergangenen Zeiten greifbarer. Der fehlende Ton verstärkt diesen Moment und schafft zusätzlich eine besondere, aber auch intime Stimmung.
In der multimedialen Installation konkurriert der reale, aber unbewegte Schatten der Laterne mit einer bewegten Schattenfigur, die kein tatsächliches Gegenüber hat. Die mit dieser Schattenfigur verbundene Erinnerung und die Zeit der Ausführung lassen sich ebenso wenig festhalten wie der damit verbundene Ort. Auf diese Weise dokumentiert die Arbeit auch einen Verlust, wie ihn die Künstlerin in ihrer Kindheit durch die vielen Umzüge der Familie häufig erfahren hat. KT

In the exhibition space, we see a streetlamp whose shadow is cast onto the wall behind and is surrounded by a golden beam of light which indicates that the sun is setting. Projected onto the shadowy outline of the streetlamp is the silhouette of a figure which, in constantly recurring sequences of movement, performs gymnastic exercises as if upon a horizontal bar. Zilla Leutenegger, whose first name is a Hebrew word which – appropriately enough – means »shadow«, appears here as the protagonist. Her Ego presents itself to the viewer as if it were an image remembered from childhood, within a dreamworld of her own conception. The Swiss artist, who is known for her drawings, makes use here of various media. This allows the movements accomplished by the projected figure to be more clearly recorded and renders more palpable the images recalled back into awareness from long-forgotten times. The absence of a soundtrack enhances this moment, giving rise to a special but also intimate atmosphere.
In the multimedia installation, the real but unmoving shadow of the streetlamp competes with a mobile, shadowy figure which in fact has no physical counterpart. It proves impossible to specify with any certainty either the past memory associated with this shadowy figure and the present time when it performs its movements, or the actual place connected therewith. In this manner, the work also documents a loss such as the artist often experienced during her childhood because of her family's many relocations. KT

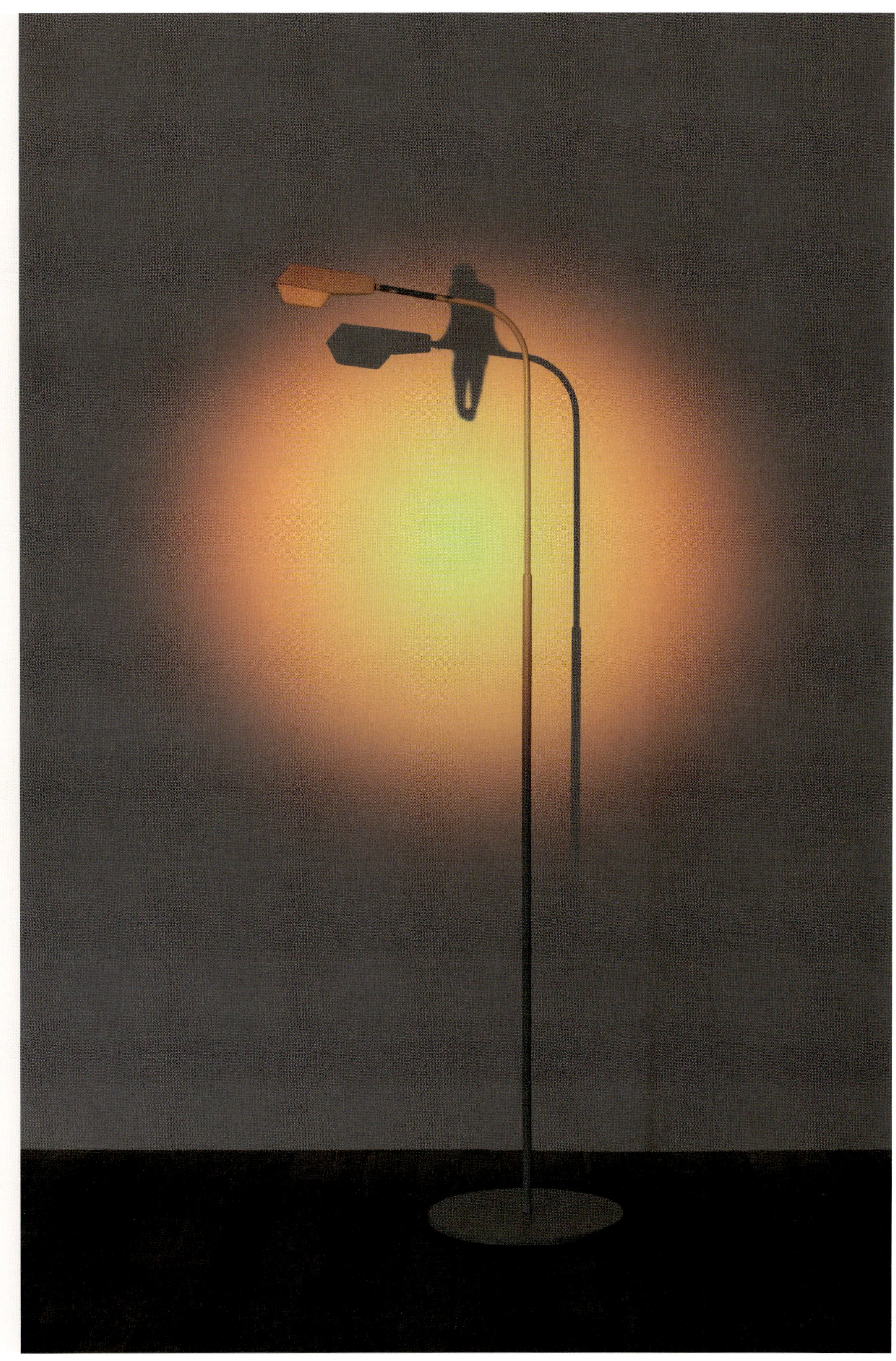

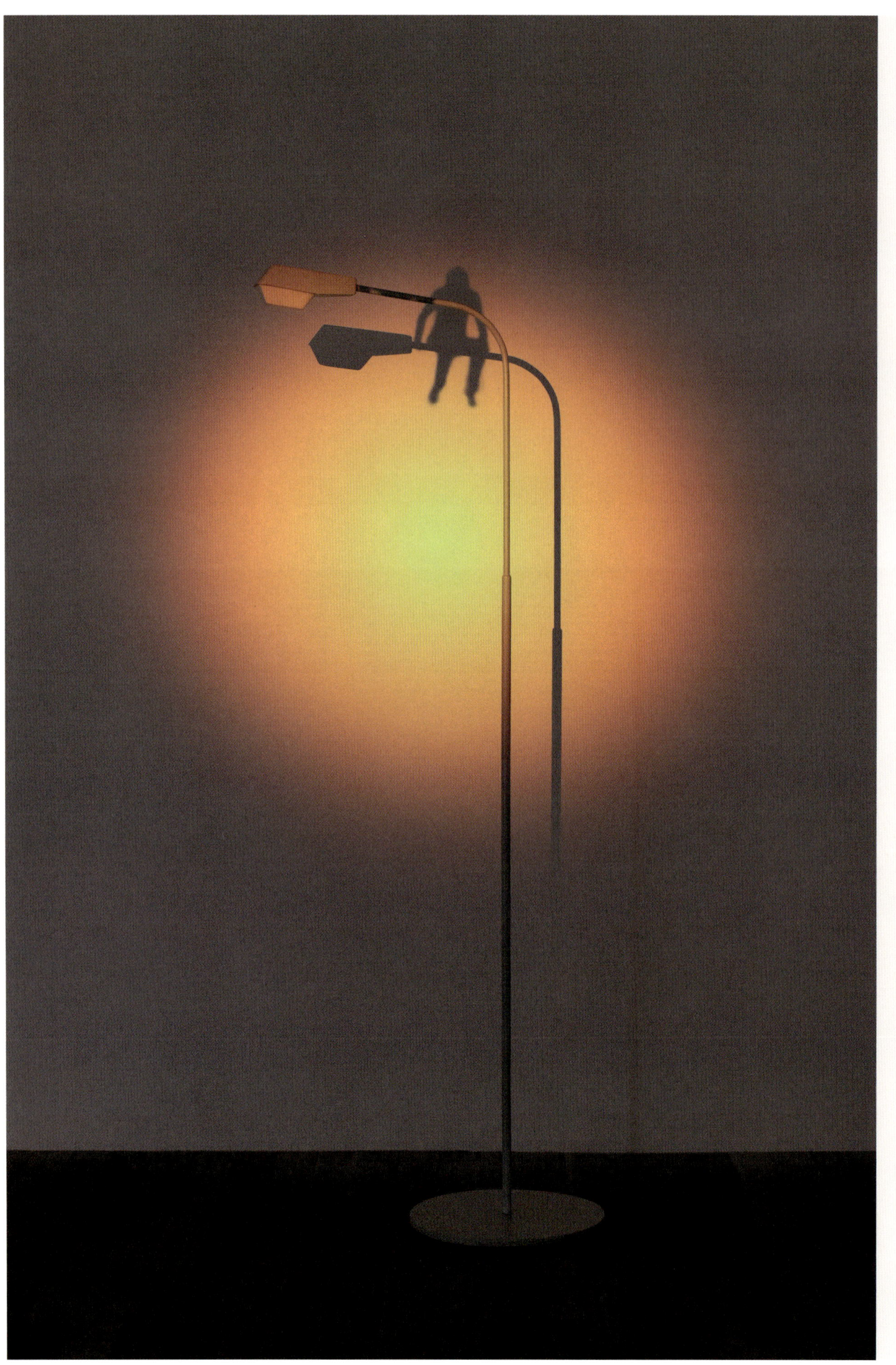

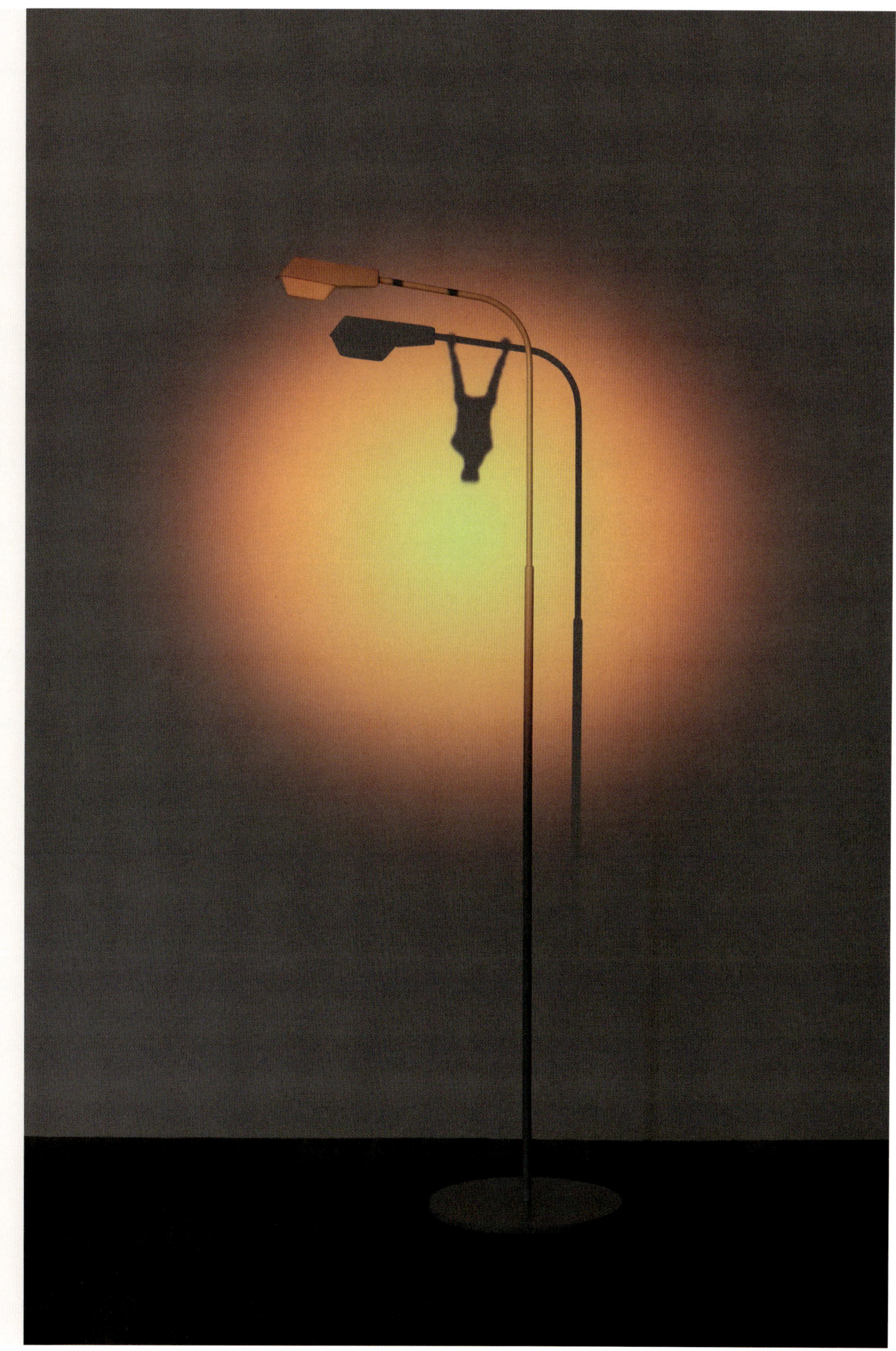

ADOLF LUTHER

Das Mondprojekt, 1983

Kaum etwas führt uns die paradoxe Qualität des Schattens eindrücklicher vor Augen als der Mond in seinen Phasen, der, je nachdem wie er von der Sonne bestrahlt wird, seine Gestalt beständig zu ändern scheint: Einerseits wissen wir, dass es sich bei diesem Erdtrabanten, auch wenn er nur als schmale Sichel oder gar nicht erscheint, stets um denselben mehr oder weniger runden Felsbrocken handelt. Dennoch sorgt die wechselnde Gestalt durch Licht und Schatten dafür, dass wir vom Gegenteil überzeugt sind. Die Immaterialität des Schattens blendet gewissermaßen die tatsächliche Materialität des Gestirns aus. Adolf Luthers *Mondprojekt*, das den Künstler seit den 1950er-Jahren intensiv beschäftigte, geht dieses Mondparadox von der Seite des Lichts an. Seine Idee, die er mehrfach ausführlich dargelegt hatte, war es, mittels eines künstlichen Satelliten in Form eines Hohlspiegels einen Lichtpunkt auf den abgebildeten »Schwarzmond« zu setzen, sichtbar für die ganze Welt. Mit dieser künstlichen Belichtung wollte er den Erdtrabanten näher an die Sphäre des Menschen binden, um ihn zum »gemeinsamen Besitz der Menschheit zu machen«. Die unsichtbare Nachtseite des Mondes wird damit zur Projektionsfläche für das Licht, das durch den Hohlspiegel am Objekt symbolisch in eine andere Richtung gelenkt wird und als kreisrunder Lichtfleck gewissermaßen einen Vollmond auf der dunklen Seite des Gestirns erscheinen lässt. SB

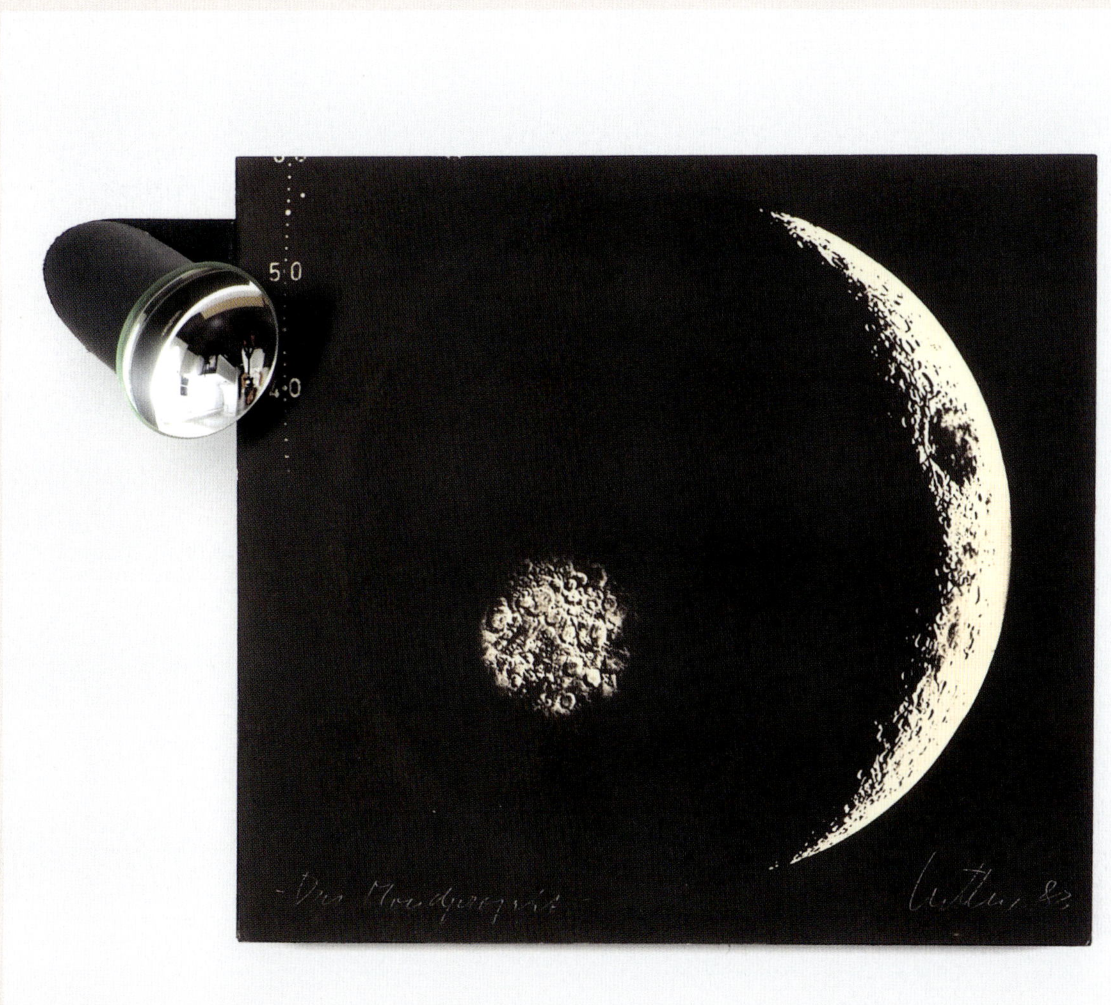

There is scarcely a more impressive expression of the paradoxical quality of the shadow than the moon, with its phases and the manner in which it seems to constantly alter its shape in accordance with how it is illuminated by the sun at a particular moment. On the one hand, we know that this orbiting celestial body, even when it appears as a slender sickle or is entirely invisible, is in fact always the same huge, more or less round chunk of rock. Nonetheless, the mutability of its shape under the influence of light and shadow causes us to be persuaded of the opposite impression. In a certain sense, the immateriality of the Earth's shadow blanks out the actual materiality of the moon. Adolf Luther's *Mondprojekt*, which intensively occupied the artist's attention from the 1950s onward, approaches this lunar paradox from the aspect of light. His idea, which he had explained in detail on multiple occasions, was to use an artificial satellite in the form of a concave mirror to beam a point of light onto the illustrated »black moon«, visible for the entire world. He hoped that this artificial illumination would bring the Earth's age-old satellite closer to the human sphere, in order to »make it a common possession of humankind«. Thus the invisible back side of the moon becomes a projection surface for light which is symbolically diverted by the concave mirror in another direction and thus in a certain sense, as a circular spot of light, causes a full moon to appear on the dark side of the celestial body. SB

DUANE MICHALS

The Spirit Leaves the Body, 1968

Bestehend aus sieben Einzelabbildungen ist in der gezeigten Sequenz ein metaphysisches Ereignis festgehalten. Während auf der ersten Fotografie nur ein einzelner nackter Mann auf einer mit Laken überzogenen Oberfläche liegt, taucht ab dem zweiten Bild eine weitere männliche Figur auf. Die durchscheinende Gestalt setzt sich aufrecht, steht in Teilschritten auf und nähert sich dem Objektiv der Kamera so lange, bis sie vollständig aus dem Bild verschwindet. In der letzten Sequenz ist erneut nur der liegende nackte Mann zu sehen.
In seinem Œuvre thematisiert der US-amerikanische Künstler Duane Michals metaphysische Phänomene – die Sterblichkeit, das Gedächtnis und Verlangen des Menschen. Michals arbeitet mit inszenierten fotografischen Sequenzen, die er mit selbst verfassten Texten ergänzt. Das Werk *The Spirit Leaves the Body* von 1968 besteht aus sieben Silbergelatineabzügen in Doppelbelichtung. Durch Verwendung dieser Technik greift Michals auf die Tradition der in der zweiten Hälfte des 19. Jahrhunderts sowie im frühen 20. Jahrhundert populären Geisterfotografie zurück.
In Anknüpfung an den Titel des Werkes – *The Spirit Leaves the Body* – inszeniert Michals den Moment nach dem Tod, an dem die Seele des Mannes seinen Körper verlässt und aus der sichtbaren Gegenwart verschwindet. Er erweitert seinen Anspruch an das fotografische Medium, um eine transzendentale Erfahrung des Menschen festzuhalten. PB

Consisting of seven individual images, the photographic sequence depicts a metaphysical event. Whereas in the first photograph a single naked man lies on a surface covered with a sheet, from the second picture onward, a further male figure can be seen. The translucent human shape sits up, arises in successive steps, and approaches the lens of the camera until it disappears completely from the picture. In the final image of the sequence, once again only the recumbent, naked man is visible.
In his oeuvre, the American artist Duane Michals thematises metaphysical phenomena such as mortality, memory, and human longing. Michals works with staged photographic sequences which he complements with texts authored by himself. The work *The Spirit Leaves the Body* from 1968 consists of seven silver-gelatine prints in double exposure. In using this technique, Michals takes up a tradition of ghost photography which was popular in the second half of the nineteenth century and early twentieth century.
In connection with the title of the work – *The Spirit Leaves the Body* – Michals stages the moment after death when the soul of the man leaves his body and disappears from the visible present. The artist extends the demands he makes of the photographic medium in order to record a transcendental human experience. PB

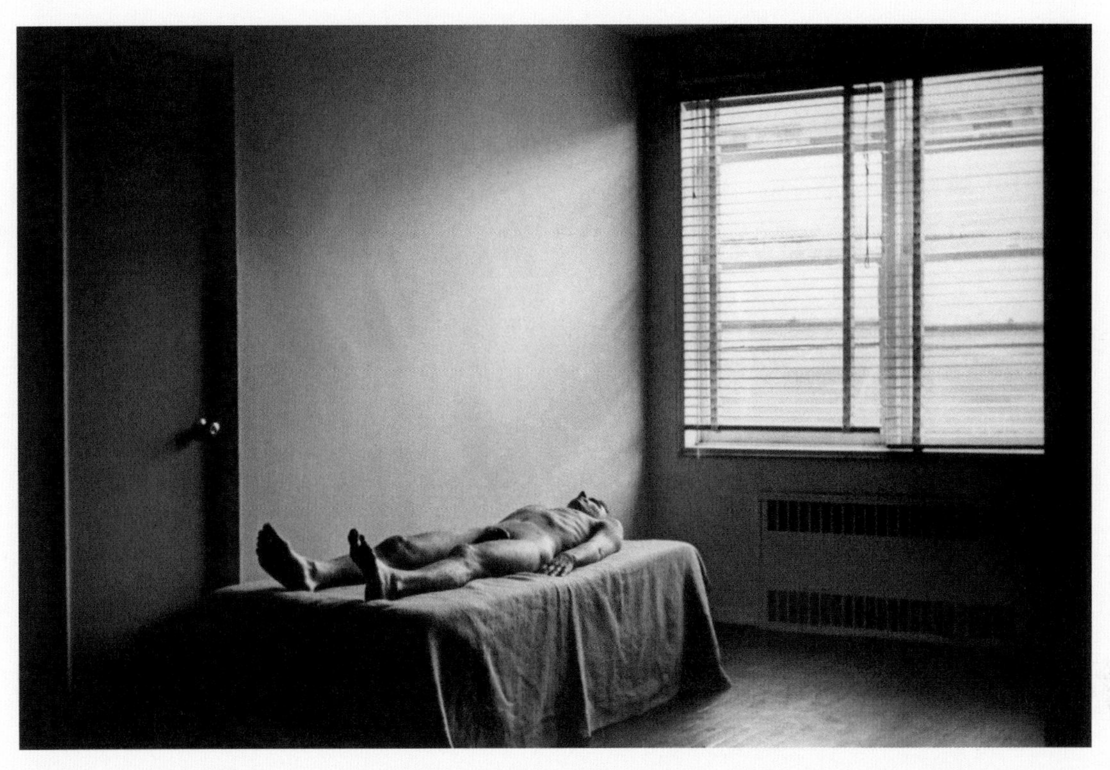

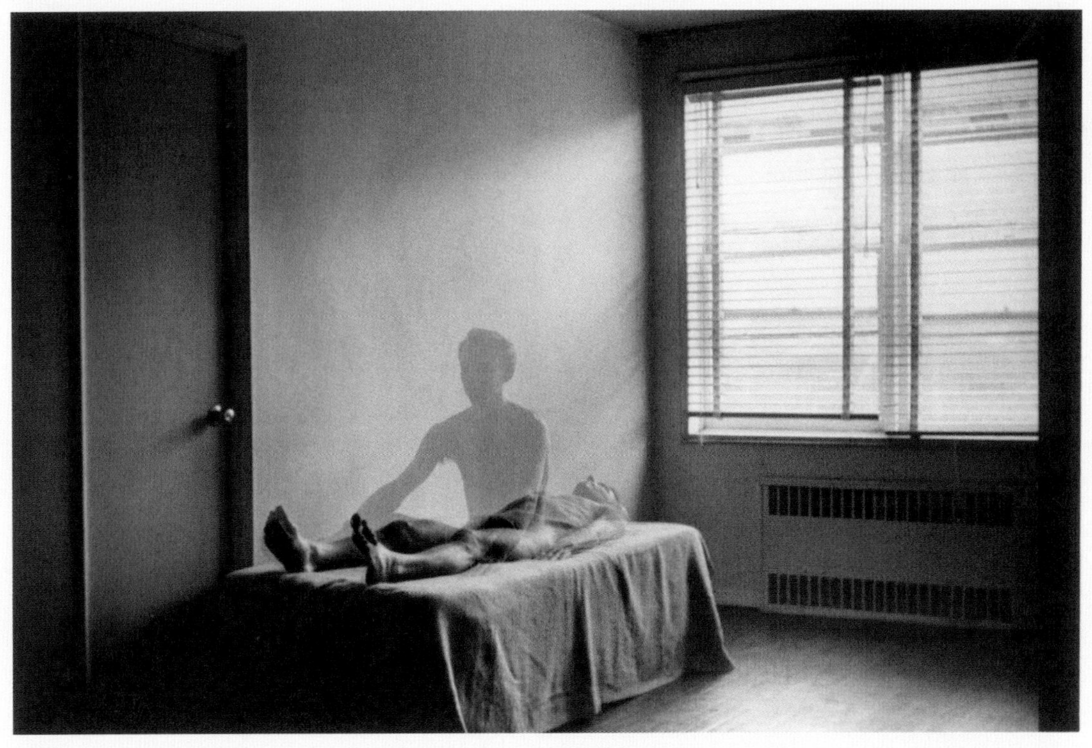

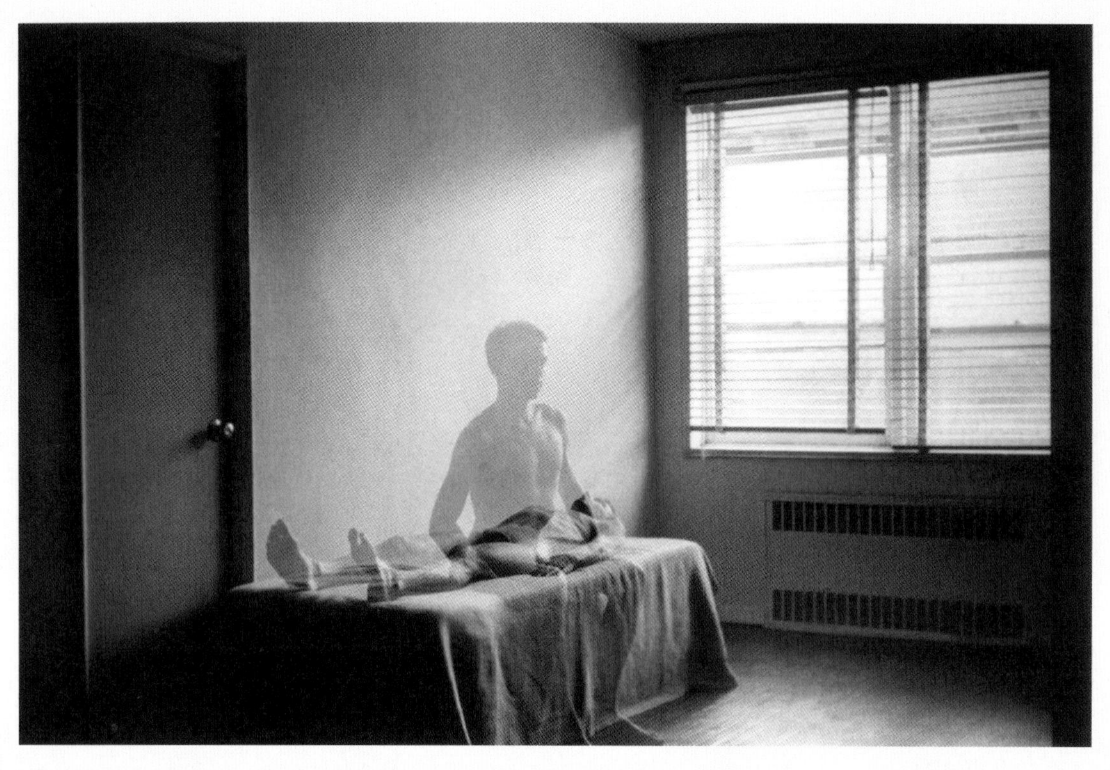

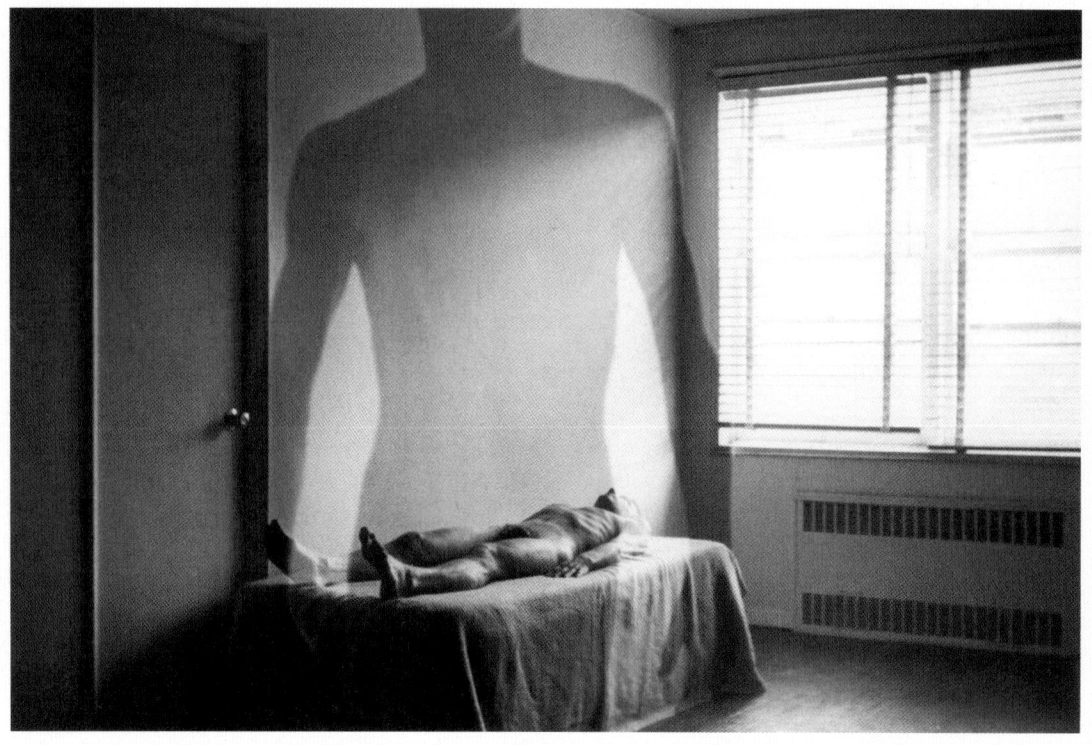

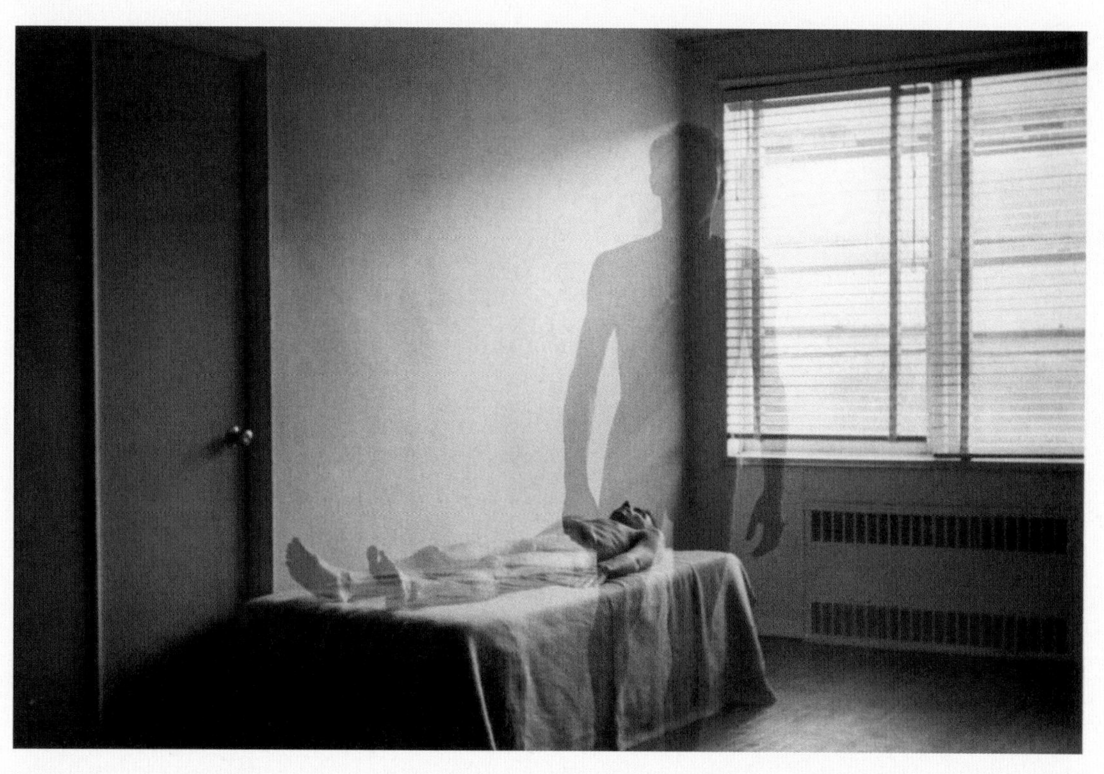

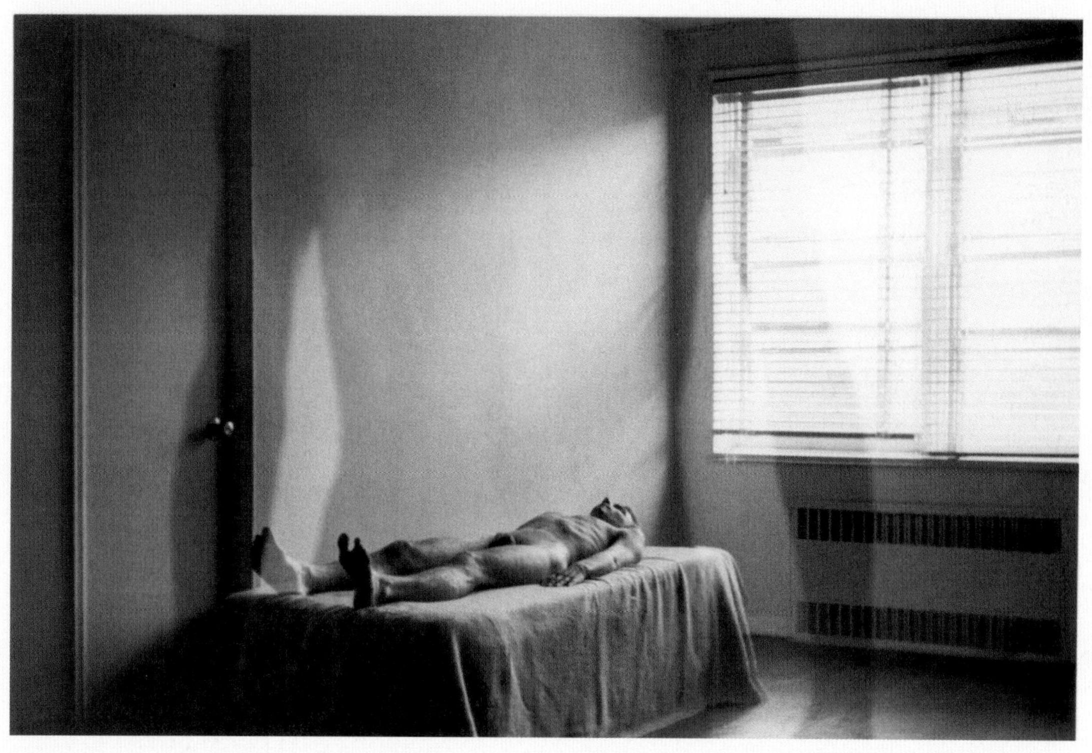

JOHANNA VON MONKIEWITSCH

07.04.2018 / 17:10, 2018

Alltägliche Lichtsituationen und die daraus entstehenden Schattenwürfe sind ein zentrales Sujet im Schaffen Johanna von Monkiewitschs. In ihren Werken hält die Künstlerin das wechselvolle Zusammenspiel von Beleuchtung und Verschattung fest, verleiht dem Flüchtigen Permanenz. Präzise verzeichnet der Werktitel Tag und Uhrzeit der Entstehung. Vom 7. April 2018 datiert so eine Arbeit, bei der eine Leiste am oberen Rand einer mitteldichten Holzfaserplatte einen schmalen Schlagschatten wirft. Von Monkiewitsch gibt die Form dieses Schattens zu einem präzisen Zeitpunkt am späten Nachmittag als Malerei auf der Platte wieder. Bewusst wählt die Künstlerin ein Material ohne weiterreichende inhaltliche Konnotation, dem sie die momentane Erscheinung von Licht und Schatten dauerhaft einschreibt. Das ephemere optische Phänomen erscheint damit verstofflicht, die Malerei und das als Träger fungierende Objekt sind sinnhaft verbunden.
Gestalterisch bis zum Äußersten reduziert, wirkt der gemalte Schattenwurf aus der Distanz doch täuschend echt. Zugleich wird er von der tatsächlichen, je nach Raum- und Lichtsituation abweichenden und permanent veränderlichen Verschattung überlagert. Die Inkongruenz von Abbild und Realität irritiert und fordert die Wahrnehmung. In höchster formaler Konzentration schafft von Monkiewitsch ein komplexes Spannungsfeld von Sein und Schein, Flüchtigem und Dauerhaftem, Vergangenem und Gegenwärtigem. BM

Everyday situations involving light and the ensuing silhouettes are a central subject in the creative output of Johanna von Monkiewitsch. In her works, the artist records the changing interplay between illumination and shadowing, and imbues the fleeting with permanence. The title of the work registers the day and time of creation. 7 April 2018 is the date of this particular work, which shows the narrow shadow cast by a batten at the upper edge of a medium density fibreboard. Von Monkiewitsch renders the form of this shadow at a precise moment in the late afternoon, as painting upon the board. The artist deliberately selects a material which has no connotation as to content, upon which she permanently inscribes the momentary appearance of light and shadow. The ephemeral optical phenomenon thereby appears in material form; the painting and the object serving as the base of the image are interconnected in a meaningful way.
Compositionally reduced as far as possible, the painted shadow nonetheless seems deceptively real when viewed from a distance. Simultaneously superimposed upon it, however, is the play of actual shadows, constantly changing and different in accordance with the momentary situation of space and light. This incongruity between image and reality perplexes perception. With an extreme degree of formal concentration, von Monkiewitsch creates a complex energetic field oscillating between essence and appearance, transience and permanence, past and present. BM

EDVARD MUNCH

Pubertät (Bei Nacht), 1902

Edvard Munch setzte sich mehrfach in seinem Werk mit dem Thema der Pubertät auseinander. Mit der vorliegenden Radierung, die eventuell auch von dem im selben Jahr entstandenen Gemälde *Mädchenakt auf rotem Tuch* inspiriert wurde, griff er seitenverkehrt auf zwei Fassungen des Motivs in Öl aus den Jahren 1894/95 zurück. Im Unterschied zu dem Gemälde *Pubertät* wird diese Grafik von einer düsteren, angstvollen Stimmung beherrscht. Das Mädchen, mit den furchtsam über ihrer Scham gekreuzten Armen erscheint mit ihren weit aufgerissenen Augen und ihrer Position am Bildrand einer Bedrohung ausgesetzt und zutiefst verletzlich. Die Pubertät als Phase der Adoleszenz und erwachenden Sexualität signalisiert hier - anders als im zeitgleich entstandenen Gemälde des Akts auf rotem Tuch - keinerlei erotisches Versprechen, sondern nur ein ungewisses Grauen. Ebenfalls im Gegensatz zu entsprechendem Werk erscheint der Raum, in den der Künstler den Mädchenakt platzierte, unbestimmt und grenzenlos. Zum Hauptakteur wird der Schatten, der sich auf dem Gemälde noch in einem einigermaßen proportionalen Verhältnis zur Figur befindet. Hier dagegen breitet er sich nahezu über die Hälfte des Blattes als fast physisch dichte Struktur aus, die je nach Perspektive aus dem Akt herausfließt oder diesen zu verschlingen droht. Der Schatten beglaubigt damit nicht mehr den Körper, dessen Umrisslinien er getreulich wiedergibt, sondern wird zu einer eigenständigen, alles bedrohenden Macht. SB

In his oeuvre, Edvard Munch repeatedly turned his attention to the theme of puberty. With the present etching, which was possibly inspired by the painting *Mädchenakt auf rotem Tuch* created in the same year, he had recourse in mirrored inversion to two versions of the motif, done in oil and dating from the years 1894/95. In contrast to the painting *Pubertät*, this print is dominated by a gloomy, fear-ridden atmosphere. The girl, with her arms crossed fearfully over her private parts and her eyes wide open, is positioned close to the edge of the picture and appears to be utterly exposed and vulnerable to a threat. Here puberty as a phase of adolescence and of awakening sexuality signals - differently than in the painting of a nude on a red cloth, done at the same time - not an erotic promise, but only an uncertain horror. Likewise appearing in contrast to the corresponding work is the space, undefined and borderless, in which the artist places the naked girl. The shadow becomes the protagonist; in the painting, it is still situated in a somewhat proportional relationship to the figure. Here, on the other hand, it spreads out over almost half the sheet as an almost physically dense structure which, according to the viewing perspective, either flows out of the nude figure or threatens to swallow it up. Here the shadow no longer confirms the body, whose outline it faithfully renders, but instead turns into an independent power that threatens everything around it. SB

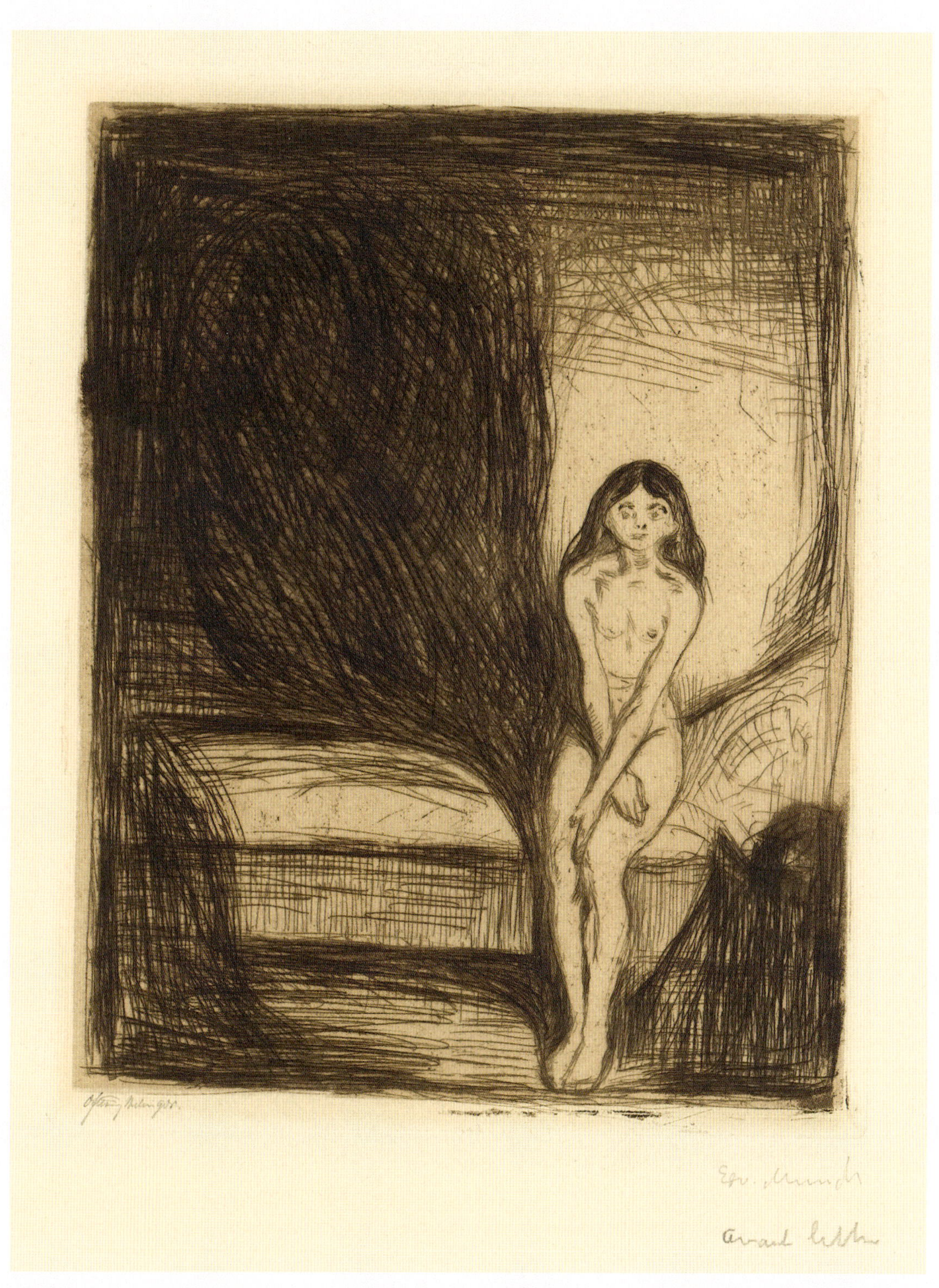

TIM NOBLE & SUE WEBSTER

Dirty White Trash (With Gulls), 1998

Der Anblick dieser Arbeit ist anziehend und abstoßend zugleich. *Dirty White Trash (With Gulls)*, die zweite große Schattenskulptur des britischen Künstlerduos, die es schlagartig bekannt machte, besteht auf der materiellen Ebene aus nichts als einem großen Müllhaufen, aus dem sich durch entsprechende präzise Beleuchtung die Silhouetten des Künstlerpaars herausschälen, die Rücken an Rücken entspannt eine Zigarette bzw. ein Glas Wein genießen. Jenseits des ersten Erstaunens über die fast magisch anmutende Verwandlung eines Abfallbergs in ein exaktes Selbstporträt der Künstler:innen formuliert die Arbeit eine scharfe, durchaus auch selbstkritische Abrechnung mit einer immer hemmungsloser werdenden Konsumgesellschaft: Die Skulptur wurde aus dem persönlichen Müll von sechs Monaten geformt, besteht also aus dem Abfall der Dinge, von denen sich das Künstlerpaar innerhalb eines halben Jahrs ernährt hatte. Gewissermaßen dokumentiert diese Schattenskulptur damit auch, auf welcher Basis wir unser luxuriöses, hedonistisches Leben errichten. Sie verdankt sich buchstäblich dem fortwährenden Prozess einer Einverleibung, der Schönheit und Schmutz, Form und Anti-Form zu einer paradoxen Deckung bringt. Die zwei ausgestopften Möwen, die sich an den Müllresten gütlich tun, scheinen zudem darauf zu verweisen, dass die Überlebenden unseres gierigen, ressourcenvernichtenden Anthropozäns möglicherweise nicht wir sein werden. SB

The appearance of this work is at once both attractive and repellent. *Dirty White Trash (With Gulls)*, the second large shadow sculpture by the British artist duo, who instantly became known because of it, consists on the material level of nothing other than a large pile of trash, out of which – through corresponding, precise lighting – the silhouettes of the artist couple crystallise as, back to back, they relaxedly enjoy a cigarette or glass of wine. Past the initial amazement at the almost magical transformation of a heap of refuse into an exact self-portrait of the artists, the work formulates a sharp, self-critical coming-to-terms with an increasingly rampant consumer society: the sculpture was made out of the artist couple's personal garbage consists of the remnants of the things from which they nourished themselves over a period of six months. Thus in a certain sense, this shadow sculpture also documents the basis upon which we erect our luxurious, hedonistic life. It is literally due to the ongoing process of an assimilation which ushers beauty and dirt, form and anti-form into a paradoxical overlapping. Moreover, the two stuffed seagulls, delighting in devouring the remains of the trash, seem to indicate that perhaps the survivors of our greedy, resource-destroying Anthropocene will not be us. SB

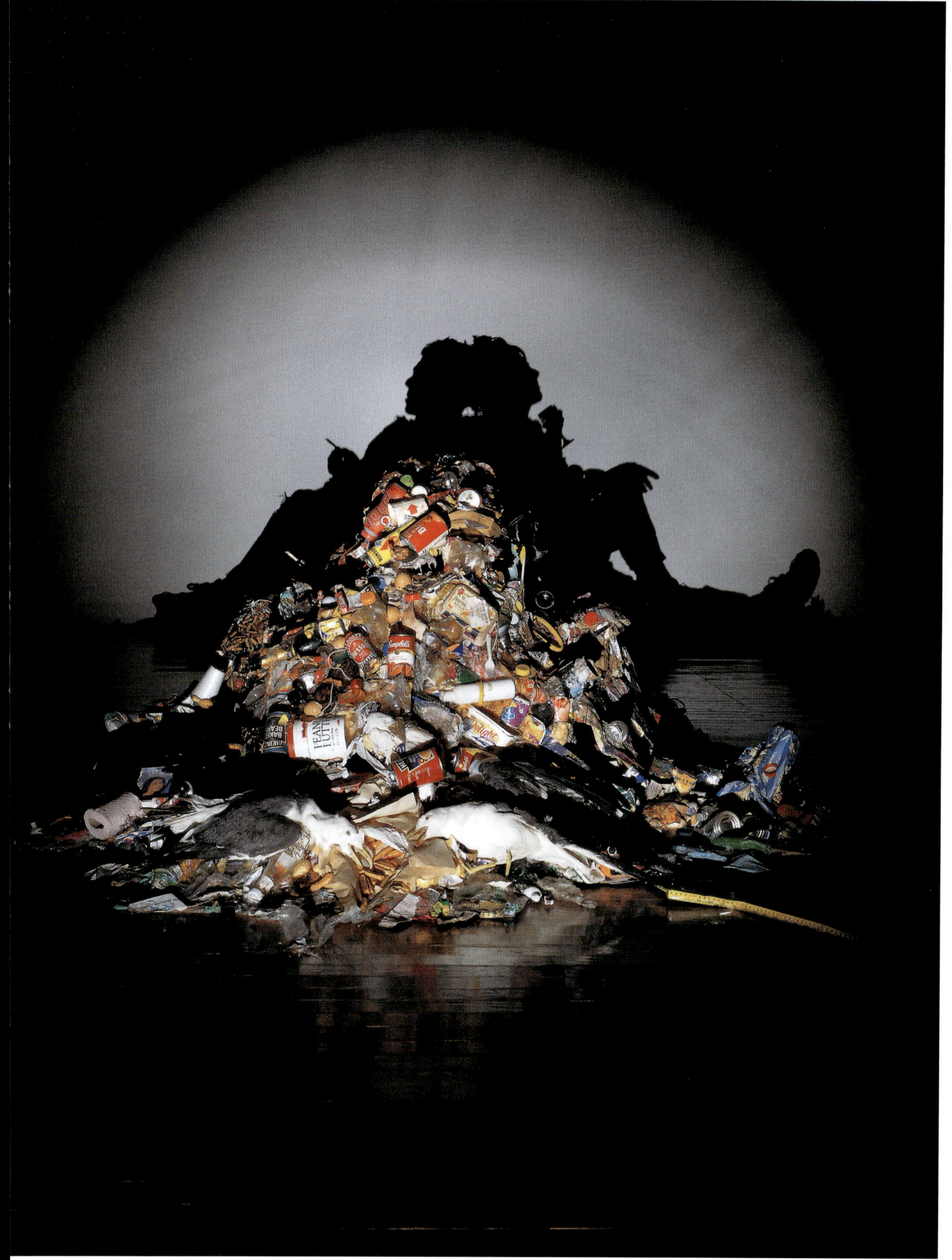

CLAUDIO PARMIGGIANI

Autoritratto come ombra, 1979

In seinem Werk *Autoritratto come ombra* (*Selbstporträt mit Schatten*) zeigt der italienische Künstler Claudio Parmiggiani den dunkelgrauen Schatten eines Brustbildes. Dabei handelt es sich um eine Fotografie vom Schatten des Künstlers selbst, der sich kontrastreich von der weißen Leinwandoberfläche abhebt.
Parmiggianis Schaffen ist, wie das vieler anderer im Zweiten Weltkrieg geborener Künstler:innen, geprägt von den Vernichtungen und Verlusten jener Zeit. In seinem Œuvre ist das Motiv der Schatten omnipräsent. Sie deuten eine ehemalige Anwesenheit der abgebildeten Gegenstände und Personen an, wodurch ihre Abwesenheit im gegenwärtigen Moment noch deutlicher in den Vordergrund rückt.
Was macht das Wissen, dass der Schatten auf dem Selbstporträt jener des Künstlers ist, mit uns? Wäre die Wirkung des Kunstwerks eine andere, wenn unbekannt wäre, wer den grauen Schatten auf die Leinwand wirft? Wo und wer ist Claudio Parmiggiani heute? Parmiggianis Selbstporträt als Schatten ist ein Portal für eine austauschbare, anonyme Identität. Nur der Titel der Arbeit verbindet den Schatten mit der tatsächlichen Person. Außerdem fungiert das Werk als eine materielle Brücke zwischen Vergangenheit, Gegenwart und Zukunft. Der Umriss des Künstlers transformiert seine Erinnerungen an bereits vergangene Erfahrungen zu einem physischen Ort des Andenkens. PB

In his work *Autoritratto come ombra* the Italian artist Claudio Parmiggiani shows the dark grey shadow of a half-length portrait. This is a photograph of the shadow of the artist himself which, rich in contrasts, stands out starkly against the white surface of the canvas.
Parmiggiani's creative output, like that of many other artists born during the Second World War, is marked by the acts of destruction and losses of that era. The motif of the shadow is omnipresent in his oeuvre. The shadows hint at a former presence of the depicted objects and persons, so that their absence in the present moment emerges even more distinctly into the foreground.
What effect does the knowledge that the shadow on the «self-portrait» belongs to the artist have on us? Would the impact of this work of art be different if we did not know who casts the grey shadow onto the canvas? Where and who is Claudio Parmiggiani today? Parmiggiani's self-portrait as a shadow is a portal for an interchangeable, anonymous identity. It is only the title of the work that connects the shadow with the actual person. Moreover, the work serves as a material bridge between past, present, and future. The silhouette of the artist transforms his memories of experiences that are already part of the past into a physical site of commemoration. PB

SOPHIA POMPÉRY

Light Shade, 2011

Das Motiv der brennenden Kerze steht im religiösen Kontext für den Weg zur Erleuchtung und Erkenntnis ebenso wie für die Auferstehung Christi, die Licht in die Dunkelheit brachte. Allgemein gesehen kann die Kerzenflamme als spirituelles Symbol gelesen werden, das eine Verbindung zwischen der materiellen und der geistigen Welt schafft. In ihrer Fotoarbeit *Light Shade* kombiniert die in Berlin lebende Künstlerin Sophia Pompéry dieses vielfach mit einem transzendenten Hintergrund aufgeladene Motiv mit dem Schatten einer erloschenen Kerze und realisiert damit eine faszinierend paradoxe Situation: Die Kerze als Symbol für Leben und Erleuchtung spiegelt hier scheinbar ihre eigene Verdunkelung und ihr Verlöschen. Anders als Gerhard Richter, der in seiner berühmten Serie der Kerzenbilder aus den Jahren 1982/83 die brennende Kerze isoliert und ohne Schattenwurf bildmittig inszeniert, spielt Pompéry mit der strukturellen Ambivalenz des Lichts, das einerseits die schattenhafte Dunkelheit vertreibt, sie andererseits aber zugleich erzeugt. Auf ihrem Foto verweist die Flamme durch den erloschenen Schatten gewissermaßen auf ihr eigenes Ende und verkehrt damit Ursache und Wirkung: Denn es ist der Schatten und nicht das Objekt, das den Lebensweg der Kerze vorzeichnet. Damit steht *Light Shade* beispielhaft für das Werk der Künstlerin, die sich an der Schnittstelle zwischen Kunst, Physik und Philosophie damit beschäftigt, alltäglichen »Dingen ihre Gewöhnlichkeit zu nehmen«, so Pompéry, und insofern im direkten wie übertragenen Sinn die Ordnungsparameter unserer Welt kritisch und spielerisch reflektiert. SB

In a religious context, the motif of the burning candle stands for the path to enlightenment and knowledge, as well as for the Resurrection of Christ, which brought light into darkness. In general terms, the flame of a candle can be read as a spiritual symbol which creates a connection between the material and the spiritual worlds. In her photographic work *Light Shade*, the artist Sophia Pompéry, who lives in Berlin, combines this motif, suffused many times with a transcendent background, with the shadow of an extinguished candle. She thereby realises a fascinatingly paradoxical situation: as a symbol for life and enlightenment, the candle here seems to mirror its own darkening and extinguishment. In contrast to Gerhard Richter who, in his famous series of candle pictures from the years 1982 and 1983, isolates the burning candle and stages it at the centre of the picture without a cast shadow, Pompéry plays with the structural ambivalence of light, which on the one hand drives out the shadowy darkness, and on the other simultaneously creates it. In her photograph, the flame in a certain sense points to its own end by means of the absent shadow and thereby reverses cause and effect, because it is the shadow and not the object which anticipates the life path of the candle. Thus *Light Shade* can serve as an exemplary representative of the oeuvre of the artist who – working along the interface between art, physics, and philosophy – turns her attention to »depriving everyday things of their customariness«, in the words of Pompéry, and who accordingly, in both a literal and a figurative sense, engages in critical and playful reflection concerning the parameters of order in our world. SB

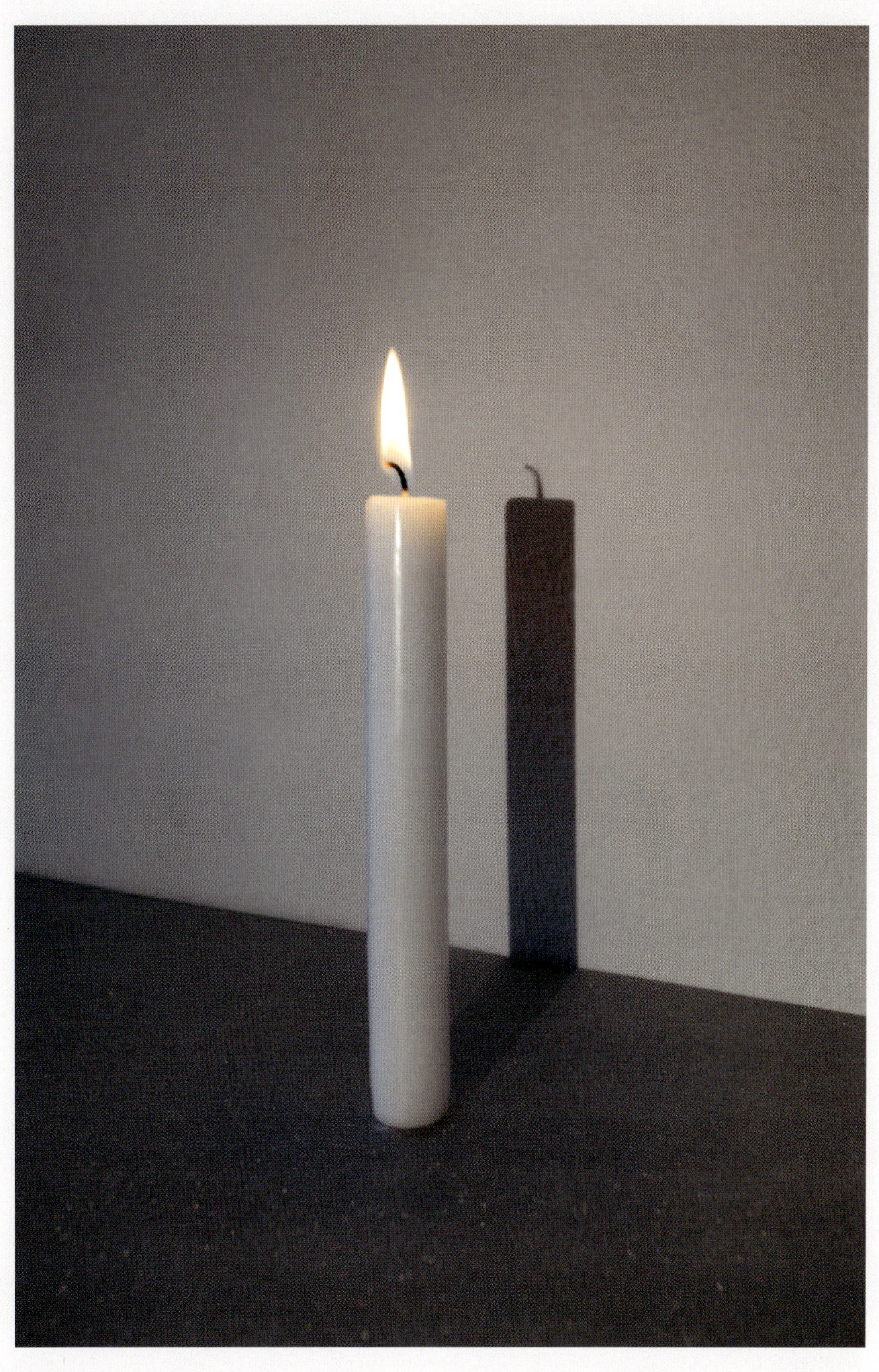

MARKUS RAETZ

Tag oder Nacht, 1998

Auf einem hellen Hintergrund sind sechzehn Rechtecke so zueinander platziert, dass sie an ein Sprossenfenster erinnern. Das vordere, größere Fenster blickt ins Dunkel, während das hintere, kleinere Fenster fast strahlend hell leuchtet. Seit der Renaissance erscheint das Fenster als Metapher für die Malerei schlechthin. Nur, dass es sich hier weder zur Welt noch zu einem Innenraum öffnet, sondern ausschließlich auf sich selbst verweist. Die Positionierung der geometrischen Formen erweckt mehrere Assoziationen gleichzeitig: Der betrachtende Blick könnte sowohl nach außen als auch nach innen gewendet sein. Die Elemente von Schatten und Licht sorgen dadurch für eine optische Täuschung.
Sein Werk *Tag oder Nacht* von 1998 führte der Schweizer Künstler Markus Raetz als eine zweifarbige Aquatinta auf Rives-Büttenpapier aus. In Raetz' Gesamtwerk taucht die Auseinandersetzung mit diversen wahrnehmungsbezogenen Rätseln häufig auf, wobei weniger das Motiv der Arbeiten im Fokus steht als ihre Rezeption durch die Betrachtenden.
Mit der Grafik *Tag oder Nacht* untersucht der Künstler speziell das täuschende Zusammenspiel von Licht und Schatten. Wie der Werktitel suggeriert, bleibt unklar, welche Tageszeit in der Abbildung herrscht. Diese Ambivalenz entlarvt das künstlerische Potenzial des Schattens in der Kunstgeschichte. PB

Sixteen rectangles are arranged upon a bright background in a way that recalls a lattice window. The larger window in front faces onto darkness, whereas the smaller window behind shines brightly, almost radiantly. Ever since the Renaissance, the window has served as the metaphor for painting par excellence. Only here it opens neither to the outside world nor to an interior space, but points exclusively towards itself. The positioning of the geometrical forms summons several associations simultaneously: the contemplating gaze could be directed both outwardly and inwardly. The elements of shadow and light thereby engender an optical illusion.
The Swiss artist Markus Raetz produced his work *Tag oder Nacht* as a two-colored aquatint on Rives handmade paper. There is frequently an investigation of diverse perception-related enigmas in Raetz's overall oeuvre, with the focus directed more to the motif of the works than towards their reception.
With the print *Tag oder Nacht*, the artist investigates in particular the deceptive interplay between light and shadow. As the title of the work suggests, the time of day remains unclear. This ambivalence exposes the artistic potential of the shadow in art history. PB

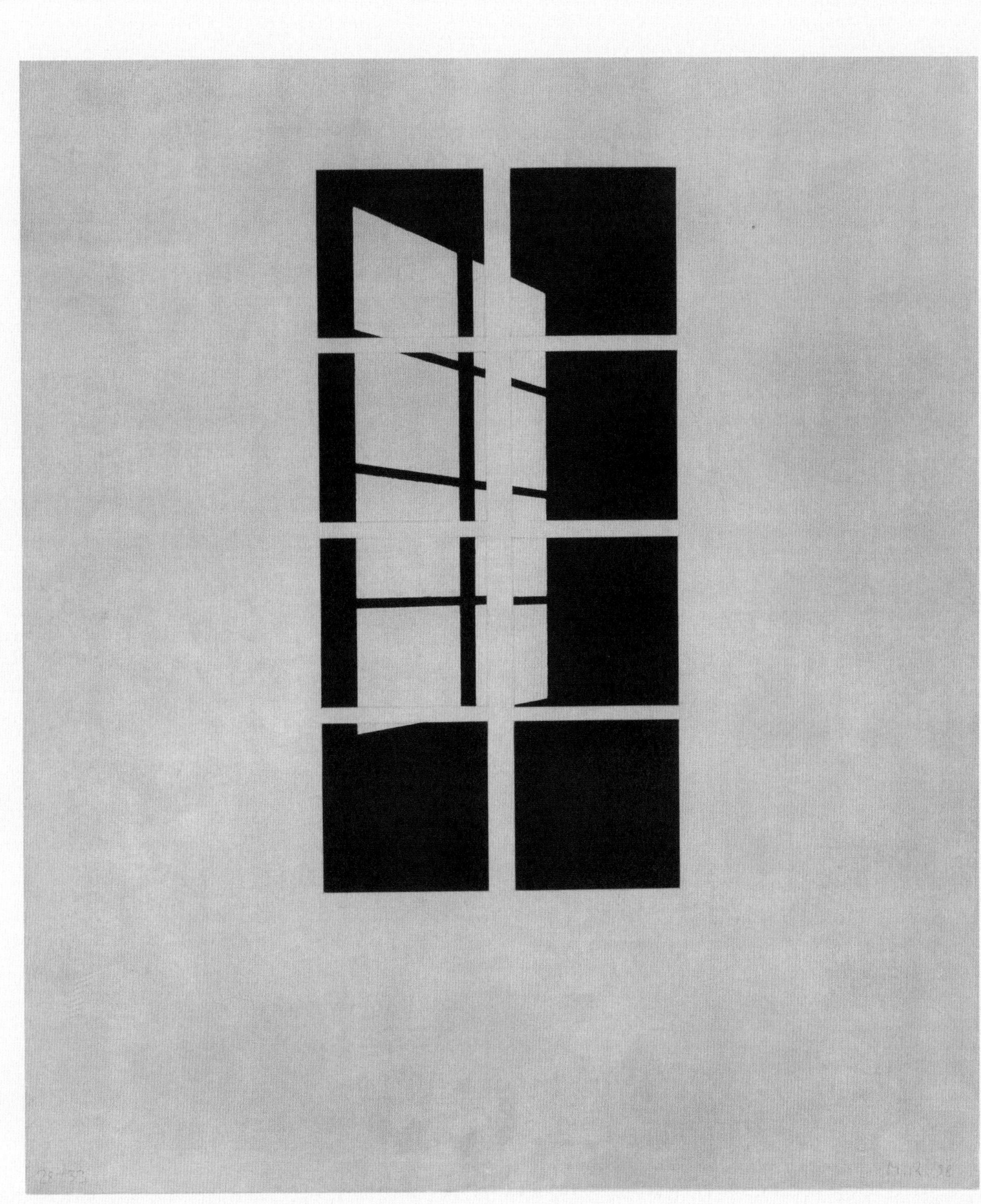

GERHARD RICHTER

Fenster, 1968

Während ein Fenster üblicherweise den Blick auf die Außenwelt freigibt, einen Ausschnitt einer anderen Realität zeigt, wird dieser Anspruch bei Gerhard Richters *Fenster* von 1968 nicht erfüllt. Stattdessen erblicken wir durch dessen Rahmen eine Fläche, auf der sich lediglich der Schatten des Fensters abbildet. Mit der Vorstellung, ein Gemälde könne – wie ein Fenster – eine illusionistische Öffnung zu einer anderen Welt bilden, ist dieses bereits seit der Renaissance ein klassisches Motiv der Malerei. Richter greift dieses traditionelle Bildverständnis auf, malt aber keine Landschaft oder Alltagsszene hinter der Fensteröffnung, sondern schafft eine Art Pseudorealität: Durch das Fenster ist nur dessen Schatten zu sehen und damit etwas, das Teil desselben ist. So sorgt Richter für einen Irritationsmoment, der die Erwartungshaltung an die Funktion einer solchen Öffnung untergräbt. Zugleich rückt er die Autonomie des Kunstwerks in den Vordergrund: Statt ein Abbild der Wirklichkeit zu malen, schafft er Kunst, die sich ausschließlich mit sich selbst beschäftigt.
Richters *Fenster*-Gemälde fügen sich ein in eine Reihe von Vorhang- und Türbildern, in denen er klassische Übergangsmotive einsetzt, die die Grenze zwischen Realität und Kunstwerk betonen. Diese Werke aus den 1960er- und 1970er-Jahren bilden das Fundament für das spätere Schaffen des Künstlers, der sich seither kritisch mit den Grundfragen der Malerei beschäftigt. So sorgt er in seinen Gemälden immer wieder bewusst für optische Täuschungen und Verzerrungen, um den Realitätsbezug von Kunst zu hinterfragen. AK

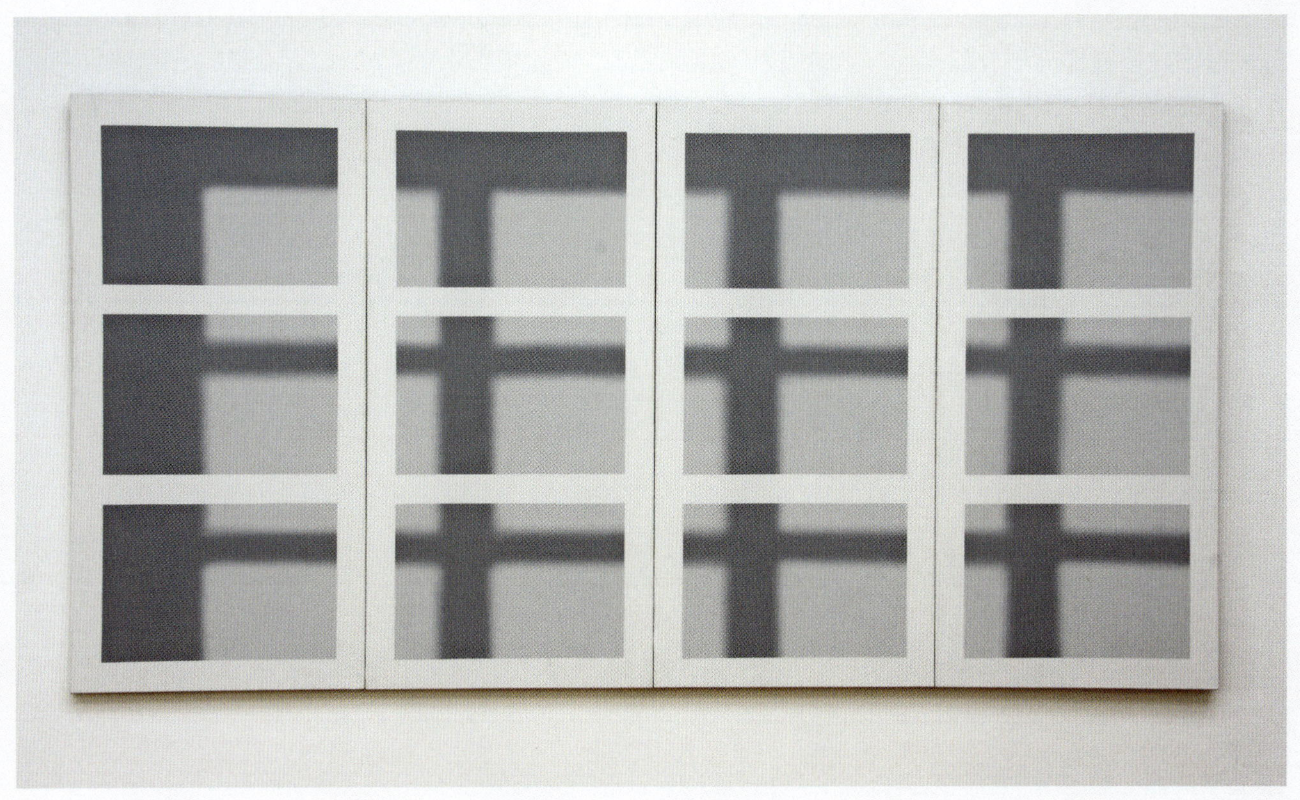

Whereas a window usually opens a view onto the outer world, showing a segment of another reality, this expectation is not fulfilled in Gerhard Richter's *Fenster* from 1968. Instead, we look through its frame and see a surface upon which only the shadow of the window is depicted. In accordance with the concept that a painting – just like a window – can serve as an illusionistic opening onto another world, this has been a classical motif of painting since the Renaissance. Richter takes up this traditional notion of the picture; but he does not paint a landscape or an everyday scene behind the opening of the window. In this case, he creates a sort of pseudo-reality: to be seen through the window is only its shadow – in other words, something that is part of the same thing. Richter thereby conveys a moment of disruption that undermines the viewer's expectations with regard to such an opening. At the same time, he brings the autonomy of the work of art into the foreground: instead of painting a representation of reality, he creates art that engages with itself.
Richter's *Fenster* paintings find their place in a series of pictures with curtains and doors in which he uses classical motifs of transition in order to emphasise the border between reality and art. These works from the 1960s and 1970s constitute the foundation for the later creative output of the artist who, since then, has directed a critical focus towards the underlying issues of painting. He thus repeatedly presents optical illusions and distortions in his paintings in order to question the relationship of art to reality. AK

MIGUEL ROTHSCHILD

Memento mori: Work in progress, 2013/2025

Der aus Argentinien stammende und in Berlin lebende Künstler Miguel Rothschild arbeitet vor allem mit dem Medium der Fotografie. *Memento mori* besteht aus zwei Aufnahmen desselben Motivs. Von einer Anhöhe aus fotografiert, zeigen sie die Aussicht auf die menschenleere schneebedeckte Landschaft des Viktoriaparks in Berlin, in der Ferne ist eine Straße zu erkennen. Obwohl motivisch absolut identisch, unterscheiden sich die beiden Fotografien doch maßgeblich. Das rechte Bild ist im Vergleich zum linken stark verblichen und wirkt dadurch wie eine deutlich ältere, eventuell sogar historische Aufnahme.
Der Titel der Arbeit, sinngemäß übersetzt mit »sich seiner Sterblichkeit bewusst sein«, verweist auf eine lange kunstgeschichtliche Tradition: Seit Beginn der Neuzeit thematisieren Künstler:innen immer wieder die Vergänglichkeit alles Irdischen. Rothschild nutzt hierzu das Licht, das einerseits maßgeblich für die Entstehung der Fotografie ist, gleichzeitig langfristig deren Erhalt gefährdet. So wird die bereits verblasste Arbeit über den gesamten Zeitraum der Ausstellung direktem Licht ausgesetzt. Die Betrachtenden erleben auf diese Weise, wie sie bis zu deren Ende immer heller wird – mit den verblassenden Motiven scheint das Leben Stück für Stück aus dem Bild zu schwinden, während die linke Aufnahme unverändert bleibt. Der Künstler konserviert einen flüchtigen Moment, der nicht von Dauer ist, und schafft so mit dem Mittel der Fotografie ein Sinnbild für die Endlichkeit menschlichen Lebens. KT

The artist Miguel Rothschild, who comes from Argentina and lives in Berlin, works above all with the medium of photography. *Memento mori* consists of two shots of the same motif. Photographed from an elevation, they present a view of the desolate, snow-covered landscape of the Victoriapark in Berlin, with a street visible in the distance. Although absolutely identical with regard to motif, the two photographs are fundamentally different. In comparison to the lefthand picture, the one on the right is extremely faded and accordingly seems like an older, possibly even historical photograph.
The title of the work, translated as »to be aware of one's own mortality«, points towards a long art-historical tradition: ever since the beginning of modernity, artists have repeatedly given expression to the evanescence of all earthly things. For this purpose, Rothschild makes use of light which, while of fundamental importance for the emergence of photography, simultaneously constitutes a danger for its preservation over the long term. Thus the already faded work will be exposed to direct light over the entire course of the exhibition. In this way, viewers experience how it becomes paler and paler up to the end of the show. As the motifs fade, life seems to disappear from the picture more and more, while the lefthand photograph remains unchanged. The artist perpetuates an ephemeral moment that is bound to pass; he thereby uses photography to create a symbol for the finitude of human life. KT

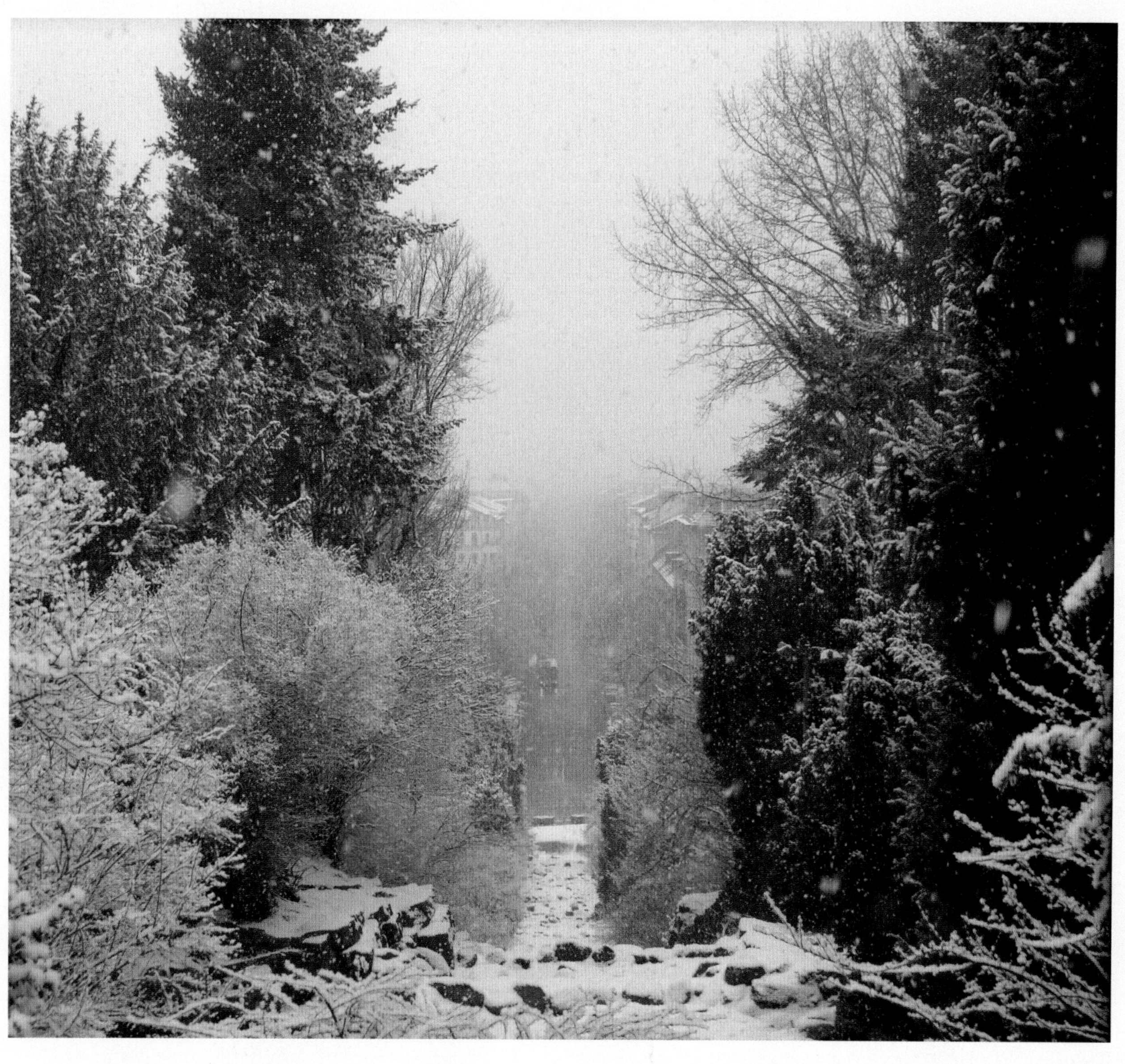

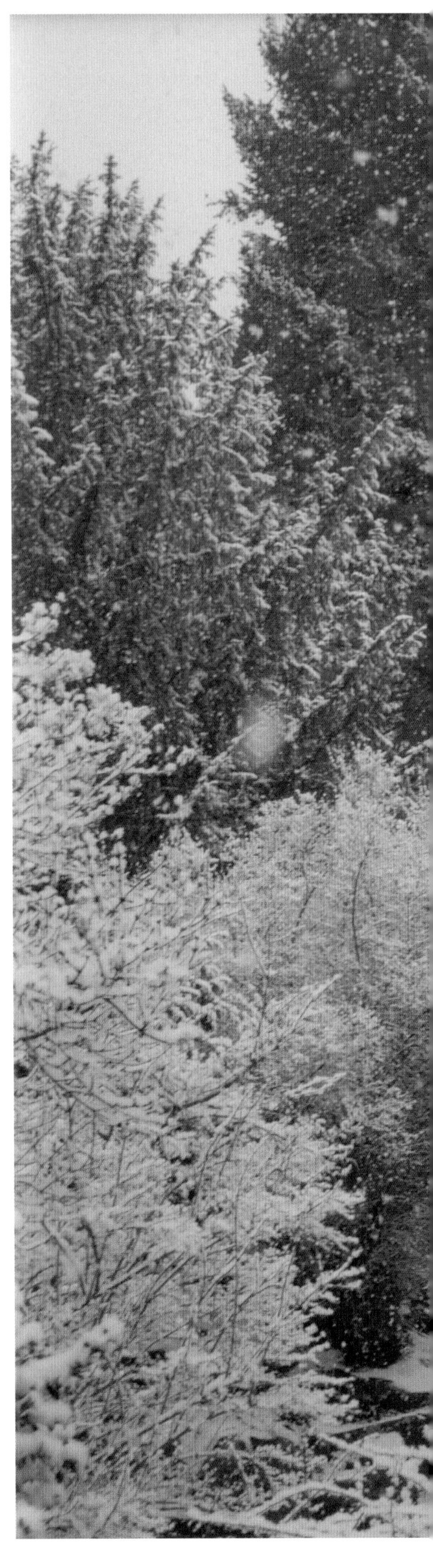

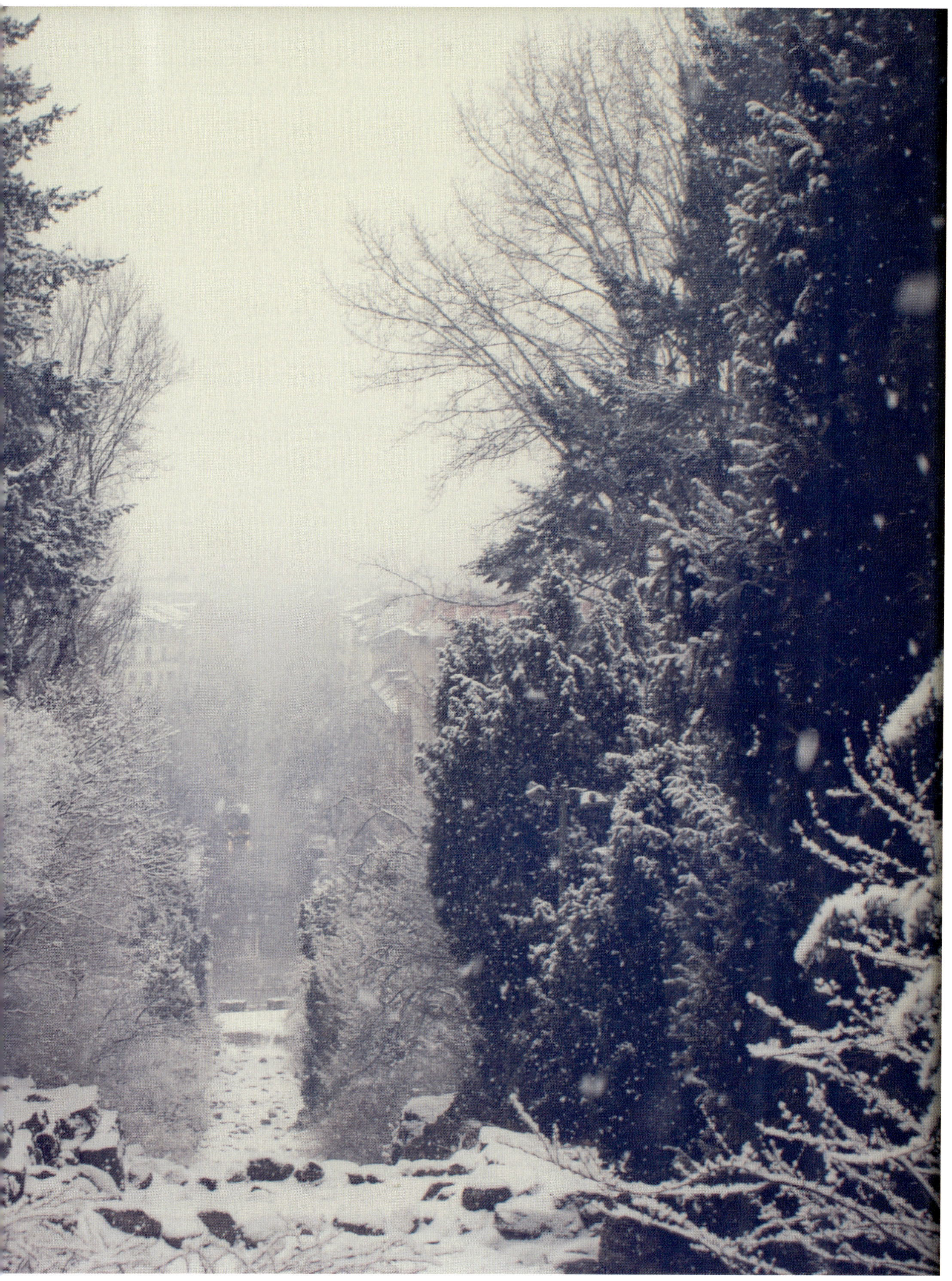

THOMAS RUFF

Aus der Serie / From the series: »Negative«, 2014–2017

In seiner Serie »Negative« wandelt Thomas Ruff die Belichtung von Fotografien des 19. Jahrhunderts in ihr Gegenteil: Flächen und Formen, die auf den monochromen historischen Bildquellen dunkel erschienen, werden hell und umgekehrt. Die entstandenen Schatten nehmen Bezug auf die historische Technik der Fotografie mit der Entwicklung des ersten Negativverfahrens (Kalotypie oder Talbotypie) Mitte des 19. Jahrhunderts. Dieses ermöglichte unter anderem die Vervielfältigung eines Negativs in Form mehrerer Abzüge und bildete zugleich den Ausgangspunkt für die technische Reproduktion von Kunstwerken und deren Verbreitung in Form von Fotografien in allen gesellschaftlichen Schichten.

Im Kontrast zum analogen Verfahren des 19. Jahrhunderts, das aus dem Negativ das Positivbild entwickelte, scannte Ruff die historischen Positive und verwandelte sie digital (quasi »rückwärts«) zu Negativen. Mittels neuer Methoden der digitalen Fotografie ahmte er den analogen Entwicklungsvorgang umgekehrt nach. Das Produkt seines digitalen Positiv-Negativ-Verfahrens färbte er Cyan-Blau und bezog sich so auf das ähnlich historische fotografische Druckverfahren der Cyanotypie. Bei dieser Technik zeichnet sich auf chemisch bearbeitetem Papier an jener Stelle eine Form ab, wo kein Licht durchdringt. In diesem Sinne ist das Bild ein Symbol der Abwesenheit von Licht, eine negative Form.

Als Vertreter der »Düsseldorfer Fotoschule« arbeitet Ruff medienreflexiv an kulturhistorischen Fragen der Fotografie. Bei verschiedenen Serien, wie »Jpegs« oder »Fotogramme« nutzt er digitale Verfahren, um klassische Schritte der Fotografie zu ersetzen sowie gefundene Fotografien zu abstrahieren. LD

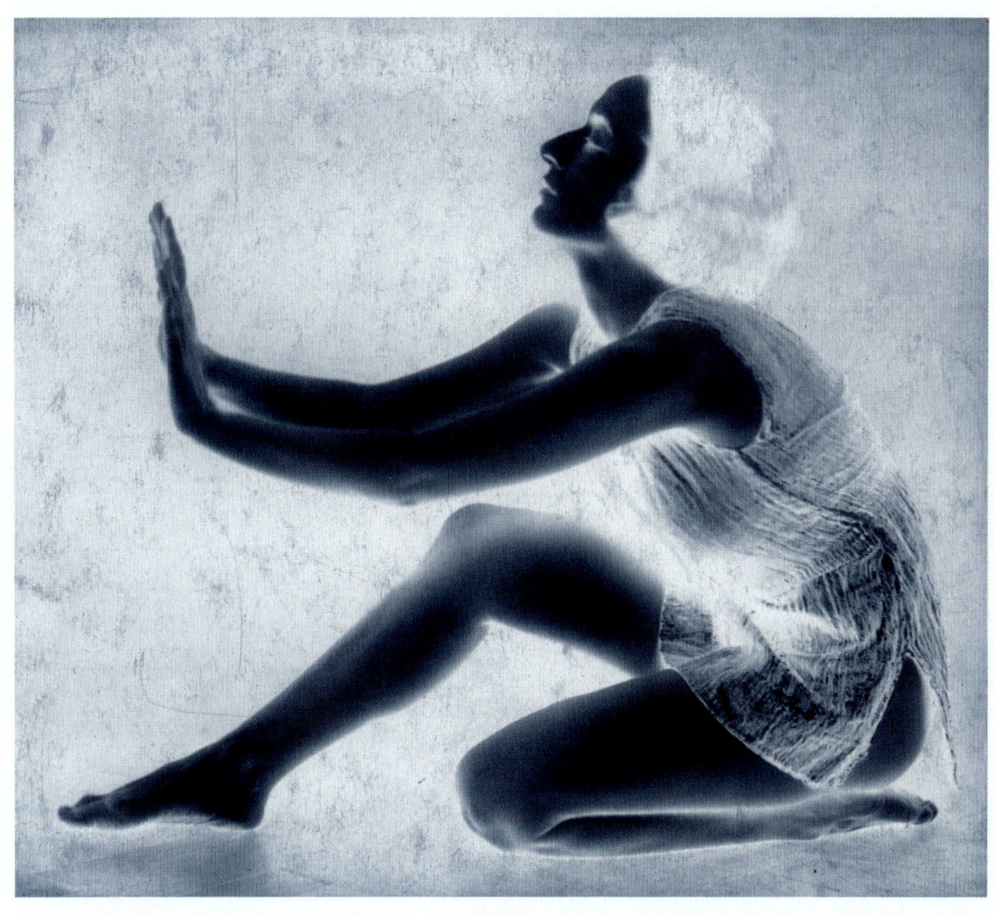

neg◊dan_02, 2016

In his series »Negative«, Thomas Ruff transforms the lighting of photographs from the nineteenth century into their opposite: dark surfaces and shapes in the monochrome, historical pictorial sources become bright, while light ones turn dark. The ensuing shadows make reference to the historical technique of photography, with its development of the first procedure for making negatives (calotypes or talbotypes) during the mid-nineteenth century. This made possible, among other things, the reproduction of a negative in the form of several prints; at the same time, it served as the point of departure for the technical reproduction of works of art and their dissemination in the form of photographs among all sections of society.
In contrast to the analogue procedure from the nineteenth century, which developed the positive image from the negative, Ruff scanned the historical positive images and transformed them digitally (quasi »backwards«) into negatives. By means of this new method of digital photography, he imitated the process of analogue development. He coloured the product of his digital positive-negative procedure cyan-blue and thereby made reference to the historical process of the photographic print known as the cyanotype. In this technique, a shape appears at those places upon the chemically treated paper where no light has penetrated. In this sense, the picture is a symbol for the absence of light; it is a negative form.
As a representative of the »Düsseldorf School of Photography«, Ruff reflects upon the medium by investigating cultural-historical issues involving photography. In various series such as »Jpegs« or »Fotogramme«, he uses digital processes to replace classical steps of photography and to render found photographs into abstract form. LD

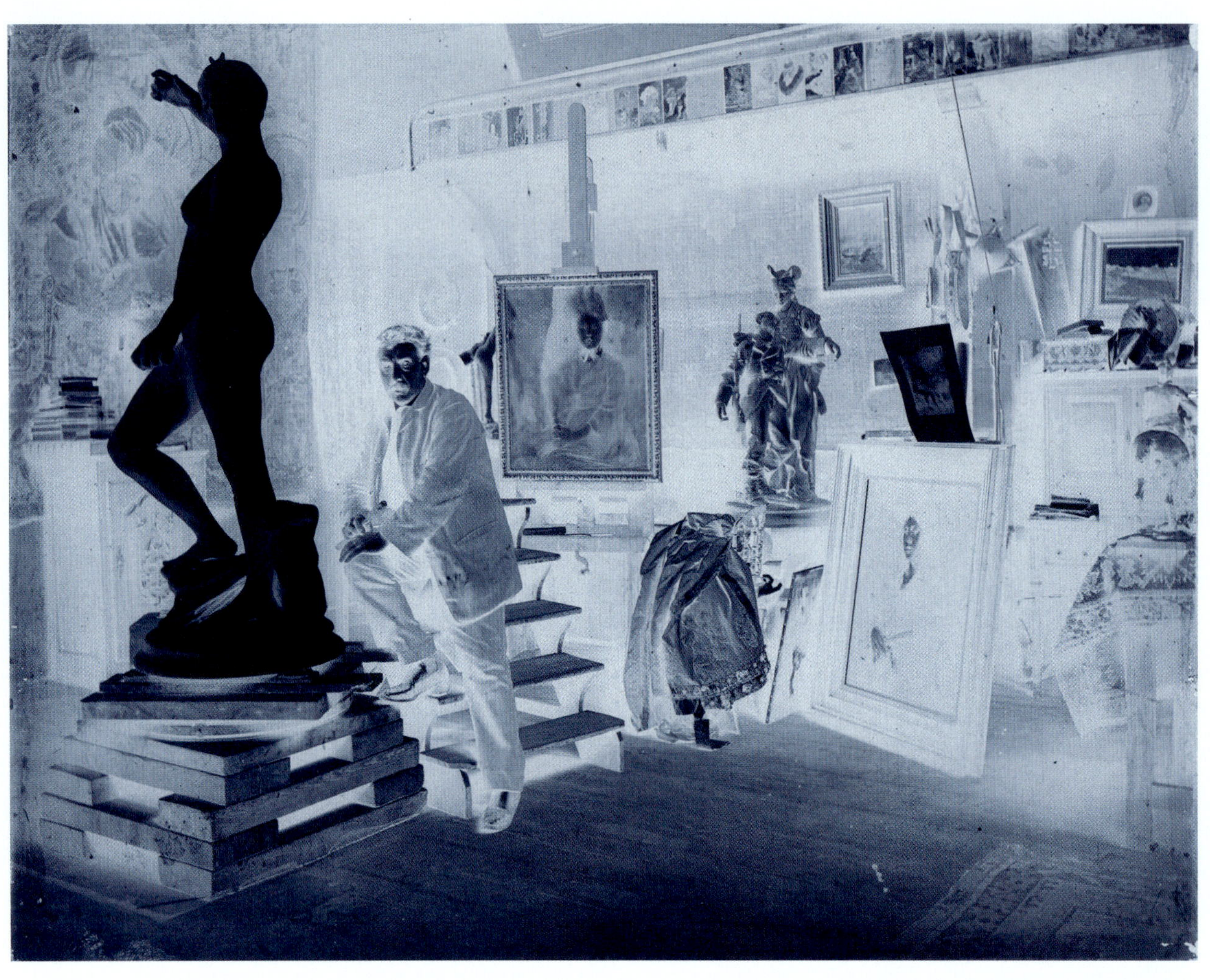

neg◊artist_01, 2014

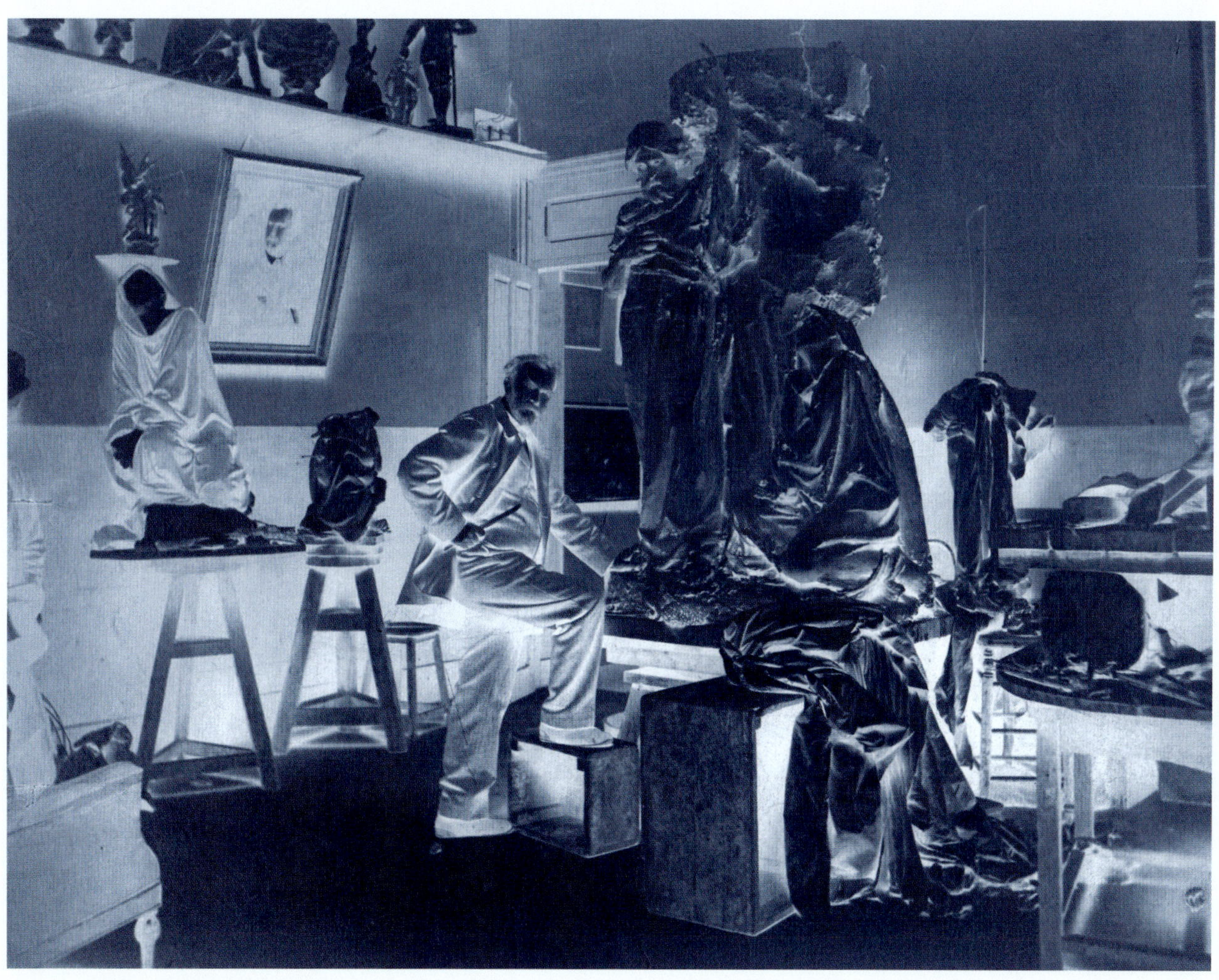

neg◊artist_09, 2015

JAN PIETERSZ. SAENREDAM

Die platonische Höhle, 1604

Jan Saenredams *Antrum Platonicum* (*Die platonische Höhle*) bezieht sich auf das gleichnamige, nicht erhaltene Ölgemälde von Cornelis van Haarlem aus dem Jahr 1598. Bei dem Kupferstich handelt es sich um eine komplexe Visualisierung des berühmten Höhlengleichnisses, das Platon am Beginn des 7. Buches der *Politeia* (*Der Staat*, um 375 v. Chr.) schildert. Darin wird die Erfahrungswelt des Menschen mit jener von Gefesselten verglichen. Diese sitzen mit dem Rücken zum Höhlenausgang und sehen auf der gegenüberliegenden Höhlenwand nur die Schatten von Artefakten, die vor einem Feuer über einer eingezogenen Wand vorbeigetragen werden. So bleibt ihnen das wahre Licht der Erkenntnis außerhalb der Höhle verwehrt. Saenredams Stich zeigt aber nicht nur die im tiefen Schatten sitzenden Gefangenen, sondern zusätzlich in der linken Bildhälfte eine Gruppe, die sich offensichtlich partiell aus der Illusion der Schattenwelt befreien konnte sowie ganz links oben jenseits des Höhlenausgangs drei Gestalten, die den Weg zur wahren Erleuchtung gefunden haben. Auf diese Weise vereint Saenredam in seinem Werk drei unterschiedliche Zeitebenen und demonstriert damit, dass das Schicksal der Gefesselten nicht ausweglos ist. Die Bedeutung, die hier dem Prozess des gewöhnlichen und des wahren Sehens zugedacht ist, verdeutlicht der Stich auch dadurch, dass der Höhlenausgang in seiner Form einer Augenhöhle ähnelt. Die Leserichtung des Bildes, die ungewöhnlicherweise von rechts nach links verläuft, könnte damit zu tun haben, dass durch die Drucktechnik das zugrundeliegende Ölgemälde seitenverkehrt wiedergegeben wurde. SB

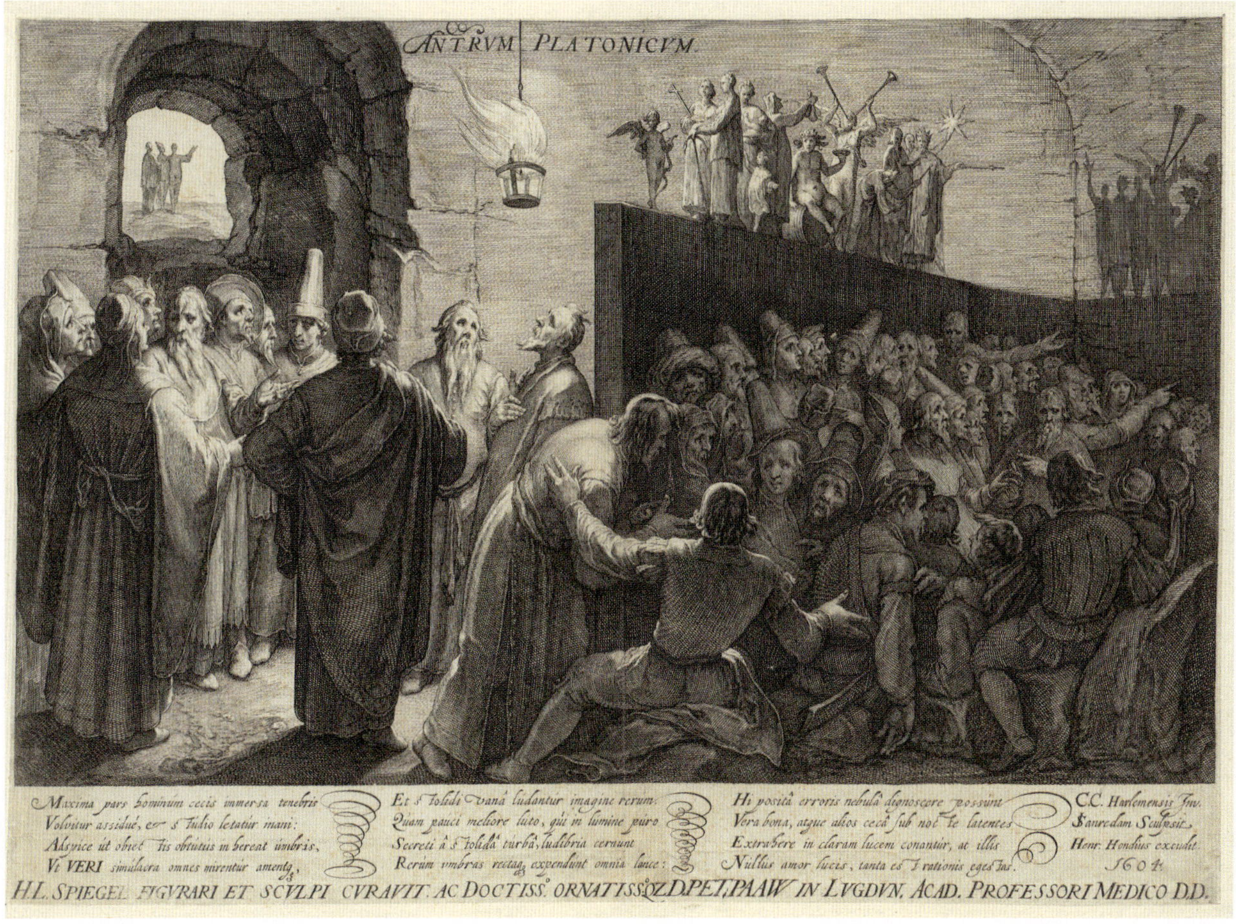

Jan Saenredam's *Antrum Platonicum* (The Platonic Cave) refers to the eponymous and now lost oil painting by Cornelis van Haarlem from 1598. The copper engraving is a complex visualisation of the famous Allegory of the Cave which Plato formulates at the beginning of the seventh book of the *Politeia* (The Republic), where the experiential world of humankind is compared with the situation of shackled individuals sitting with their backs to a cave entrance and seeing, on the opposite wall, only the shadows of objects that are being carried past a fire. Hence they are denied the true light of cognition that is present outside of the cave. Saenredam's engraving, however, shows not only the prisoners sitting amid a profound gloom; it also shows, in the lower half of the picture, a group that seems to have freed itself partially from the illusion of the shadowy world, as well as, at the far left beyond the exit of the cave, three figures that have found the path to genuine enlightenment. In this way, Saenredam combines three different temporal levels in his work and thereby shows that the fate of the captives is not hopeless. The shape of the cave exit resembles an eye socket, attesting to the significance attributed to the process of customary and of authentic vision. The direction in which the picture is read, with its unusual progression from right to left, could be due to the fact that the original oil painting from which the engraving is derived has been inverted by the printing technique. SB

REGINA SILVEIRA

Quimera, 2003/2025

Eine kleine Glühbirne hängt vor einer weißen Wand. Die Konsequenz ihres Leuchtens ist jedoch kein Licht, vielmehr wirft sie einen pechschwarzen, einem Tropfen ähnelnden, überdimensionalen Schatten.
In ihrer künstlerischen Arbeit widmet sich die Brasilianerin Regina Silveira einer vertieften Auseinandersetzung mit verzerrten Wahrnehmungstäuschungen von Schatten und Licht. Die Arbeit *Quimera* entstand in der gezeigten Fassung im Jahr 2003/2025. Es gibt zahlreiche weitere Werkfassungen, stets mit dem immer nur leicht abweichenden Motiv einer Glühbirne und eines großflächigen Schattens, der aus einem auf die Wand aufgebrachten selbstklebenden Vinylschnitt besteht.
Silveiras *Quimera* (verstanden als Chimäre, ein mythologisches Mischwesen) präsentiert ein visuelles Paradox – unter realitätstreuen Umständen würde die Glühbirne die Fläche unter sich mit einer Lichtwolke ausleuchten. Die Installation entstand in Anlehnung an das Bild einer Gefängnis- oder Folterkammer mit einer mittig angebrachten Lichtquelle. Silveira dekonstruiert den Raum der verborgenen Überwachung. Sie legt einen Schattenwurf des Lichts auf die dort herrschende Ungerechtigkeit. PB

A tiny incandescent bulb hangs from a white wall. The effect of its illumination, however, is not the emergence of light; instead it casts a pitch-black, oversized shadow resembling a drop.
In her artistic work, the Brazilian artist Regina Silveira turns her attention to a deepened investigation of distorted, illusory perceptions of shadow and light. In the version on display, the work *Quimera* arose in the year 2003/2025. There are numerous further versions of the work, always with the only slightly varying motif of an incandescent bulb and an extensive shadow, which consists of a self-adhesive section of vinyl attached to the wall.
Silveira's *Quimera* (understood as »chimera«, a mythological hybrid being) presents a visual paradox – in circumstances true to reality, the lightbulb would brighten the surface beneath it with a luminous cloud. The installation arose in allusion to the image of a prison cell or torture chamber with a centrally affixed source of light. Silveira deconstructs the space of hidden surveillance. She superimposes a shadow cast by light onto the injustice which reigns supreme there. PB

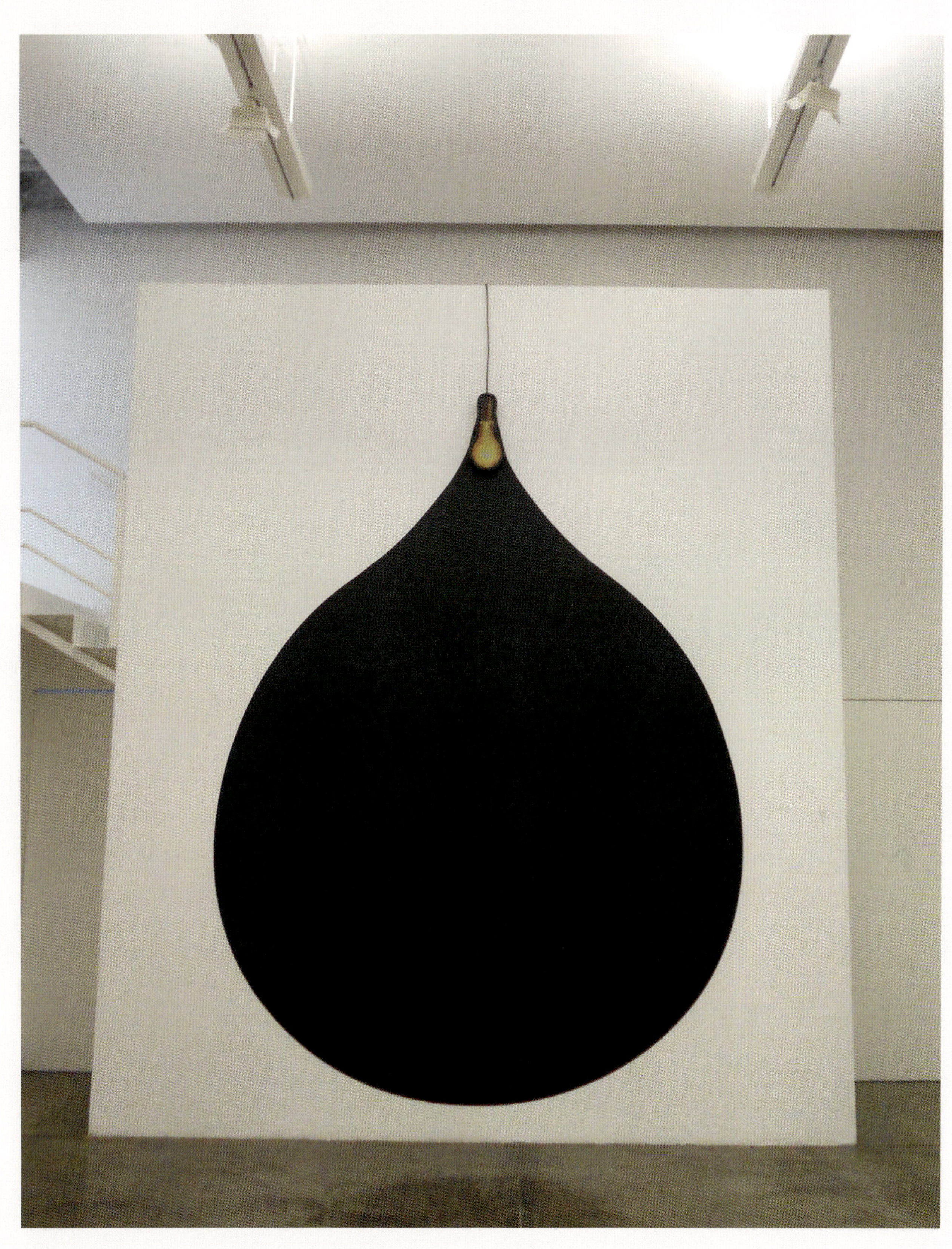

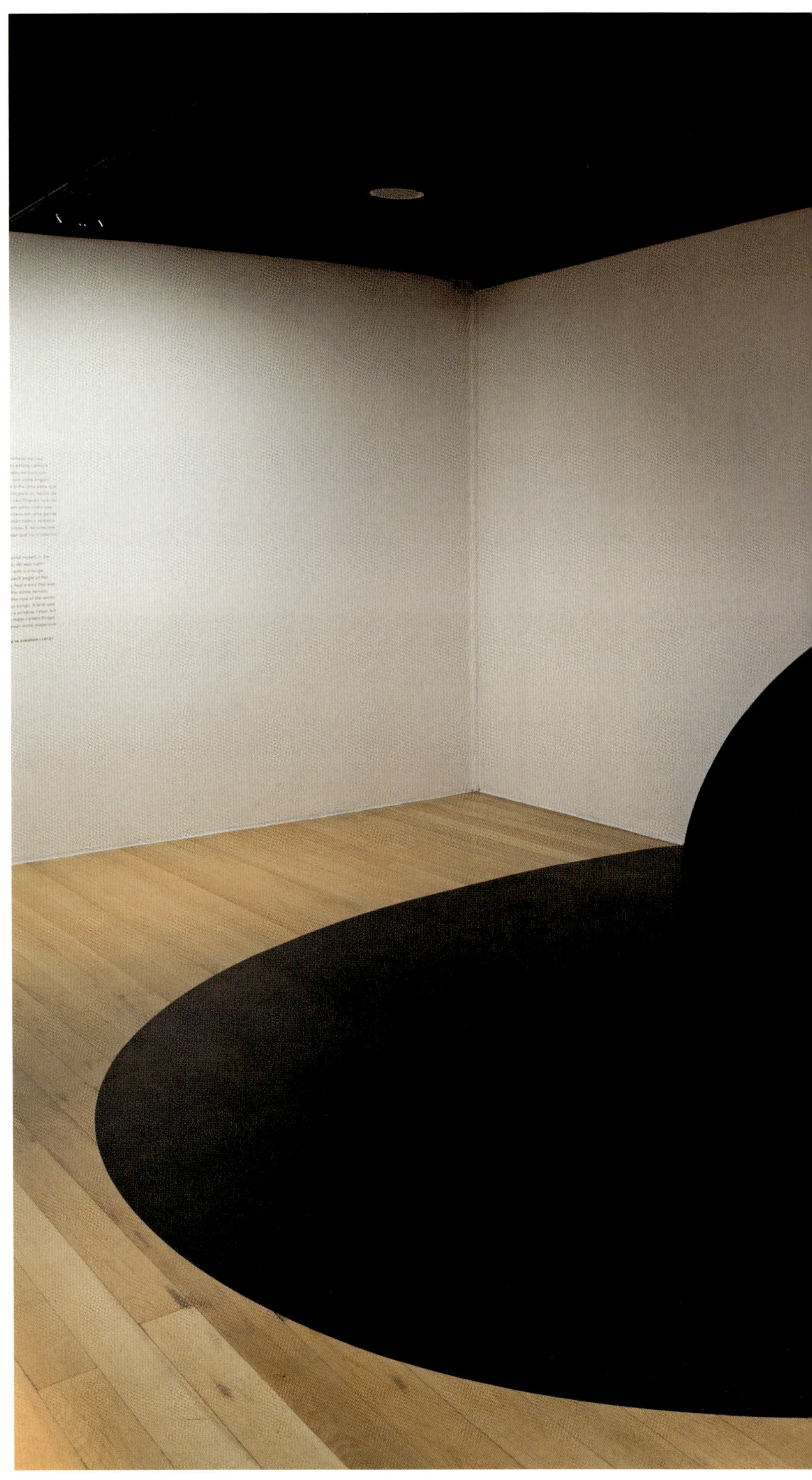

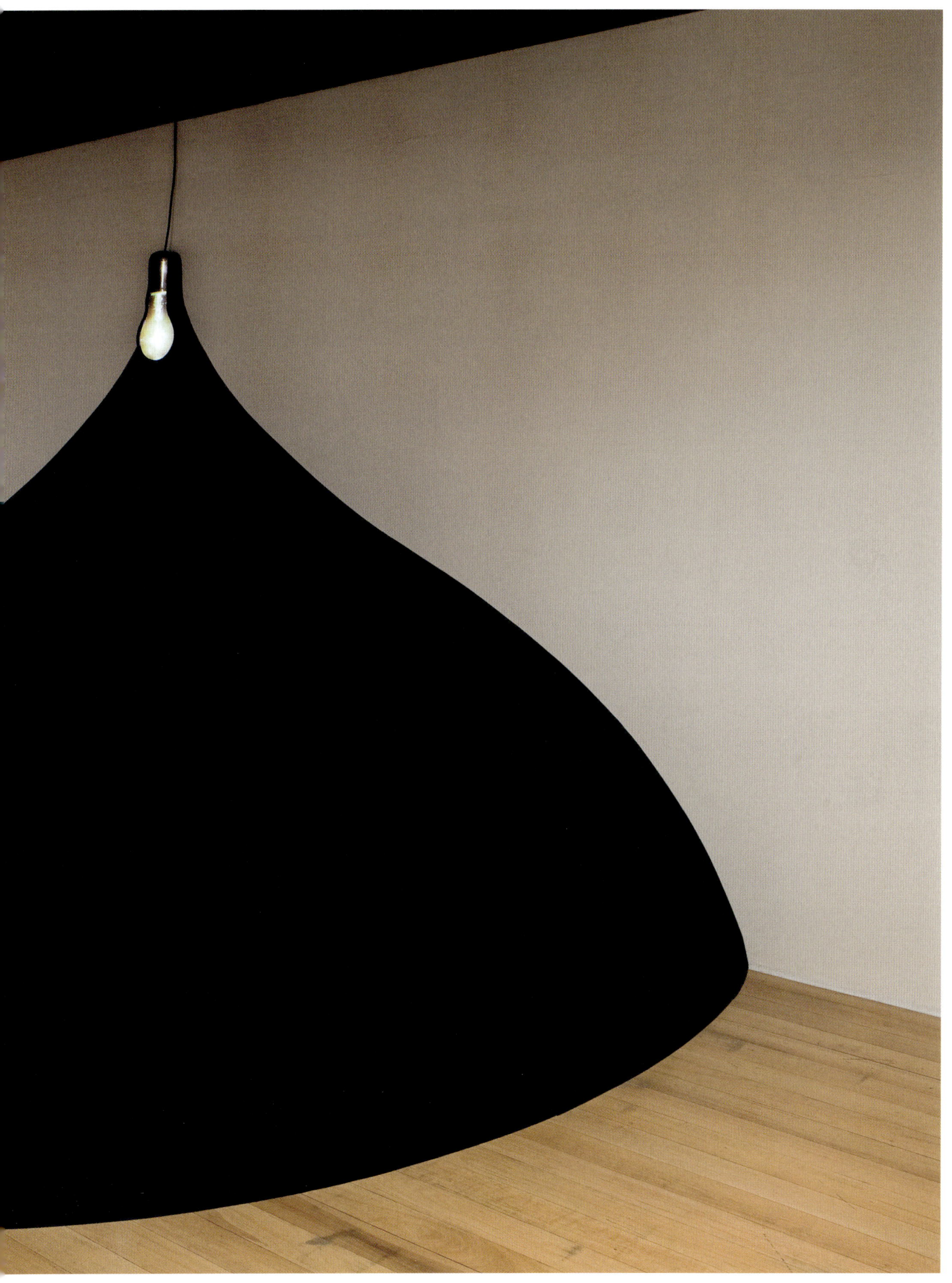

JUERGEN STAACK

Aus der Serie / From the series: »Tableaux«

Die Serie »Tableaux« wurde von Juergen Staack zwischen 2012 und 2016 realisiert. Dabei handelt es sich um rund 80 Glasnegative aus der Zeit um 1900, die auf unbearbeitetes helles Pappelholz platziert auf einem Fenstersims bis zu einem Jahr dem direkten Sonnenlicht ausgesetzt wurden. Über diesen Zeitraum veränderten sich die Holztafeln – durch die transparenten Bereiche der Glasnegative schien das Sonnenlicht hindurch und das Pappelholz färbte sich dunkler. Je länger Negativ und Holz der Sonne ausgesetzt waren, desto dunkler wurde Letzteres.
Die Glasnegative erwarb Staack auf Flohmärkten oder in Onlineshops. Die dargestellten Personen waren längst verstorben. Häufig sind auch nicht nur Menschen abgebildet, sondern zusätzlich Tiere. Jegliche Informationen sowohl zur Identität ihrer Besitzer:innen als auch zu den Tieren selbst bleiben im Dunkeln. Dennoch entwickelte das Sonnenlicht die Glasnegative – und somit in ihnen festgehaltene Identitäten – weiter.
In der Serie »Tableaux« fokussiert sich Staack insbesondere auf den Aspekt der Vergänglichkeit und ihrer transformativen Kraft. Er übersetzt die Auswirkungen der direkten Sonneneinstrahlung auf das mit Glasnegativen besetzte Holz in eine Erzählung über den jahrhundertelangen Transformationsprozess von Unbekannten. Dabei rücken folgende Fragen in den Vordergrund: Welche Emotionen löst die Abwesenheit jeglicher Informationen zu den einzelnen Personen aus und wie trägt die Verwendung solch vergänglichen Mediums wie Holz zusammen mit dem fotografischen Ausschnitt der Menschen aus dem frühen 20. Jahrhundert dazu bei? PB

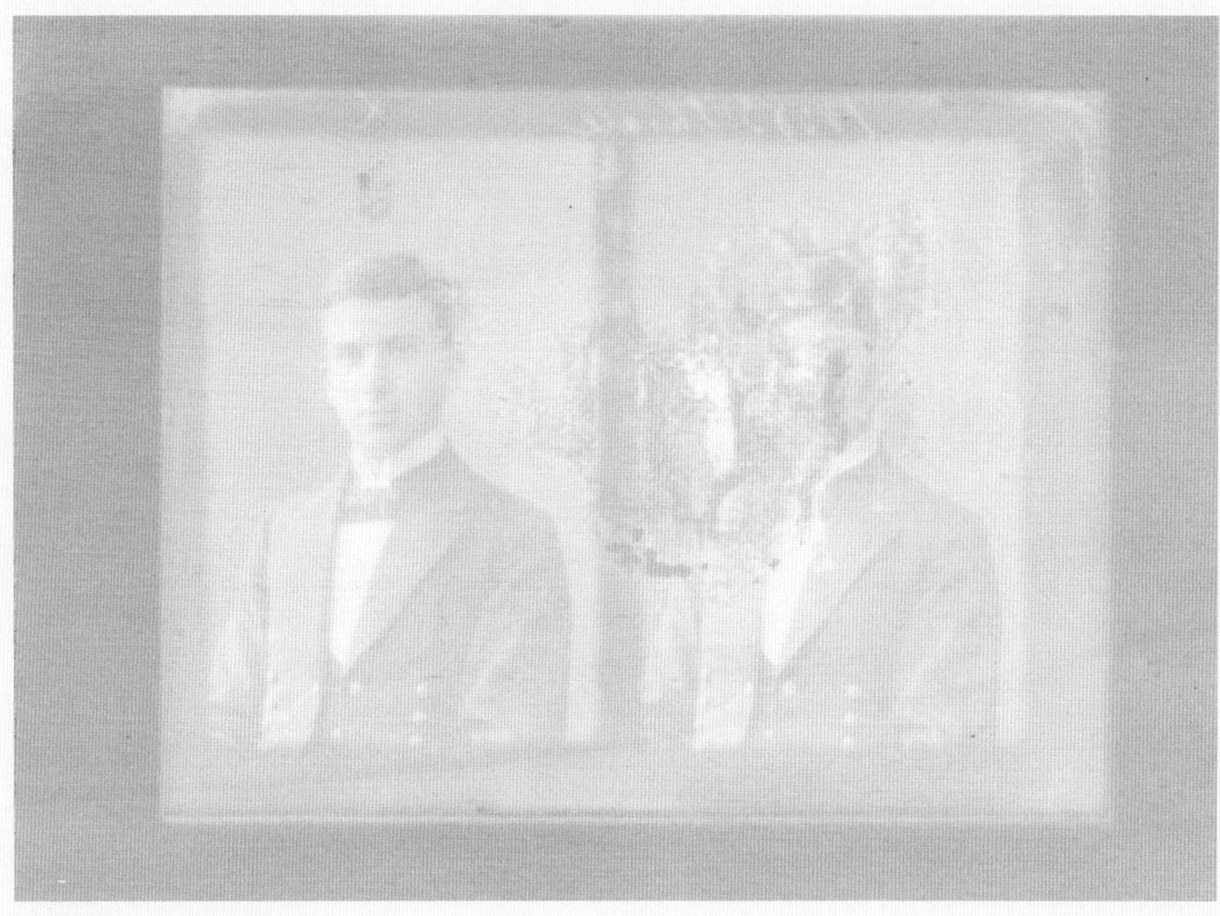

Tableau 14-XXVII, 2014

The series »Tableaux« was realised by Juergen Staack between 2012 and 2016. It consists of around 80 glass negatives from the years around 1900 which were set onto untreated, light-coloured poplar wood and placed on a window sill, where they were exposed to direct sunlight for up to a year. During this period, the wooden panels changed; sunlight shone through the transparent areas of the glass negatives and darkened the wood. The longer negative and wood were exposed to the sun, the darker the wood became.
Staack purchased the glass negatives at flea markets or in online shops. The people depicted there had died long ago. Frequently not only people are captured, but also animals. There is no information about the identity of their owners or about the animals themselves. Nonetheless, the sunlight developed the glass negatives further along with the identities recorded upon them.
In the series »Tableaux«, Staack focuses especially on the aspect of evanescence and its transformative power. He translates the effects of the direct sunlight falling upon the wood beneath the glass negatives into a narrative about the centuries-old process of the transformation of unknown things. This gives rise to the following questions: What emotions are triggered by the lack of information concerning the individual persons? What contribution is made here by the use of so transitory a medium as wood together with the photographic detail of people from the early twentieth century? PB

Tableau 15-V (Herr), 2015

Tableau Madame mit Hunden 16-CI, 2016

DOROTHEA TANNING

Premier péril, 1950

Dieses erste Blatt aus der siebenteiligen Folge »Les 7 périls spectraux« der surrealistischen Künstlerin Dorothea Tanning ist ein vertracktes Spiel mit unterschiedlichen Wirklichkeitsebenen: Das geöffnete Buch ist gleichzeitig eine Tür, die in ein weißes unbeschriebenes Nichts führt, und das wild wallende Haar der weiblichen Person vor der Tür scheint sich zugleich in ein schlangenartiges Wesen zu verwandeln. Aber auch der Materialität der Dinge ist nicht zu trauen: Der Arm der Frau gleitet mühelos durch die Tür, als sei diese nicht solide, sondern nur eine Illusion, während das eigentlich filigrane Gewebe ihres Umhangs so wirkt, als sei es aus starren metallischen Elementen gefaltet. In diesem paradoxen Kosmos erhellt die brennende Kerze, mit der die Frau den Raum hinter der Tür auszuleuchten versucht, nichts außer einem konsequent unlogischen, doppelten Schatten, in dessen Umriss sich die Kerzenflamme einmal in eine Art Blütenform und weiter unten in ein auf einer Art Stamm aufsitzendes Herz verwandelt. Wer rationale Erleuchtung erwartet, sollte dieses Buch nicht betreten, es öffnet vielmehr einen Raum purer Imagination, in der die Schatten – als selbst immaterielle Wesen – die materiellen Grundlagen unserer Welt zugunsten eines Raums der reinen Fantasie auflösen. SB

The first sheet from the seven-part series »Les 7 périls spectraux« by the Surrealist artist Dorothea Tanning is a complicated game with different levels of reality: the opened book is simultaneously a door leading into a white, unwritten nothingness and the wild, undulating hair of the feminine figure in front of the door seems to be transforming itself into a snakelike being. But neither can the materiality of the things be trusted: the woman's arm glides effortlessly through the door, as if it were not solid but only an illusion; while what is actually the delicate texture of her mantle seems to have been shaped and folded out of stiff, metallic elements. In this paradoxical cosmos, the burning candle with which the woman seeks to illuminate the space behind the door casts light on nothing more than an unswervingly illogical double shadow, within whose outline the candle's flame at one moment changes into a sort of blossom shape and, in another instance further below, turns into a heart set upon a kind of tree trunk. Whoever expects rational elucidation should not step foot into this book, which instead opens a space of pure imagination in which shadows – as immaterial beings themselves – dissolve the material fundaments of our world in favour of a space of pure fantasy. SB

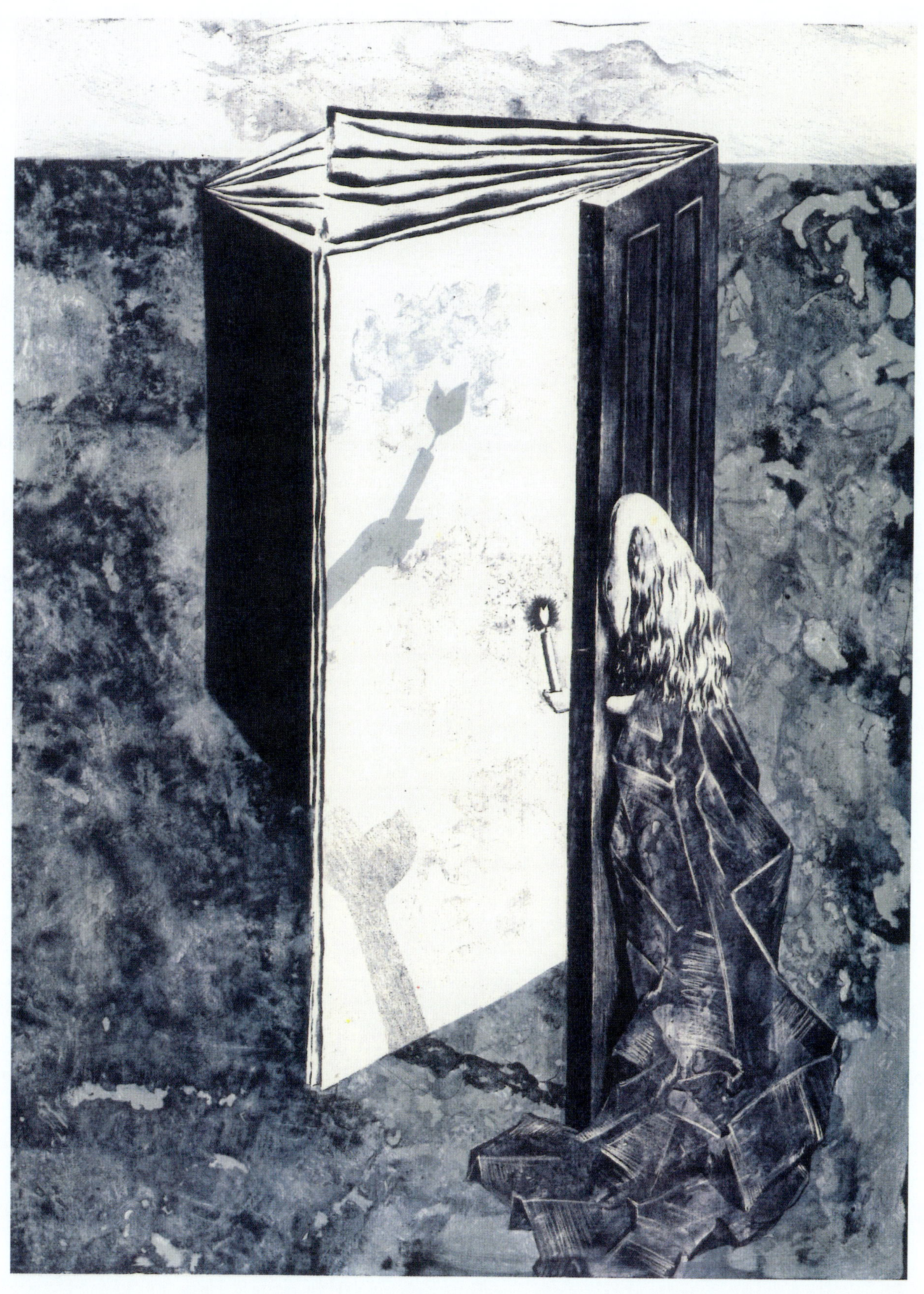

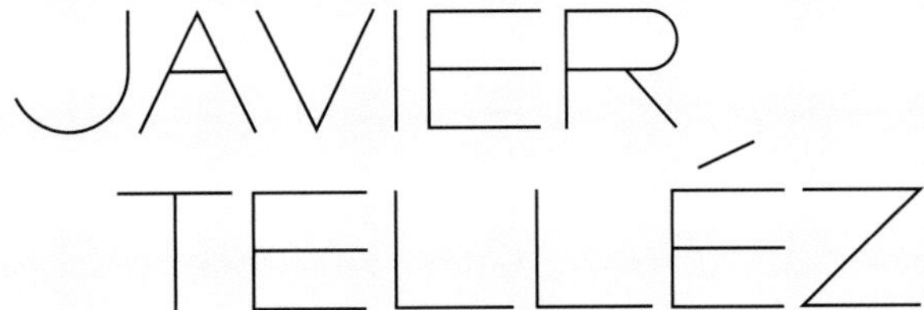

JAVIER TELLÉZ

Shadow Play, 2014

Shadow Play von Javier Telléz knüpft an die jahrhundertealte Tradition des Schattentheaters an, die in Asien ihren Ursprung hat. Die Arbeit entstand in Zusammenarbeit mit Geflüchteten und erzählt von Erlebnissen im Exil. Neben diesen Protagonist:innen erscheint als weiteres Element in dem Film überraschend gleich mehrfach die Gipsskulptur *La Main* von Alberto Giacometti. Die Entstehung der Skulptur geht auf ein Kriegserlebnis Giacomettis im Jahr 1940 zurück, als der Künstler mit seinem Bruder Diego und dessen Lebensgefährtin nach dem Angriff durch Deutschland aus Paris floh und im französischen Étampes einen abgetrennten menschlichen Arm auf der Straße erblickte.
Die Eltern von Téllez waren als Psychotherapeut:innen tätig und er wuchs auf dem Gelände einer Klinik für psychisch erkrankte Menschen auf. Wie auch andere Arbeiten des Künstlers spiegelt der Film sein tiefgehendes Interesse an den Randgruppen der Gesellschaft, die gewissermaßen im Schatten der öffentlichen Aufmerksamkeit leben. Indem er die Geschichten der Geflüchteten reinszeniert, rückt er sie für einen kurzen Moment in den Fokus, wobei private Erlebnisse durch die historischen Bezüge sowie die poetische Übertragung in die Form des Schattentheaters als verallgemeinerbare kollektive Erinnerungen erfahrbar werden. FF

Shadow Play by Javier Telléz links up with the centuries-old tradition of shadow theatre, which has its origin in Asia. The work arose in collaboration with refugees and tells of their experiences during exile. Appearing multiple times to surprising effect alongside these protagonists as a further element in the film is the plaster sculpture *La Main* by Alberto Giacometti. The creation of the sculpture goes back to a wartime experience of Giacometti in 1940, when that artist – together with his brother Diego and Diego's girlfriend – fled Paris after the German attack and saw, on a street in the French village of Étampes, a severed human arm.
Telléz's parents were active as psychotherapists, and he grew up on the premises of a clinic for the mentally ill. Like other works by Telléz, the film mirrors a deep-seated interest in socially marginalised groups who could be said to be living amid the shadow of public awareness. By reenacting the stories of the refugees, he brings them back into focus for a brief moment in such a way that private experiences, through their historical references and their poetical transfer into the form of shadow theatre, become communicable as collective memories capable of generalised expression. FF

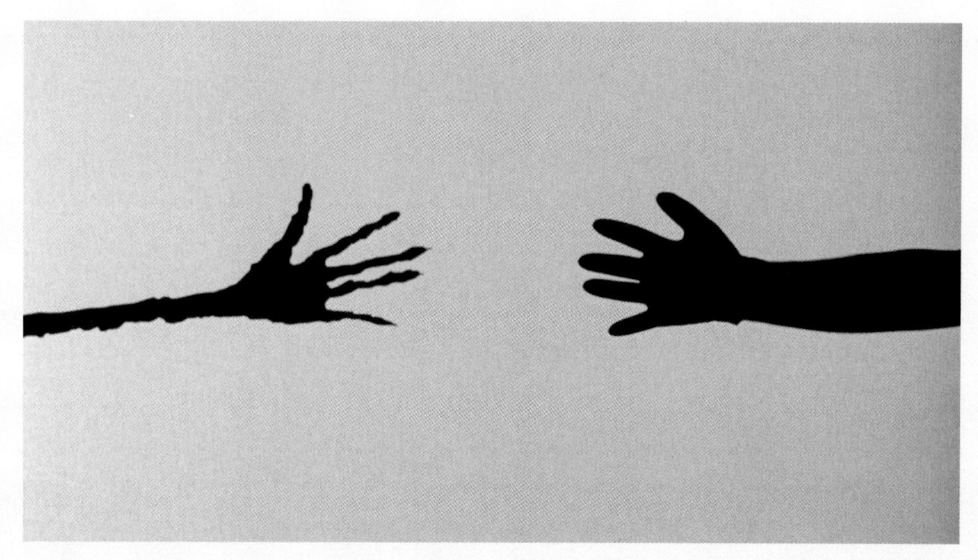

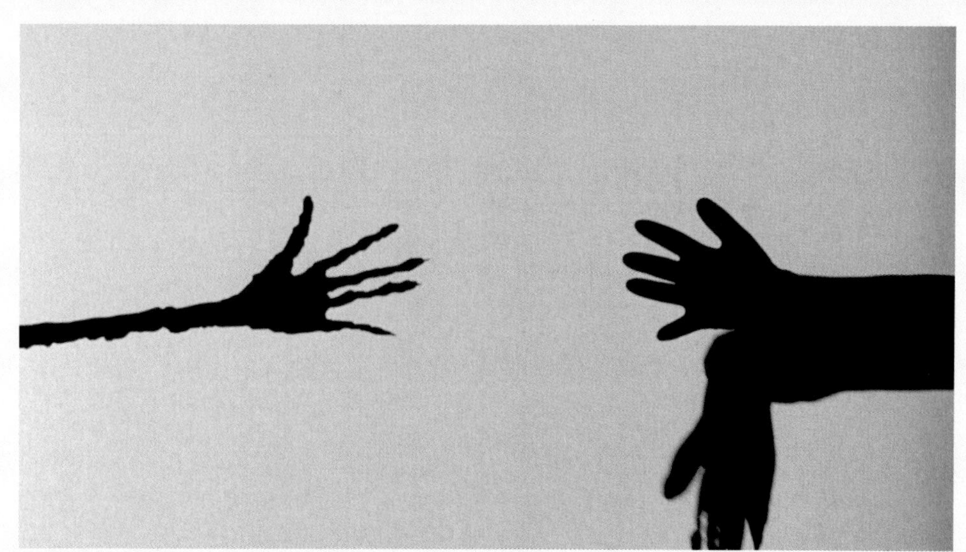

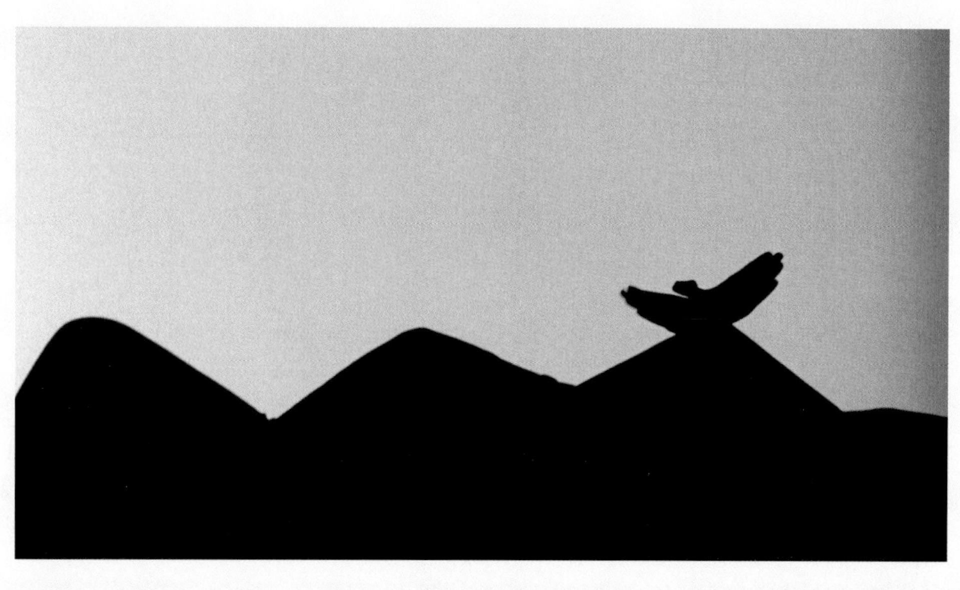

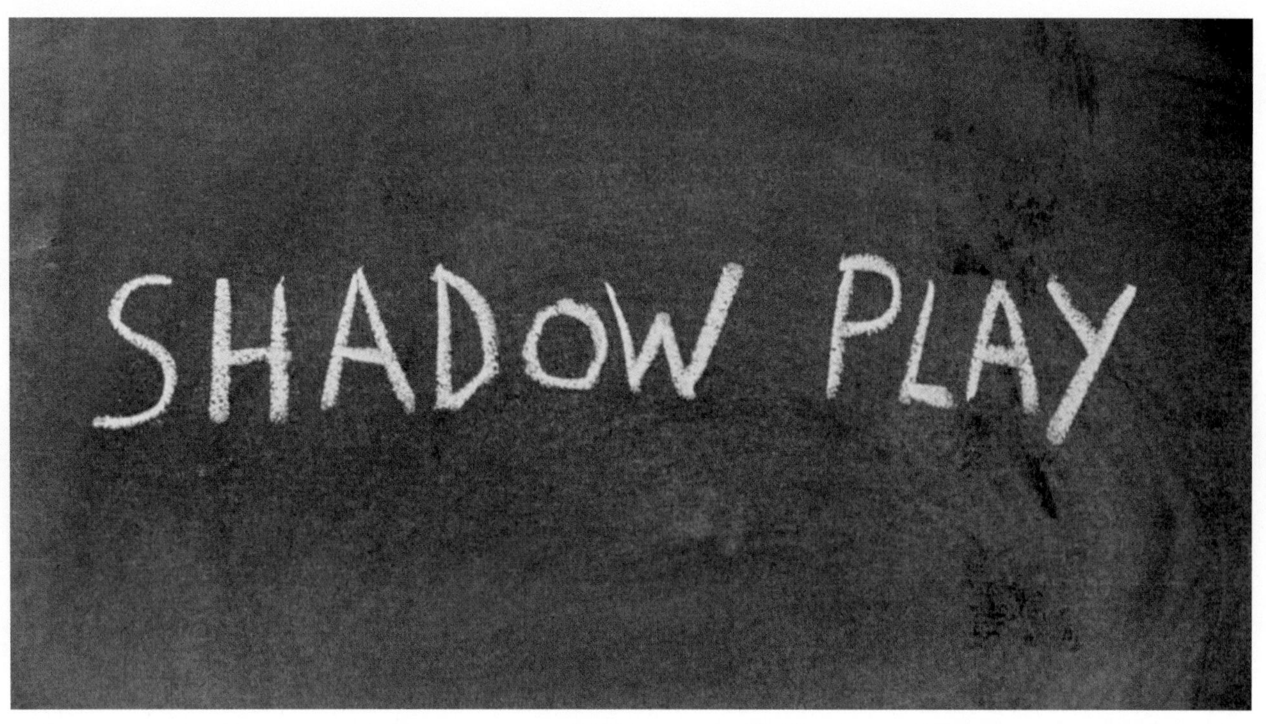
SHADOW PLAY

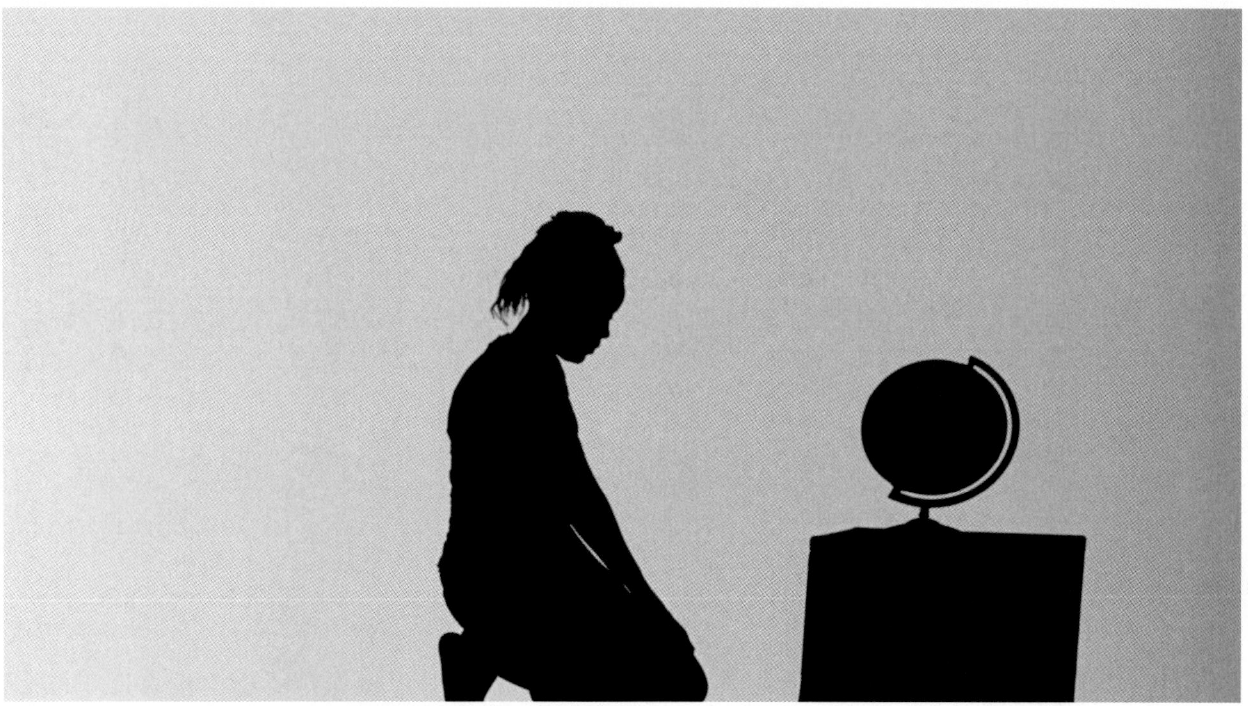

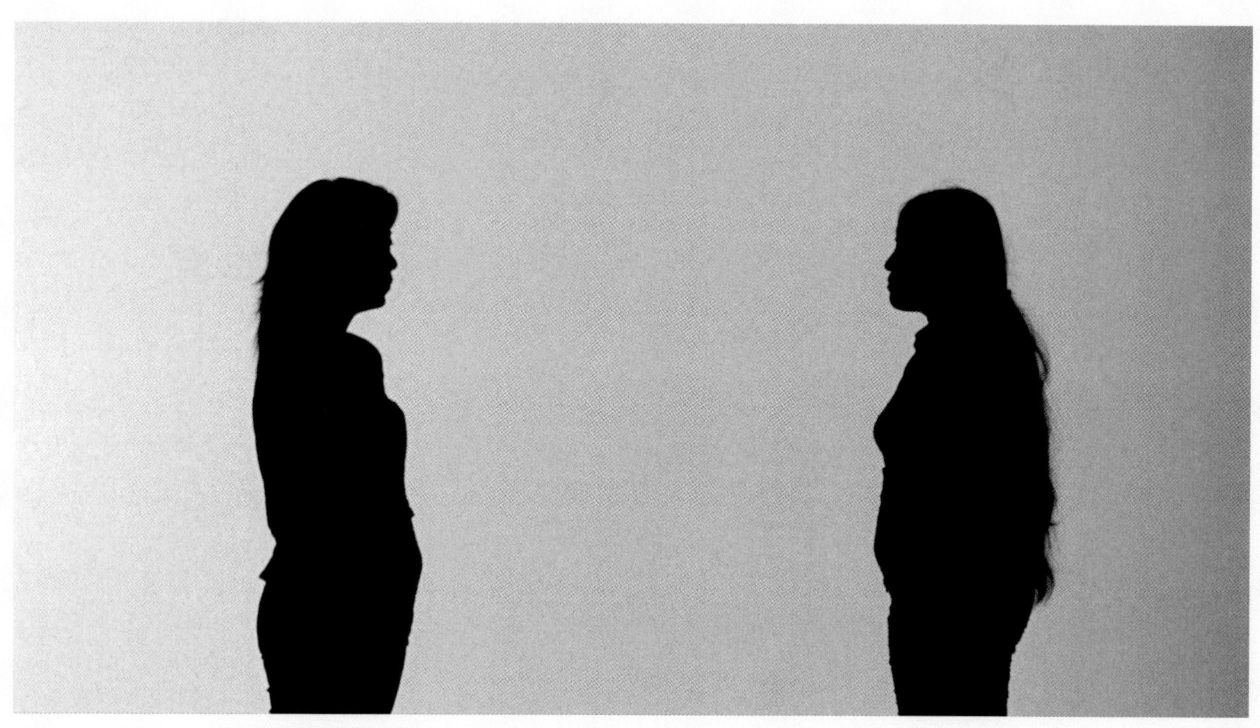

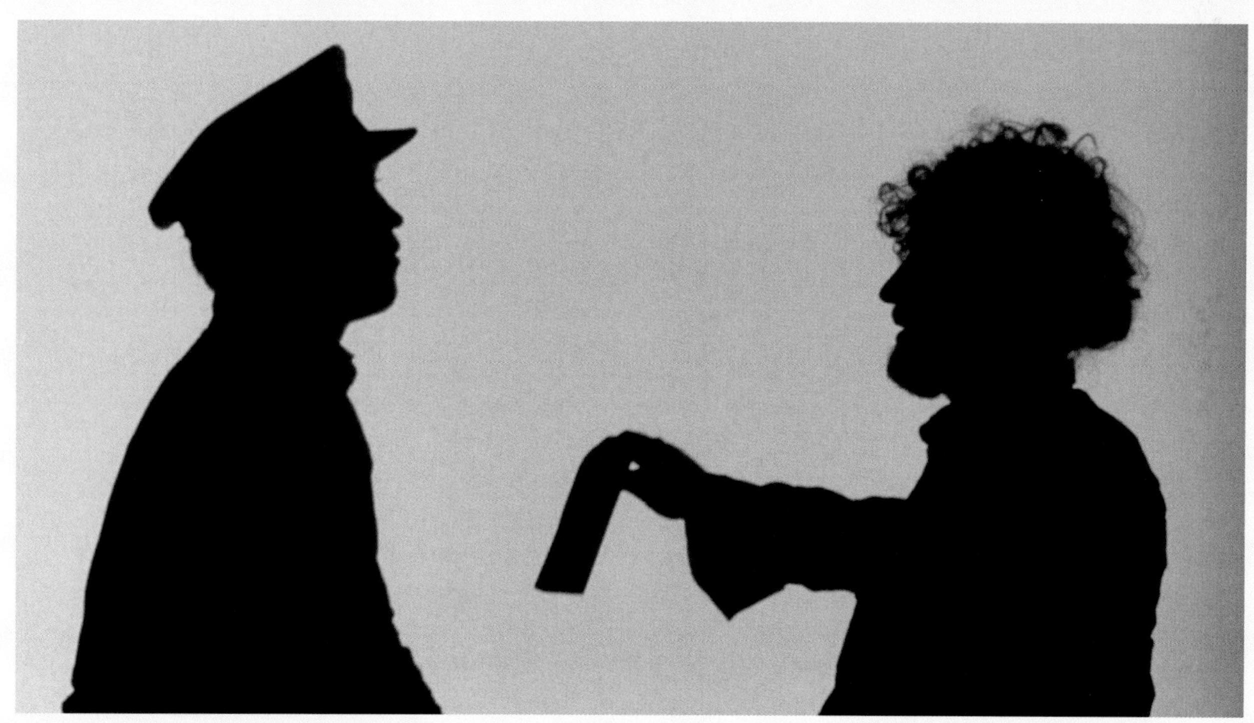

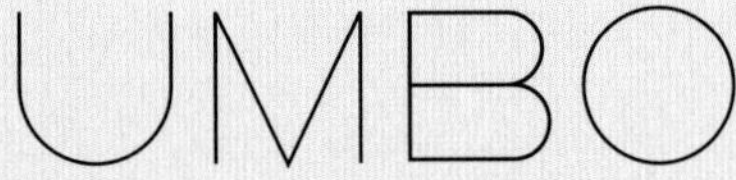

UMBO

(Otto Maximilian Umbehr)
Unheimliche Straße, 1928

Einer simplen alltäglichen Straßenszene verleihen prägnante Schatten ein fantastisches Moment: Vereinzelte Passant:innen gehen ihrer Wege, links fährt ein Pritschenfahrrad. Straßenarbeiter erneuern den Gehsteig, in dem mittig ein dunkles, teils mit Holzbohlen abgedecktes Loch klafft. Senkrecht von oben aufgenommen, erscheinen die Figuren perspektivisch stark verkürzt. Ihre tatsächliche Gestalt lässt einzig der Schattenwurf kenntlich werden.
Die langgezogenen dunklen Silhouetten avancieren zu den eigentlichen Protagonist:innen der Fotografie, die gegenüber der Aufnahmerichtung um 90 Grad gedreht wurde. So scheinen die Schatten aufrecht zu stehen und ein körperloses Eigenleben zu führen, sind die zugehörigen Menschen doch erst auf den zweiten Blick auszumachen. Das Geschehen wirkt der Realität entrückt, die Verfremdung des Vertrauten mutet im Freud'schen Sinne unheimlich an. Der flüchtige Moment in der tief stehenden Abendsonne, kurz vor Einsetzen der Dämmerung, wird in der ruhigen, klaren Komposition ins Zeitlose überführt.
Otto Maximilian Umbehr, bekannt unter dem Künstlernamen Umbo, hatte kurzzeitig am Bauhaus studiert, war als Fotograf aber Autodidakt. Ab Mitte der 1920er-Jahre erprobte er verschiedene Arten der experimentellen Bildgestaltung, ohne sich auf eine Vorgehensweise oder einen Stil festzulegen. 1928 entstand so eine Gruppe von Arbeiten, die im Zusammenspiel von Schattenwurf und extremen Aufsichten eine veränderte Wahrnehmung der Wirklichkeit zu erzeugen suchen. BM

Vivid shadows impart a fantastical element to a simple, everyday street scene: individual passers-by go on their way; on the left is a bicycle with a rear-transport platform. Workers are repairing the sidewalk, in the middle of which gapes a dark hole partially covered with planks. Photographed straight down from above, the figures are drastically shortened in perspectival terms. Only the shadows they cast render their actual shapes recognisable.
The elongated, dark silhouettes become the actual protagonists of the photograph, which was rotated ninety degrees in relation to the direction of shooting. Thus the shadows seem to be standing upright and have a disembodied life of their own, inasmuch as the corresponding persons can only be discerned at a second glance. The occurrence seems detached from reality; the distortion of the familiar evinces a sense of the Freudian uncanny. The evanescent moment of the evening sun close to the horizon, shortly before the onset of twilight, seems ushered into timelessness by the quiet, clear composition.
Otto Maximilian Umbehr, known under the name of Umbo, studied briefly at the Bauhaus but was self-taught as a photographer. From the mid-1920s onward, he tried out various kinds of experimental pictorial composition, without committing himself to a single procedure or style. Thus there arose in 1928 a group of works which, in the interplay between cast shadows and extreme views, sought to engender an altered perception of reality. BM

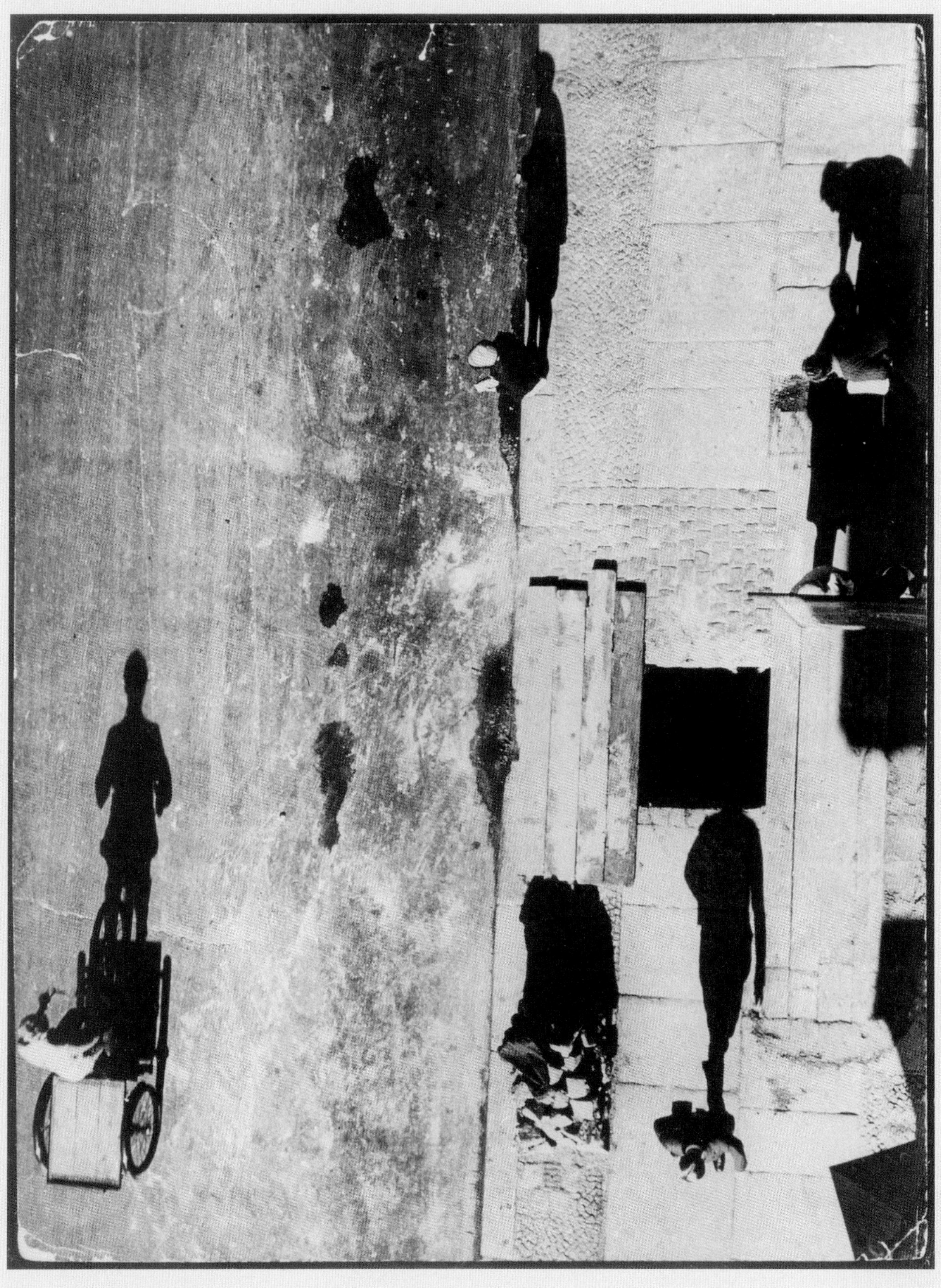

KARA WALKER

Testimony: Narrative of a Negress Burdened by Good Intentions, 2004

Kara Walkers *Testimony: Narrative of a Negress Burdened by Good Intentions* erzählt mit bitterem Sarkasmus in explizit verstörenden, gewalttätigen und sexuell aufgeladenen Stummfilmszenen eine alternative Geschichte der Sklaverei. Im Mittelpunkt steht dabei eine junge schwarze Frau, die sich – in Umkehrung der realen Machtverhältnisse – durch sexuelle Aggression und schlussendlichen Mord an den weißen Sklav:innenhaltern ihren Weg in eine unversklavte Freiheit erkämpft. Die afroamerikanische Künstlerin arbeitet dabei bewusst mit Mitteln der Groteske und der karikaturhaften Überzeichnung ihrer von den immer wieder sichtbaren Händen der Puppenspieler:innen bewegten Scherenschnittfiguren, deren Schwärze sowohl auf ihre Schattenhaftigkeit wie auch auf ein universales Schwarzsein anspielt. Bitterer Höhepunkt der düsteren Parabel ist der Lynchmord an einem weißen Plantagenbesitzer mit einer anschließenden Fellatioszene. Gerade der Verzicht auf eine moralische Parteinahme für die Opfer der Sklaverei macht diesen ersten Animationsfilm der Künstlerin bis heute so beunruhigend und relevant. Mit seinen überzeichneten, rassifizierten und sexualisierten Körperstereotypen erscheint *Testimony* als trauriger Beweis dafür, dass das historische Trauma der Sklaverei auch durch eine Umkehrung der Machtverhältnisse nicht zu heilen ist und das Verhältnis zwischen Opfern und Täter:innen dabei von einer nicht auflösbaren Paradoxie geprägt wird. SB

Kara Walker's *Testimony: Narrative of a Negress Burdened by Good Intentions* brings a bitter sarcasm to recounting an alternative history of slavery conveyed in explicitly disturbing, violent, and sexually charged scenes of a silent film. The focus is on a young Black woman who – in a reversal of the actual power structure – fights her way to a non-enslaved freedom through sexual aggression towards and ultimately the murder of the white slaveowners. The African-American artist works deliberately with elements of the grotesque and with a caricatured exaggeration of the silhouetted figures which are moved by the constantly visible hands of puppeteers, and whose blackness alludes both to their shadowy nature and to a universal blackness. The bitter culmination of the gloomy parable is the murder through lynching of a white plantation owner, followed by a scene of fellatio. It is precisely the renunciation of a moral advocacy in favour of the victims of slavery that continues down to today to make this first animated film by the artist so disquieting and relevant. With its exaggerated, racialised and sexualised bodily stereotypes, *Testimony* offers a sad confirmation of the fact that the historical trauma of slavery cannot be healed through a reversal of power structures, and that the relationship between victims and perpetrators is marked by an irresolvable paradox. SB

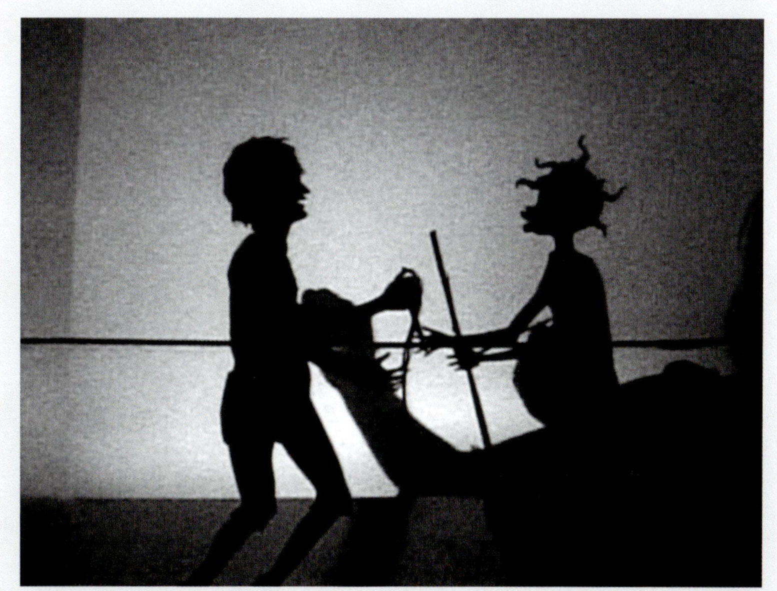

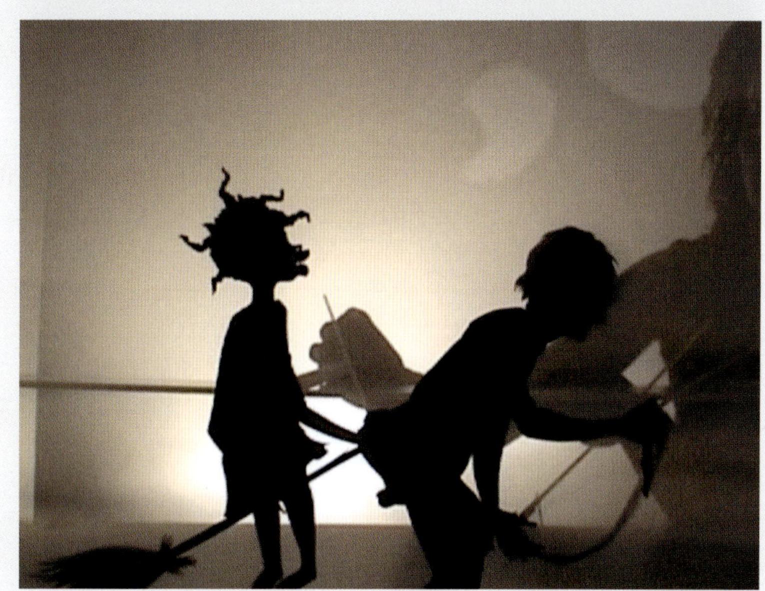

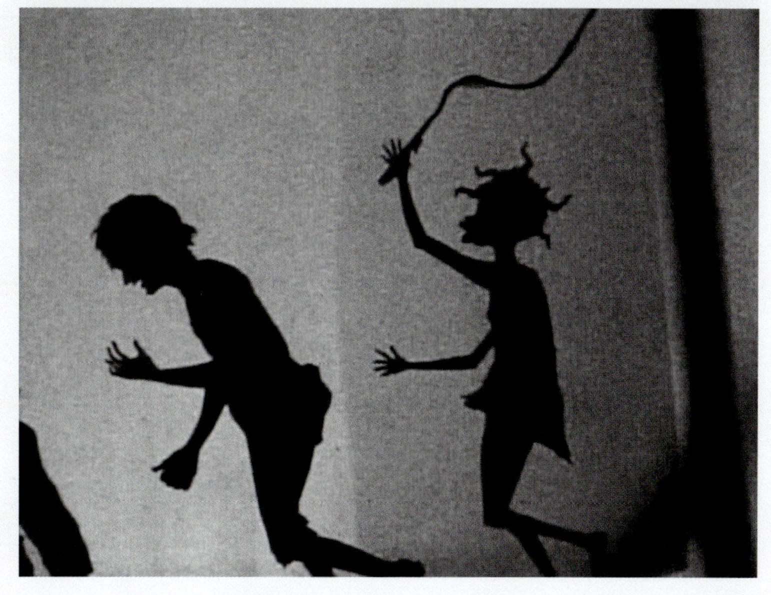

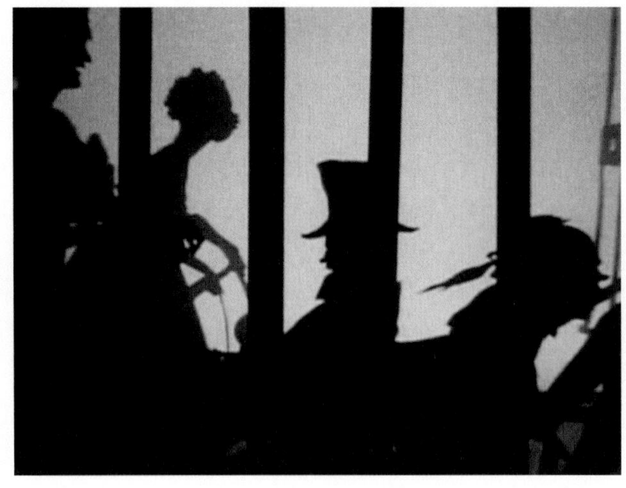

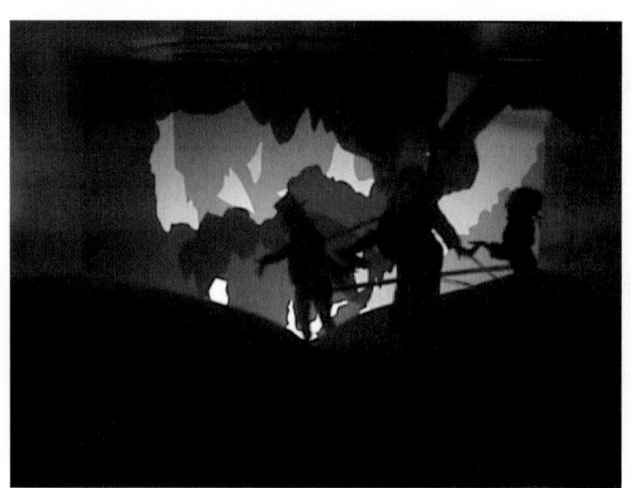

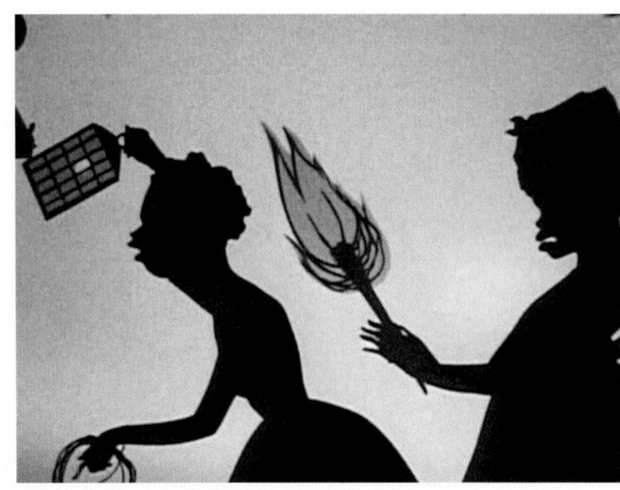

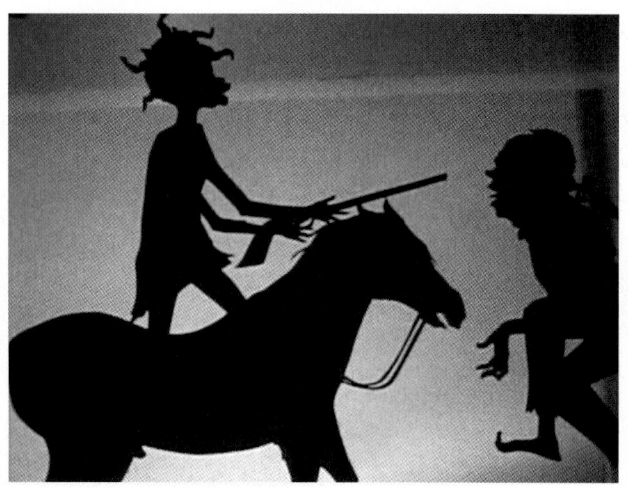

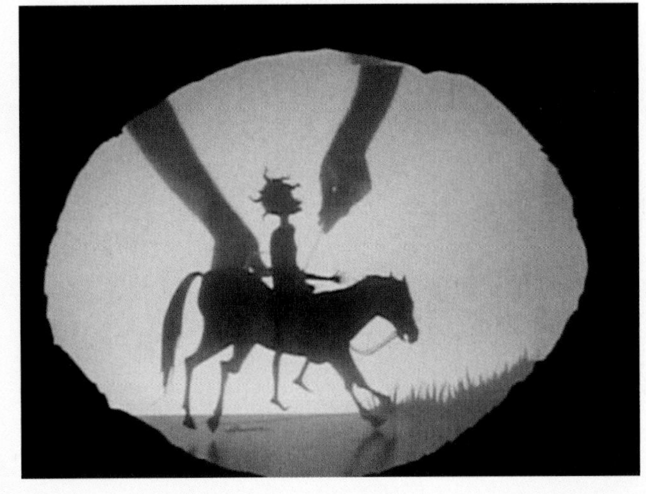

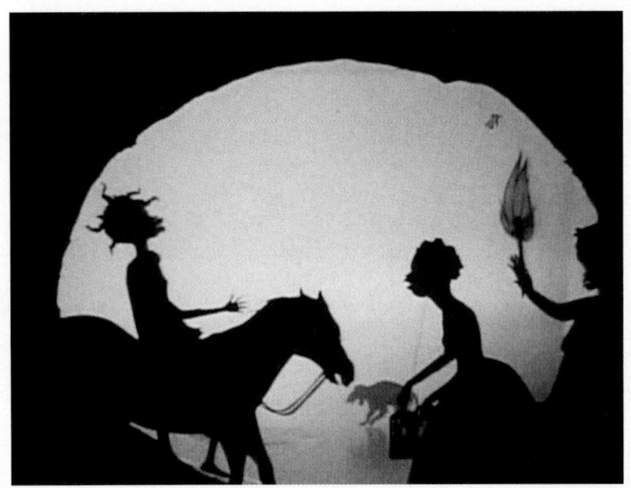

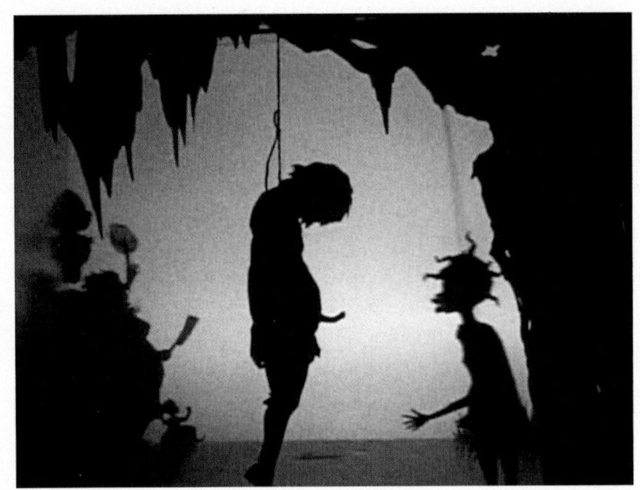

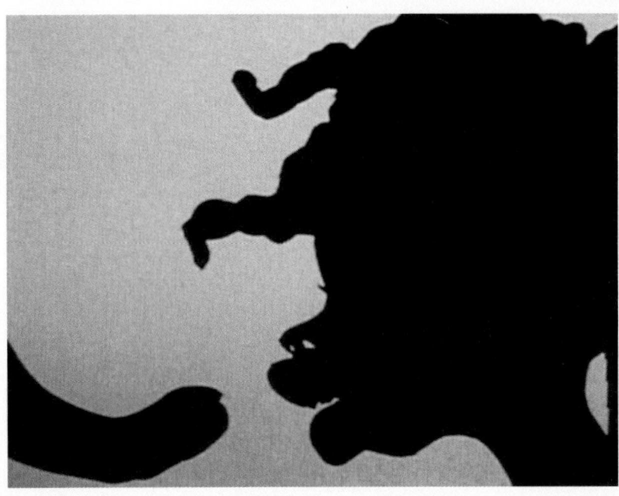

JEFF WALL

Passerby, 1996

Alles auf diesem Bild beschäftigt sich mit der Ambivalenz von Licht und Schatten. Im grell ausgeleuchteten Vordergrund dreht sich ein Mann nach einem anderen um, der im Schatten eines dicht belaubten Baums mit tief gesenktem Kopf und seiner linken Hand in der Hosentasche in Richtung des nahezu völlig dunklen Bildhintergrunds verschwindet. An dessen Ende warnt ein hell ausgeleuchtetes Stoppzeichen unübersehbar vor einem weiteren Kontakt mit der Dunkelheit. Jeff Wall, der mit aufwendig und minutiös inszenierten, in Leuchtkästen präsentierten und digital bearbeiteten Farbfotografien berühmt wurde, hat sein Œuvre seit 1996 um großformatige, ebenfalls präzise arrangierte Schwarz-Weiß-Aufnahmen bereichert. *Passerby* zeigt uns einen Moment, an dem das Sehen selbst zum Thema wird und dabei eine latent unheimliche Unbestimmtheit gewinnt: Warum sich der Passant im Vordergrund so intensiv nach der schattenhaft entschwindenden Gestalt umschaut, bleibt völlig unklar. Indem wir aber persönlich versuchen, dieses Schattenspiel zu enträtseln, sind wir selbst zu Voyeur:innen einer Szene geworden, die durch einen offensichtlich mit Blitzlicht bewaffneten Fotografen in die partielle Sichtbarkeit geholt und damit gleichzeitig als potenzieller Tatort ausgewiesen ist. Sicher ist nur: Weder das Licht noch der Schatten helfen uns bei der Lösung des Falls. Oder wie Jeff Wall sagt: »Wenn ich meine inszenierten Bilder mache, dann erzähle ich weder Anfang noch Ende der Geschichte, nur die Mitte.« SB

Everything in this picture has to do with the ambivalence of light and shadow. In the harshly lit foreground, one man turns towards another who, with his head deeply lowered and his left hand in the pocket of his trousers, disappears amid the shadow of a densely foliaged tree that leads into the almost completely black background of the picture. At the furthermost reaches of this obscurity, a brightly illuminated Stop sign issues an unmistakeable warning about further contact with the darkness. Jeff Wall, who became famous for meticulously and minutely staged colour photographs which he digitally elaborated and presented in light boxes, has been enriching his oeuvre since 1996 with large-format, precisely arranged black-and-white photographs. *Passerby* shows us a moment when the act of vision itself becomes the theme and thereby acquires a latent, uncanny indefiniteness: the reason why the passer-by in the foreground looks so intensively at the figure disappearing into shadow remains unclear. But inasmuch as we personally endeavour to decipher this shadow-play, we have ourselves become voyeurs to a scene which, by a photographer apparently armed with a flash unit, is drawn into partial visibility and thereby simultaneously revealed as the potential scene of a crime. What is certain is that neither the light nor the shadow offer us any help in solving the case. Or as Jeff Wall says: »When I create my staged pictures, then I don't tell either the beginning or the end of the story, but only the middle.« SB

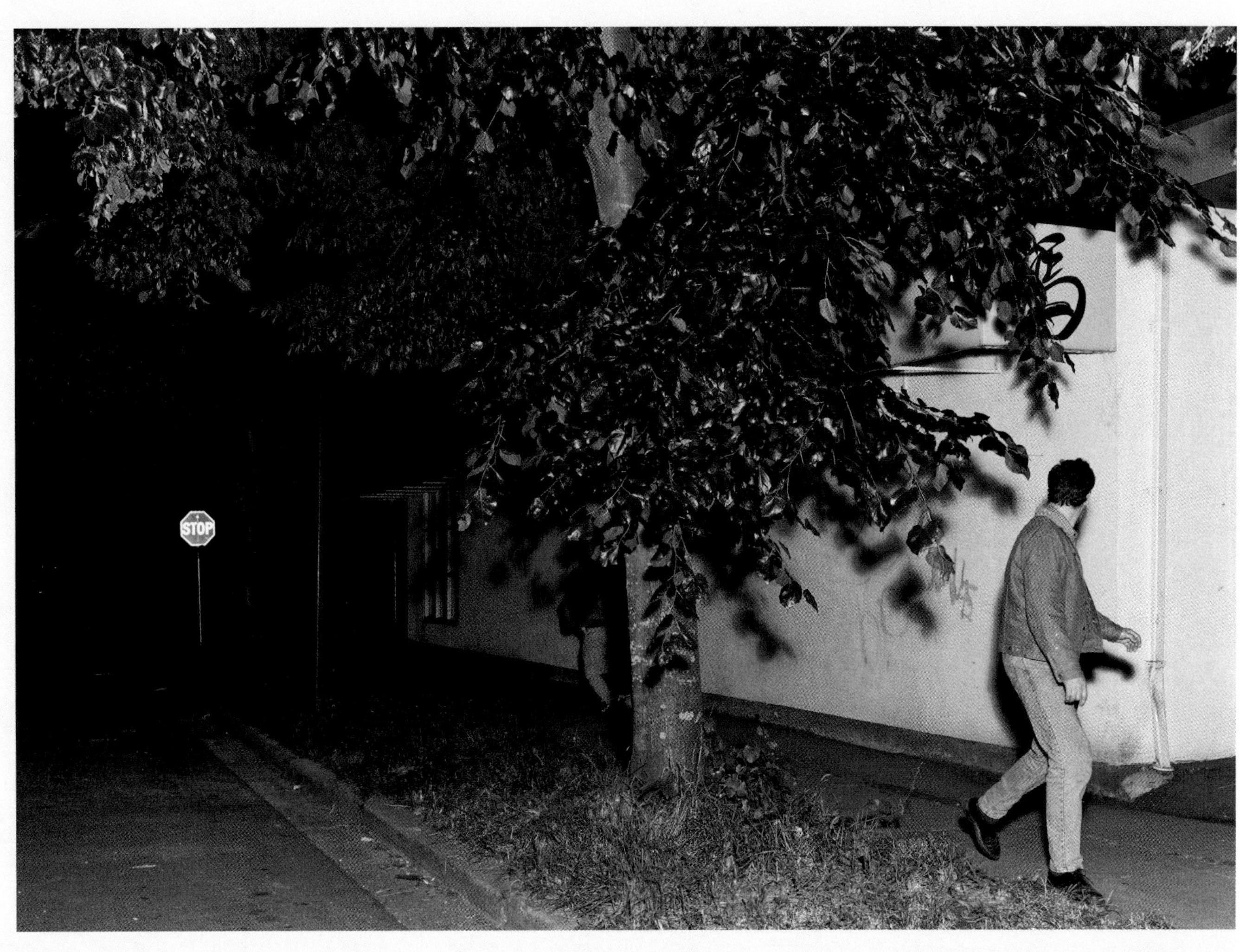
STOP

ROBERT WIENE

Das Cabinet des Dr. Caligari, 1919

Robert Wienes *Das Cabinet des Dr. Caligari* gilt als ein Meilenstein des expressionistischen Stummfilms und löste eine Welle stilistisch ähnlicher Filme aus, angefangen bei Friedrich Wilhelm Murnaus *Nosferatu* (1921) bis zu Paul Lenis *Wachsfigurenkabinett* (1924). Neben der dynamisierten Formgebung der verzerrten Kulissen war es vor allem die artifizielle Lichtsetzung und der an der deutschen Romantik geschulte Umgang mit dem Thema des (zum Teil gemalten) Schattens, der diesen Filmen ihre unverwechselbare Ästhetik gab. Erzählt wird die Geschichte des somnambulen Wahrsagers Cesare, der von dem wahnsinnigen Dr. Caligari auf Jahrmärkten vorgeführt wird und nachts, gesteuert von dem unheimlichen Doktor, Morde begeht. Ihre Doppelbödigkeit erhält diese Geschichte durch die Tatsache, dass ihr Erzähler selbst Insasse einer Nervenheilanstalt ist, die von Dr. Caligari geleitet wird, wodurch die Frage, was wahr und was Fiktion ist, offenbleibt. Die hier ausgewählte Szene, in der der traumwandelnde Cesare einen seiner Morde verübt, zeigt das bedrohliche und eigenmächtige Potenzial des Schattens allein schon dadurch, dass nicht der reale Körper, sondern scheinbar nur sein Schatten die grausame Tat ausführt. SB

Robert Wiene's *Das Cabinet des Dr. Caligari* is considered to be a milestone in the history of the Expressionist silent film and gave rise to a wave of stylistically similar films, beginning with Friedrich Wilhelm Murnau's *Nosferatu* (1921) and extending to Paul Leni's *Wachsfigurenkabinett* (1924). In addition to the dynamised shaping of the distorted backdrops, it was above all the artificial handling of light and – in the tradition of German Romanticism – the treatment of the theme of the (to some extent painted) shadow which gave these films their unmistakeable aesthetic. The story is told of the somnambulating soothsayer Cessare, who is presented by the mad Dr. Caligari at carnivals and who, controlled by the sinister doctor, commits nocturnal murders. The cinematic tale takes on a quality of ambiguity through the fact that its narrator is himself confined to an insane asylum whose director is Dr. Caligari, so that the question as to what is true and what is fictional remains unanswered. The scene selected here, in which the sleepwalking Cesare commits one of his murders, already shows the menacing and autonomous potential of the shadow in that it is not the real body, but apparently only its shadow, that carries out the terrible deed. SB

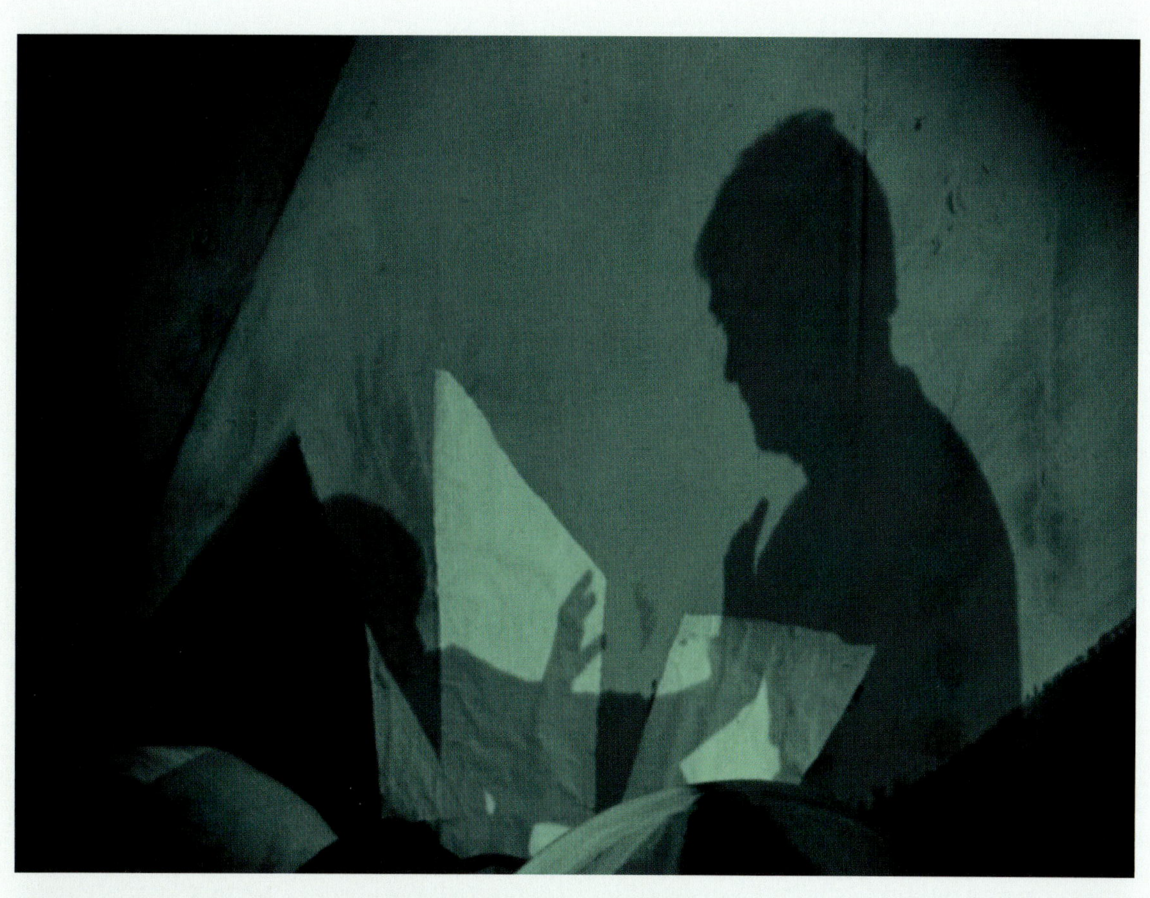

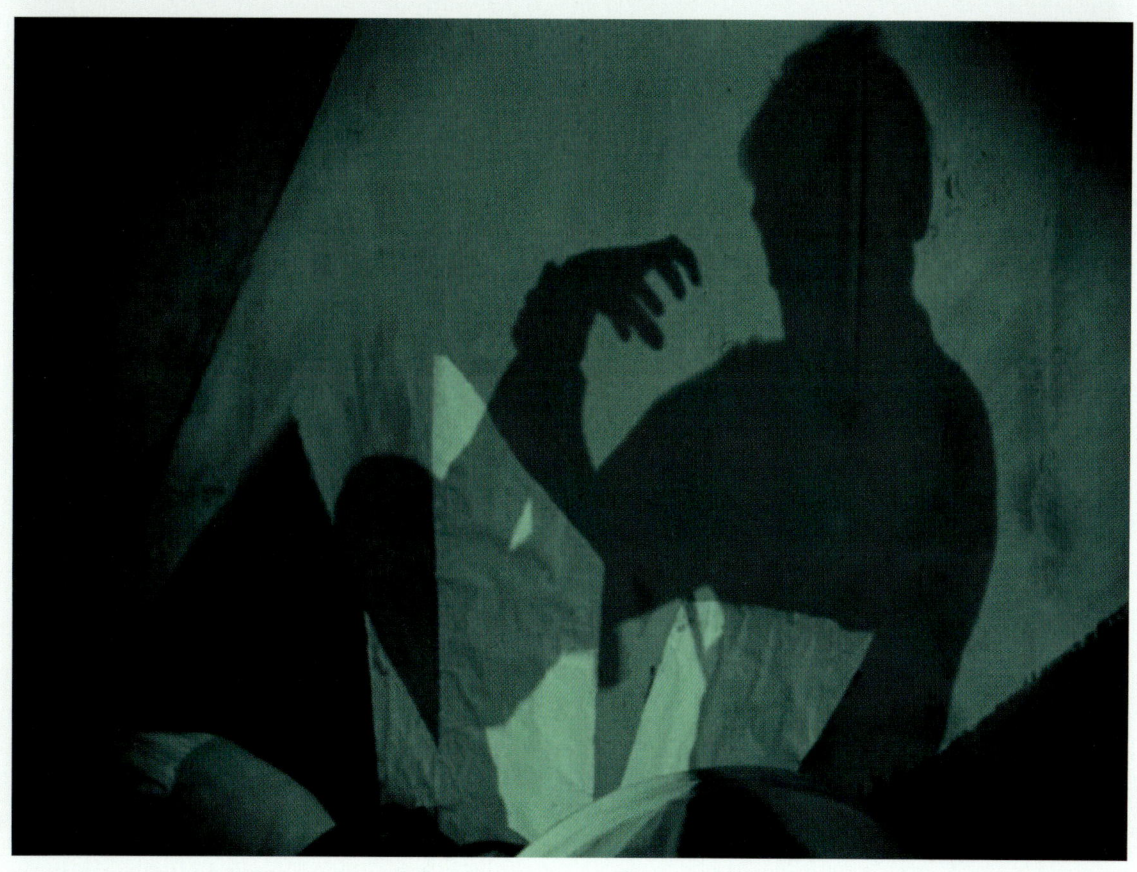

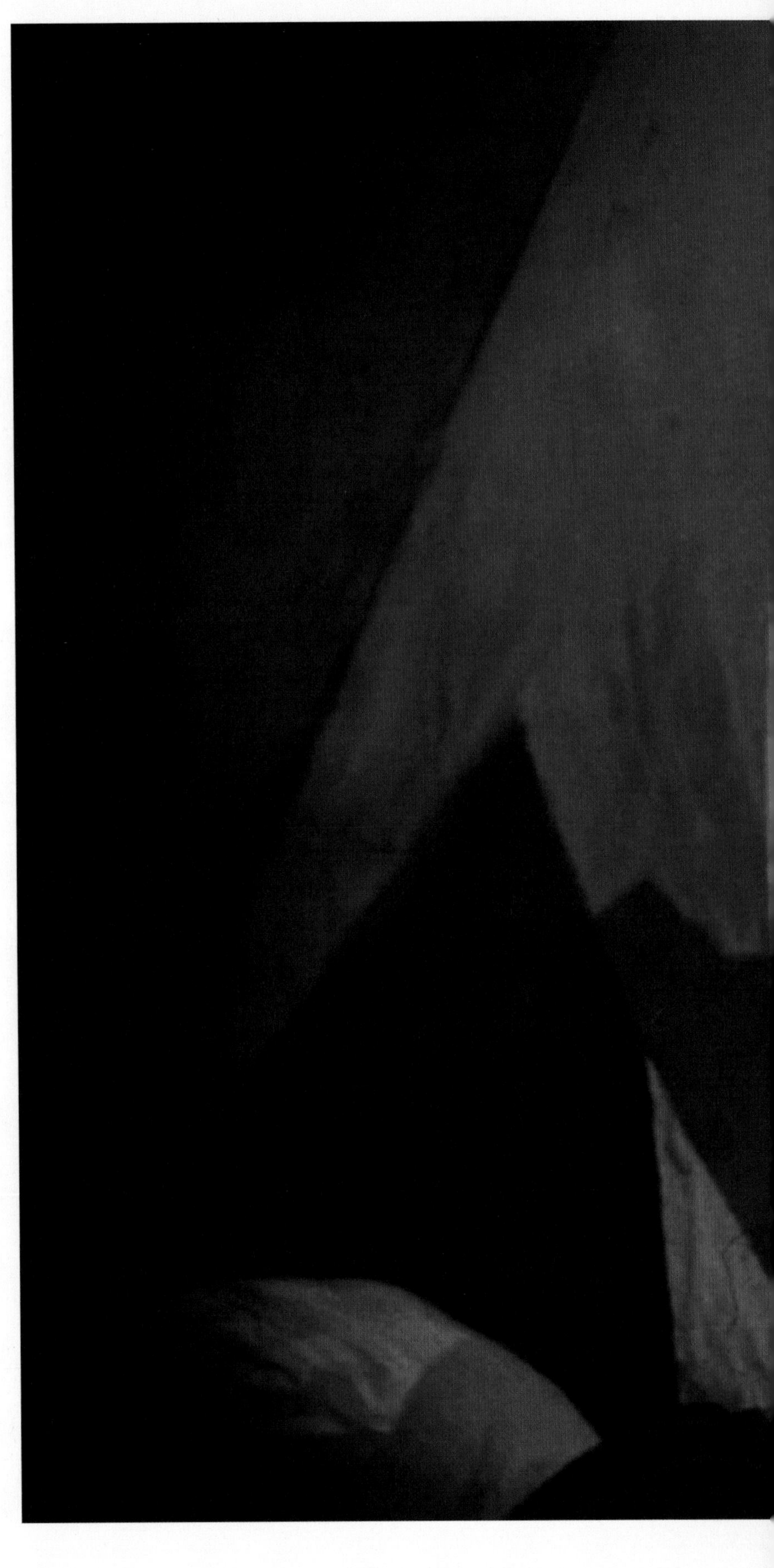

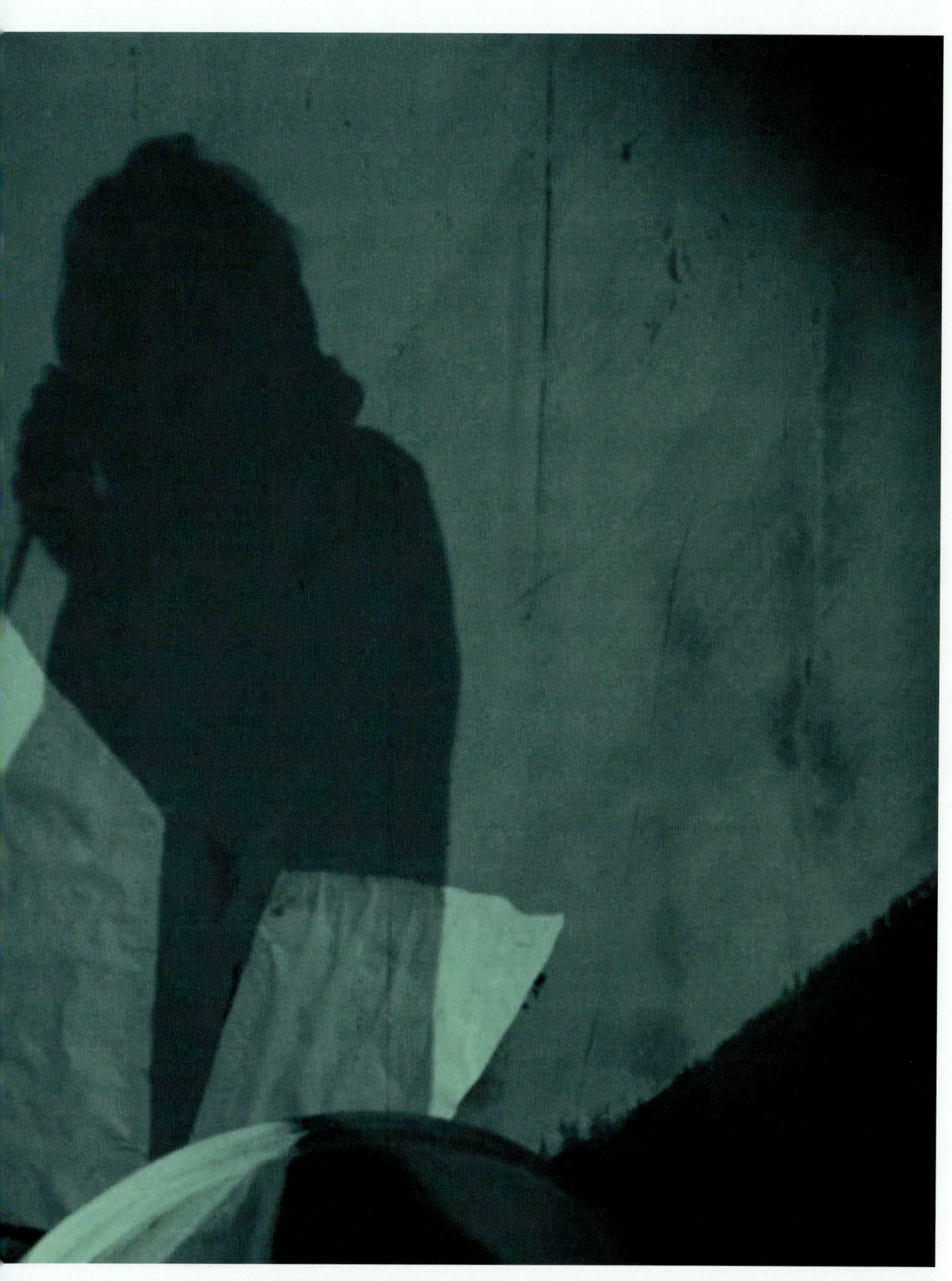

Verzeichnis der ausgestellten Werke / List of Exhibited Works

VITO ACCONCI
* 1940 in New York, † 2017 in New York
www.acconci.com

53
Shadow-Play, 1970
Aus der Arbeit / From the work:
»Three Relationship Studies: Shadow-Play, Imitations, Manipulations«
Super-8-Film auf Video übertragen (schwarz-weiß, stumm) / Super 8 film transferred to video, black-and-white, silent
2:39 min
Courtesy Maria Acconci and Electronic Arts Intermix (EAI), New York
Vito Acconci © courtesy Maria Acconci / VG Bild-Kunst, Bonn 2025

CHRISTIAN BOLTANSKI
* 1944 in Paris, † 2021 in Paris
www.galerieklueser.com

55–57
Théâtre d'Ombres, 1984
Puppen aus Blech, Metallgehäuse, Projektoren, Ventilator, Transformator / Dolls made of sheet metal, metal housing, projectors, fan, transformer
Gesamtmaß variabel / Variable overall size (min. 400 × 300 cm)
Kunstmuseum Wolfsburg, Schenkung / Donation Freundeskreis des Kunstmuseum Wolfsburg e. V., Inv. 2001/08
Foto / Photo: Marek Kruszewski, Braunschweig

KOEN VAN DEN BROEK
* 1973 in Bree, Belgien / Belgium, lebt und arbeitet in Antwerpen / lives and works in Antwerp
www.koenvandenbroek.org

59
J.J. (rozak test), 2012
Öl auf Leinwand / Oil on canvas
210 × 140 cm
Courtesy the artist und / and Philipp von Rosen Galerie, Köln / Cologne
Foto / Photo: © Studio Koen van den Broek

60/61
Shadows, 2011
Öl auf Leinwand / Oil on canvas
90 × 135,5 cm
Privatsammlung / Private Collection, Berlin, courtesy Philipp von Rosen Galerie, Köln / Cologne
Foto / Photo: © Studio Koen van den Broek

DAVID CLAERBOUT
* 1969 in Kortrijk, Belgien / Belgium, lebt und arbeitet in Antwerpen und Berlin / lives and works in Antwerp and Berlin
www.davidclaerbout.com

63–65
The Stack, 2002
Einkanalige Videoprojektion, Farbe, stumm / Single-channel video projection, colour, silent
36 min Loop
Farbvideo PAL (neu bearbeitet für High Definition Video 25p im Jahr 2004) / Colour video PAL (re-edited for high-definition video 25p in 2004), Ed. 5 + 1 AP
Emanuel Hoffmann-Stiftung, Depositum in der Öffentlichen Kunstsammlung Basel

MARLENE DUMAS
* 1953 in Kapstadt / Cape Town, lebt und arbeitet / lives and works in Amsterdam
www.marlenedumas.nl

67
The Origin of Painting (The Double Room), 2018
Öl auf Leinwand / Oil on canvas
300 × 100 cm
Courtesy the artist
Foto / Photo: Peter Cox

OLAFUR ELIASSON
* 1967 in Kopenhagen / Copenhagen, lebt und arbeitet in Berlin und Kopenhagen / lives and works in Berlin and Copenhagen
www.olafureliasson.net

68–71
Your uncertain shadow (growing), 2010
Halogenlampen, Glas, Aluminium, Transformatoren / Halogen lamps, glass, aluminium, transformers
Maße variabel / Dimensions variable
ELIASOL 14.03
Installationsansichten / Installation views: PKM Gallery, Seoul, 2012
Courtesy the artist, Hall Art Foundation
© 2010 Olafur Eliasson

HANS-PETER FELDMANN
* 1941 in Düsseldorf, † 2023 in Düsseldorf
www.kunsthaus.nrw
www.hallartfoundation.org

73
Zwei Mädchen mit Schatten, 1999
Silbergelatineabzug mit Scherenschnitt / Gelatine silver print with silhouette
94,5 × 61,5 cm
Sammlung / Collection Kunsthaus NRW
Schwarz-Weiß-Fotografie auf Karton / Black-and-white photograph on cardboard, ausgeschnitten / cut out
92 × 60 cm
KIL 0053, Dauerleihgabe der / Permanent loan from the Stiftung Kunst in Landesbesitz (ehem. / former Sammlung WestLB) im / at Kunsthaus NRW Kornelimünster
Foto / Photo: Anne Gold

75–77
Das Schattenspiel, 2002
Mixed media installation
Maße variabel / Dimensions variable
FEDLMHA 12.08
Hall Collection
Foto / Photo: bpk / Hamburger Bahnhof – Nationalgalerie der Gegenwart, SMB / Jens Ziehe

VADIM FISHKIN
* 1965 in Penza, Russland / Russia, lebt und arbeitet / lives and works in Ljubljana
www.vadimfishkin.si

79
Coffee and Ink, 2012
Projektor, Tintenflasche, Tisch / Projector, ink bottle, table
150 × 150 × 60 cm
Courtesy Gregor Podnar, Wien / Vienna und / and the artist
Foto / Photo: Courtesy the artist und / and Gregor Podnar, Wien / Vienna
Production: Association DUM / Ljubljana

80/81
The Door, 2013
Holz, Ton, Licht / Wood, sound, light
180 × 70 × 10 cm
Courtesy Gregor Podnar, Wien / Vienna und / and the artist
Foto / Photo: Courtesy the artist und / and Gregor Podnar, Wien / Vienna
Production: Association DUM / Ljubljana

LEE FRIEDLANDER
* 1934 in Aberdeen, Washington,
lebt und arbeitet / lives and works in New York
www.fraenkelgallery.com

83
New York City, 1966
Aus der Serie / From the series: »Self Portraits«
Silbergelatineabzug / Gelatine silver print
27,9 × 35,6 cm
Privatsammlung / Private Collection
© Lee Friedlander, courtesy Fraenkel Gallery, San Francisco und / and Luhring Augustine, New York. Image courtesy Zander Galerie

85
Canyon de Chelly, 1983
Silbergelatineabzug / Gelatine silver print
30,1 × 20,1 cm, 52 × 42 × 1,9 cm (Rahmenmaß / Frame size)
Sprengel Museum Hannover, Leihgabe / Loan Sammlung Niedersächsische Sparkassenstiftung, Inv.-Nr.: NSKS 6068/00
Kunstwerk / Artwork: © Lee Friedlander, courtesy Fraenkel Gallery, San Francisco und / and Luhring Augustine, New York
Foto / Photo: © Herling/Herling/Werner, Sprengel Museum Hannover

RALPH GIBSON
* 1939 in Los Angeles
www.ralphgibson.com

87
Untitled, 1968 from *The Somnambulist*
Selenium getönter Silbergelatine-Druck / Selenium-tinted gelatine silver print
45,3 × 29,95 cm (Bildmaß / Image size),
69 × 54 × 3 cm (Rahmenmaß / Frame size)
AP einer / of 25 Aufl. / editions, 1968, pr. 1970
Kunstmuseum Bonn
Foto / Photo: Ralph Gibson Studio

JEAN-PAUL GOUDE
* 1940 in Saint-Mandé, Frankreich / France
www.jeanpaulgoude.com

24/89
CHANEL
ÉGOÏSTE PLATINUM Eau de Toilette
Campaign von / by Jean-Paul GOUDE, 1993
170 × 120 cm
Patrimoine de CHANEL, Paris
Accession Number: DOC.PPB.C.693C
Foto / Photo:
CHANEL
ÉGOÏSTE PLATINUM Eau de Toilette
Campaign von / by Jean-Paul Goude, 1993
182
© CHANEL / Photographer Jean-Paul Goude / ÉGOÏSTE PLATINUM Eau de Toilette Campaign / 1993

J. J. GRANDVILLE
* 1803 in Nancy, † 1847 in Vanves bei / near Paris

Grandville, Lithograph / Lithographer
Delaporte, Drucker / Printer
Gabriel Aubert, Verleger / Publisher

91 (oben / above)
Les ombres porteés (Planche 1),
11.11.1830
Farblithografie / Colour lithograph
153 × 295 mm (Bildmaß / Image size)
Kunsthalle Bremen – Der Kunstverein in Bremen, Inv. 1965/366
Foto / Photo: Kunsthalle Bremen – Die Kulturgutscanner – ARTOTHEK

91 (unten / below)
Les ombres porteés (Planche 2),
18.11.1830
Farblithografie / Colour lithograph
153 × 260 mm (Bildmaß / Image size)
Kunsthalle Bremen – Der Kunstverein in Bremen, Inv. 1965/367
Foto / Photo: Kunsthalle Bremen – Die Kulturgutscanner – ARTOTHEK

JENNA GRIBBON
* 1978 in Knoxville, Tennessee, lebt und arbeitet / lives and works in Brooklyn, New York
www.instagram.com/jennagribbon

93
Me, a lurker, 2020
Öl auf Leinwand / Oil on canvas
152 × 121 cm
Privatsammlung / Private Collection
Foto / Photo:
Privatsammlung / Private Collection, Deutschland / Germany
Courtesy the artist und / and GNYP Gallery

94
Regarding Me Regarding My Child, 2020
Öl auf Leinwand / Oil on canvas
152 × 92 cm

Privatsammlung / Private Collection
Foto / Photo:
Privatsammlung / Private Collection,
Niederlande / The Netherlands
Courtesy the artist und / and GNYP Gallery

JANICE GUY
* 1953 in London, lebt und arbeitet /
lives and works in New York
www.setareh.com

97–99
Untitled, 1977
Silbergelatineabzug / Gelatine silver print,
gedruckt / printed 2023 (9-teilig / 9-piece)
50,5 × 40,5 cm
Ed. 1/5
SETAREH
Foto / Photo: Ivo Faber, Courtesy Janice Guy

NADIA KAABI-LINKE
* 1978 in Tunis, lebt und arbeitet /
lives and works in Berlin
www.nadiakaabilinke.com

101–103
All Along the Watchtower, 2012/2025
Ortsbezogene Installation mit Acryl /
Site-specific installation with acrylic
Dimensionen und Form variieren je nach Ort
und Umsetzung / Dimensions and form
vary depending on location and realisation
Kunstmuseum Bonn

101
Ausstellung / Exhibition:
Seeing Perceiving, Ithra Museum –
King Abdulaziz Center for World Culture,
Damman, Saudi Arabia, 2021
© Foto / Photo: Ithra Museum

102/103
Ausstellung / Exhibition:
Walking Through Walls, kuratiert von /
curarted by Sam Bardaouil und / and
Till Fellrath, Gropius Bau, Berlin, Germany, 2019
© Foto / Photo: Timo Kaabi-Linke

WILLIAM KENTRIDGE
* 1955 in Johannesburg, lebt und arbeitet /
lives and works in Johannesburg
www.kentridge.studio

105–107
Shadow Procession, 1999
Animierter 35-mm-Film, transferiert auf
Video, digitalisiert, mit Ton / Animated
35 mm film, transferred to video, digitised,
with sound
7:26 min
Courtesy William Kentridge Studio
Foto / Photo: Still from *Shadow Procession*,
1999, Courtesy William Kentridge Studio,
© William Kentridge

ERNST LUDWIG KIRCHNER
* 1880 in Aschaffenburg, † 1938 in Davos
www.bruecke-museum.de

109
Schlemihls Begegnung mit dem Schatten, 1915
Aus der Holzschnitt-Folge / From the
woodcut series »Bilder zu Peter Schlemihls
wundersamer Geschichte von Adelbert von
Chamisso«, Blatt / sheet 6
Farbholzschnitt in Schwarz, Rot, Gelb,
Blau und Grün auf Löschpapier / Colour
woodcut in black, red, yellow, blue and green
on blotting paper
30,5 × 29,3 cm (Bildmaß / Image size),
58 × 41,5 cm (Blattmaß / Sheet size)
Brücke-Museum, Dauerleihgabe der /
Permanent loan from Karl und Emy
Schmidt-Rottluff Stiftung
Foto / Photo: Brücke-Museum,
Christoph Petras, Berlin

JÜRGEN KLAUKE
* 1943 in Kliding / Cochem, lebt und abeitet /
lives and works in Köln / Cologne
www.juergenklauke.de

111
Toter Fotograf, 1988/1993
Aus der Werkreihe / From the work series:
»Prosecuritas«, 1987–1993
2-teilige Fotoarbeit, 2-part photo work
160 × 125 cm / 120 × 125 cm (Blattmaß /
Sheet size), 280 × 125 cm (Installationsmaß /
Installation size)
Ed. AP I / II
Kunstmuseum Bonn, Dauerleihgabe /
Permanent loan Sammlung KiCo
Foto / Photo: Reni Hansen

ASTRID KLEIN
* 1951 in Köln / Cologne, lebt und arbeitet in Köln / lives and works in Cologne
www.kunstmuseum-bonn.de
www.spruethmagers.com

113 (A) / **114/115** (B)
Ohne Titel, 1990/91
A) *1. Schrank* und B) *7. Schrank* /
A) *1st cabinet* and B) *7th cabinet*
2 Schwarz-Weiß-Fotografien, hinter Plexiglas, gerahmt / Black-and-white photographs, behind plexiglass, framed
78,7 × 184,5 cm (A),
78,7 × 250,5 cm (B)
Kunstmuseum Bonn
Foto / Photo: Reni Hansen

FARIDEH LASHAI
* 1944 in Rascht / Rasht, Iran
† 2013 in Teheran / Tehran

117–119
When I count, There Are Only you ... But When I Look, There is Only a Shadow, 2012/13
Suite von 80 Foto-Tiefdrucken mit Projektion von animierten Bildern / Suite of 80 photo-intaglio prints with projection of animated images
Abmessungen / Dimensions: 30 × 23 cm jedes / each (192 × 310 cm insgesamt / overall)
Courtesy Sharjah Art Foundation Collection
Foto / Photo: Shanavas Jamaluddin

ZILLA LEUTENEGGER
* 1968 in Zürich, lebt und arbeitet / lives and works in Zürich und / and Soazza, Schweiz / Switzerland
www.zilla.ch

COVER / 121–123
Sunset Neighbourhood, 2009/2021
Videoinstallation mit 1 Objekt, 1 Projektion, Farbe, kein Ton, Loop / Video installation with 1 object, 1 projection, colour, no sound, loop
Objekt / Object 220 × 72 × 47 cm
AP 1/1 (Ed. von / of 3)
(LEUTE26002)
Courtesy the artist und / and Galerie Peter Kilchmann, Zürich / Paris
Foto / Photo: Sebastian Schaub

ADOLF LUTHER
* 1912 in Krefeld, † 1990 in Krefeld
www.adolf-luther-stiftung.com

125
Das Mondprojekt, 1983
Schwarz-Weiß-Fotografie, auf grauen Natronkarton aufgezogen, diese rückseitig mit Holzleisten zu einem Kasten aufgelattet, die Seitenränder schwarz gefasst, oben links an Holzarm mit einem seitlich montierten Rundspiegel / Black-and-white photograph, mounted on grey natron cardboard, the back of the cardboard is flattened with wooden strips to form a box, the side edges painted black, top left on a wooden arm with a round mirror mounted on the side
24 × 26,5 × 2,5 cm (Maße Kasten / Box dimensions),
24 × 26,5 × 8 cm (Gesamtmaß / Total dimensions)
Kunstmuseum Bonn

DUANE MICHALS
* 1932 in McKeesport, Pennsylvania, lebt und arbeitet / lives and works in New York City
www.dcmooregallery.com

127–129
The Spirit Leaves the Body, 1968
Sieben Gelatinesilberabzüge mit handaufgetragenem Text betitelt, signiert, editioniert / Seven gelatine silver prints with hand-applied text titled, signed, editioned
8,6 × 12,7 cm (jedes Bild / each image),
12,7 × 17,8 cm (jedes Blatt / each sheet)
Ed. AP IV/V
© Duane Michals. Courtesy DC Moore Gallery, New York

JOHANNA VON MONKIEWITSCH
* 1979 in Rom / Rome, lebt und arbeitet in Köln / lives and works in Cologne
www.johannavonmonkiewitsch.com

131
07.04.2018 / 17:10, 2018
MDF, Pigment
240 × 160 × 10 cm
Kunstmuseum Bonn
Foto / Photo: Ben Hermann
Courtesy Berthold Pott Gallery und / and Johanna von Monkiewitsch

EDVARD MUNCH
* 1863 in Løten, Hedmark, Norwegen / Norway,
† 1944 Ekely in Oslo

133
Pubertät (Bei Nacht), 1902
Radierung / Etching
49,5 cm × 34,80 cm (Blatt / Sheet),
19,8 × 15,8 cm (Platte / Plate)
A 2003/GLV 868
Staatsgalerie Stuttgart, Graphische Sammlung / Graphic collection, Leihgabe / loan 2003 Freunde der / friends from Staatsgalerie Stuttgart e.V., Vermächtnis / bequest Günther und / and Renate Hauff
Foto / Photo: © Staatsgalerie Stuttgart

TIM NOBLE & SUE WEBSTER
* 1966 in Stroud / * 1967 in Leicester, leben und arbeiten / live and work in London
www.timnobleandsuewebster.com

135
Dirty White Trash (With Gulls), 1998
Künstlermüll aus 6 Monaten,
2 taxidermische Möwen, Lichtprojektor /
6 months' worth of artists' trash,
2 taxidermied seagulls, light projector
Maße variabel / Dimensions variable
Privatsammlung / Private Collection
Foto / Photo: © the artists

CLAUDIO PARMIGGIANI
* 1943 in Luzzara, lebt und arbeitet / lives and works in Parma

137
Autoritratto come ombra, 1979
Fotografische Emulsion auf Leinwand /
Photographic emulsion on canvas
61,9 × 47,2 × 3,3 cm
(Plexiglas)
MUSEION Museum für moderne und zeitgenössische Kunst Bozen.
Sammlung Archivio di Nuova Scrittura
Foto / Photo: Augustin Ochsenreiter

SOPHIA POMPÉRY
* 1984 in Berlin, lebt und arbeitet / lives and works in Berlin
www.sophiapompery.de

22/139
Light Shade, 2011
Lambda auf / on Baryta
30 × 20 cm, 52 × 42 cm
(Rahmenmaß / Frame size)
Sophia Pompéry
Foto / Photo: Sophia Pompéry

MARKUS RAETZ
* 1941 in Bern, † 2020 in Bern
www.kunst.mobiliar.ch

141
Tag oder Nacht, 1998
Zweifarbige Aquatinta auf Rives-Bütten /
Two-colour aquatint on Rives laid paper
96,2 × 84,3 × 3,1 cm (Rahmenmaß / Frame size)
Kunstsammlung Schweizerische Mobiliar Genossenschaft
Foto / Photo: Stefan Altenburger

GERHARD RICHTER
* 1932 in Dresden, lebt und arbeitet / lives and works in Köln / Cologne
www.gerhard-richter.com

143
Fenster, 1968
Öl auf Leinwand / Oil on canvas
4-teilig, 200 × 400 cm (Bildmaß / Image size)
Kunstmuseum Bonn
Foto / Photo: Reni Hansen
© Gerhard Richter 2025 (15042025)

MIGUEL ROTHSCHILD
* 1963 in Buenos Aires, lebt und arbeitet / lives and works in Berlin
www.miguelrothschild.de

145–147
Memento mori: Work in progress, 2013/2025
2 C-Prints, gerahmt / framed
je / each 72 × 80 cm
Courtesy Kuckei + Kuckei Galerie, Berlin

145
Foto / Photo: C-Print für eine Wand, die direktem Sonnenlicht ausgesetzt ist / for a wall that gets direct sunlight
Courtesy Kuckei + Kuckei Galerie, Berlin

146/147
Foto / Photo: C-Print nach Jahren direkter Sonneneinstrahlung / after years of exposure to direct sunlight
Courtesy Kuckei + Kuckei Galerie, Berlin und der Künstler / and the artist

THOMAS RUFF
* 1958 in Zell am Harmersbach,
lebt und arbeitet / lives and works in Düsseldorf
www.thomasruff.com

149
neg◊dan_02, 2016
Aus der Serie / From the series: »Negative«
C-Print
22,4 × 25,5 cm (Motivmaß / Motif size),
60,5 × 70,5 cm (gerahmt / framed)
Ed. 03/08
Leihgabe des Künstlers / Loan from the artist
Foto / Photo: © Thomas Ruff

150
neg◊artist_01, 2014
Aus der Serie / From the series: »Negative«
C-Print
32 × 42 cm (Motivmaß / Motif size),
71 × 81 cm (gerahmt / framed)
Ed. 06/08
Leihgabe des Künstlers / Loan from the artist
Foto / Photo: © Thomas Ruff

151
neg◊artist_09, 2015
Aus der Serie / From the series: »Negative«
C-Print
32 × 42 cm (Motivmaß / Motif size),
71 × 81 cm (gerahmt / framed)
Ed. 01/08
Leihgabe des Künstlers / Loan from the artist
Foto / Photo: ©Thomas Ruff

Ausgestellte, aber nicht im Katalog abgebildete Werke / Works exhibited but not published in the catalogue:

Alle aus der Serie / All from the series: »Negative«

neg◊cro_01, 2014
C-Print
44,5 × 37,4 cm (Motivmaß / Motif size),
81 × 71 cm (gerahmt / framed)
Ed. 02/08

neg◊dan_01, 2014
C-Print
22,4 × 28,4 cm (Motivmaß / Motif size),
60,5 × 70,5 cm (gerahmt / framed)
Ed. 02/08

neg◊crime_03, 2014
C-Print
30,8 × 25,6 cm (Motivmaß / Motif size),
70,5 × 60,5 cm (gerahmt / framed)
Ed. 01/08

neg◊kos_01, 2016
C-Print
29,4 × 22,4 cm (Motivmaß / Motif size),
70,5 × 60,5 cm (gerahmt / framed)
Ed. 03/08

neg◊zea_02, 2016
C-Print
22,4 × 29,4 cm (Motivmaß / Motif size),
60,5 × 70,5 cm (gerahmt / framed)
Ed. 01/08

neg◊moon_01, 2017
C-Print
22,4 × 30,4 cm (Motivmaß / Motif size),
60,5 × 70,5 cm (gerahmt / framed)
Ed. 03/08

neg◊death_01, 2017
C-Print
29,4 × 22,4 cm (Motivmaß / Motif size),
70,5 × 60,5 (gerahmt / framed)
Ed. 02/08

Für alle angegebenen Werke / For all works:
Leihgabe des Künstlers / Loan from the artist

JAN PIETERSZ. SAENREDAM
* 1565 in Zaandam, Niederlande / Netherlands,
† um / c. 1607 in Assendelft, Niederlande / Netherlands

153
Die platonische Höhle
Nach dem gleichnamigen Ölgemälde von / Based on the oil painting of the same name by Corneli Cornelisz. van Haarlem (1582–1636).
Kupferstich, Entstehung des Drucks / Copperplate engraving, origin of the print medium: 1604
31,5 × 44,7 cm (Blattgröße / Sheet size)
Graphische Sammlung / Graphic Collection
ETH Zürich
Foto / Photo: ETH-Bibliothek Zürich, Graphische Sammlung / D 12717 / Public Domain Mark 1.0

REGINA SILVEIRA
* 1939 in Porte Alegre, Brasilien / Brazil,
lebt und arbeitet / lives and works in
São Paulo
www.reginasilveira.com

155–157
Quimera, 2003/2025
Schwarzlichtbox und Klebefolie /
Blacklight box and adhesive vinyl
437 × 315 cm
Courtesy the artist und / and Luciana
Brito Galeria
Foto / Photo: © Eduardo Verderame,
courtesy Luciana Brito Galeria

JUERGEN STAACK
* 1978 in Doberlug-Kirchhain,
lebt und arbeitet / lives and works in
Düsseldorf
www.juergenstaack.com

159
Tableau 14-XXVII, 2014
Aus der Serie / From the series: »Tableaux«
Belichtung auf Pappelholz (gerahmt) /
Exposure on poplar wood (framed)
15 × 20 cm, 30 × 36 cm (Rahmenmaß /
Frame size)
Ed. 1/1
Konrad Fischer Galerie und / and Juergen Staack
Foto / Photo: Juergen Staack

160
Tableau 15-V (Herr), 2015
Aus der Serie / From the series: »Tableaux«
Belichtung auf Pappelholz (gerahmt) /
Exposure on poplar wood (framed)
21 × 15 cm (Bildmaß / Image size),
36 × 30 cm (Rahmenmaß / Frame size)
Ed. 1
Galerie Lohaus Sominsky und /
and Juergen Staack
Foto / Photo: Juergen Staack

161
Tableau Madame mit Hunden 16-CI, 2016
Aus der Serie / From the series: »Tableaux«
Belichtung auf Pappelholz (gerahmt) /
Exposure on poplar wood (framed)
42 × 29,5 cm (Bildmaß / Image size),
54,5 × 42,5 cm (Rahmenmaß / Frame size)
Ed. 1
Juergen Staack
Foto / Photo: Juergen Staack

DOROTHEA TANNING
* 1910 in Galesburg, Illinois,
† 2012 in New York City
www.dorotheatanning.org

163
Premier Peril, 1950
Aus der 7-teiligen Folge / From the 7-part series:
»Les 7 périls spectraux«
Farblithografie / Colour lithograph
36,8 × 27,4 cm, 50,4 × 32,6 cm (Rahmenmaß /
Frame size)
Max Ernst Museum Brühl des LVR,
Stiftung Max Ernst
Foto / Photo: André Pieyre de Mandiargues

JAVIER TÉLLEZ
* 1969 in Valencia, Venezuela,
lebt und arbeitet / lives and works in New York
www.peterkilchmann.com

165–167
Shadow Play, 2014
Filminstallation, 35-mm-Filmprojektion,
Farbe, ohne Ton / Film installation,
35 mm film projection, colour, no sound
10:56 min
Ed. 2/5 + 2 AP
(TÉLLE19809)
Courtesy the artist und / and Galerie Peter
Kilchmann, Zürich / Paris
Foto / Photo: Lena Huber

UMBO (Otto Maximilian Umbehr)
* 1902 in Düsseldorf, † 1980 in Hannover /
Hanover

169
Unheimliche Straße, 1928
Gelatinesilberpapier / Gelatine silver paper
29,8 × 22,8 cm
Museum Ludwig, Zugang / Accession 1978
Foto / Photo: © Historisches Archiv der
Stadt Köln mit Rheinischem Bildarchiv,
rba_c012033
Umbo © Phyllis Umbehr / Galerie Kicken Berlin /
VG Bild-Kunst, Bonn 2025

KARA WALKER
* 1969 in Stockton, Kalifornien / California,
lebt und arbeitet / lives and works in New York
www.karawalkerstudio.com

171–173
Testimony: Narrative of a Negress Burdened by Good Intentions, 2004
Schwarz-Weiß-Video, kein Ton /
Black-and-white video, no sound
8:49 min
© Kara Walker
Courtesy Sprüth Magers und / and
Sikkema Malloy Jenkins

JEFF WALL
* 1946 in Vancouver, lebt und arbeitet /
lives and works in Vancouver
www.gagosian.com

175
Passerby, 1996
Silbergelatineabzug / Gelatine silver print
259 × 335 × 8 cm (Rahmenmaß / Frame size)
Ex. 1/2
Kunstmuseum Wolfsburg, Inv. 1998/07
© Jeff Wall
Foto / Photo: Courtesy the artist

ROBERT WIENE
* 1873 in Breslau, † 1938 in Paris
www.murnau-stiftung.de

177–179
Das Cabinet des Dr. Caligari, 1919
Filmstills aus dem / Film stills from:
2. Akt: »Nacht« / Act 2: »Night«
Decla-Film-Gesellschaft,
Regie / Director: Robert Wiene
Drehbuch / Screenplay: Carl Mayer,
Hans Janowitz
Musik-Produktion / Music production:
Studio für Filmmusik der Hochschule für Musik Freiburg i. Br. Koproduktion mit 2eleven II zeitgenössische musik projekte; Institut für Neue Musik der Hochschule für Musik Freiburg i. Br.
Freundlicherweise zur Verfügung gestellt von / Kindly provided by Friedrich-Wilhelm-Murnau-Stiftung, Wiesbaden.

FOTONACHWEIS / PHOTO CREDITS

30
Caravaggio (Michelangelo Merisi da Caravaggio, 1571–1610)
Judith und Holofernes, 1599
Öl auf Leinwand / Oil on canvas
145 × 195 cm
Palazzo Barberini, Galleria Nazionale d'Arte Antica, Rom / Rome
Foto / Photo: ALINARI – ARTOTHEK

13
Giorgio de Chirico (1888–1978)
Mysterium und Melancholie einer Straße, 1914
Öl auf Leinwand / Oil on canvas
87 × 71 cm
Privatsammlung / Private Collection
Foto / Photo: NPL – DeA Picture Library / G. Nimatallah / Bridgeman Images

18
Alberto Giacometti (1901–1966)
Die Hand, 1947/48
Länge / Length: 71 cm
Bronze, mit brauner und grüner Patina / with brown and green patina
Christie's Images Ltd
Foto / Photo: Christie's Images Ltd – ARTOTHEK
Alberto Giacometti © Succession Alberto Giacometti / VG Bild-Kunst, Bonn 2025

16
Tommaso Masaccio (1401–1428)
Der heilige Petrus heilt die Kranken mit seinem Schatten, 1427/28
Fresko / Fresco
229,8 × 161,9 cm
Kirche Santa Maria del Carmine, Brancacci-Kapelle, Florenz / Chiesa di Santa Maria del Carmine, Brancacci Chapel, Florence
© Luisa Ricciarini / Bridgeman Images

23
Pablo Picasso (1881–1973)
Der Schatten auf der Frau, 1953
Öl auf Leinwand / Oil on canvas
103,7 × 97,7 cm
Foto / Photo: Israel Museum, Jerusalem / Bridgeman Images
Pablo Picasso © Succession Picasso / VG Bild-Kunst, Bonn 2025

35
Rembrandt Harmensz. van Rijn (1606–1669)
Die Blendung Simsons, 1636
219,3 × 305 cm
Öl auf Leinwand / Oil on canvas
Städel Museum, Frankfurt am Main
Objektnummer / Object number: 1383
Foto / Photo: Städel Museum, Frankfurt am Main – ARTOTHEK

28
Rogier van der Weyden (um / c. 1399–1464)
Grablegung Christi, um / c. 1450
Öl auf Leinwand / Oil on canvas
110 × 96 cm
Galleria degli Uffizi, Florenz / Florence
Foto / Photo: Paolo Tosi – ARTOTHEK

FÜR DIE WERKE VON / FOR WORKS BY

Dieser Katalog erscheint
anlässlich der Ausstellung /
This book is published
on the occasion of the exhibition

From Dawn Till Dusk
Der Schatten in der Kunst der Gegenwart /
The Shadow in Contemporary Art

Kunstmuseum Bonn
3. Juli / July – 2. November 2025

Kurator / Curator:
Stephan Berg
Kuratorische Assistenz / Curatorial Assistant:
Katja Thiele

Kunstmuseum Bonn
Helmut-Kohl-Allee 2
D-53113 Bonn
Tel. +49 228 776260
Fax +49 228 776220
www.kunstmuseum-bonn.de

Intendant / Director, Kurator / Curator:
Stephan Berg

Stellvertretende Direktorin / Deputy Director:
Friederike Fast

Sekretariat / Exhibition Office:
Kristina Georgi (in Elternzeit / Parental Leave), Alina Kehl (Wissenschaftliche Volontärin / Assistant Curator), Katja Thiele

Kuratorinnen / Curators:
Lucy Degens, Barbara J. Scheuermann

Wissenschaftlicher Volontär / Assistant Curator:
Tizian Holzbach

Presse und Öffentlichkeitsarbeit / Press and Public Relations:
Clemens Scheuermann, Kristina Thrien (in Elternzeit / Parental Leave)

Marketing:
Antonia Oelmann

Veranstaltung / Events:
Julia Friedek

Verwaltung / Administration:
Gabriele Kuhn (Leitung / Head), Michael Hubbert (stellv. Leitung / Deputy Head), Vera Scheel

Bildung und Vermittlung / Department for Education:
Sabina Leßmann (Leitung / Head), Alexandra Bätz, Michael Grobel

Registrarin / Registrar:
Dagmar Kürschner

Restaurierung / Conservation:
Antje Janssen (Leitung / Head), Nicole Nowak, Verena Franken

Magazinverwalter / Depot Manager:
Reinhard Behrenbeck

Technischer Ausstellungsleiter / Technical Exhibition Manager:
Gianluca Galata

Leitung der Werkstätten / Head of Workshops:
Martin Wolter

Leitung Technik / Head Technicians:
Martin Kerz, Sebastian Massonne

Fotograf / Photographer:
David Ertl

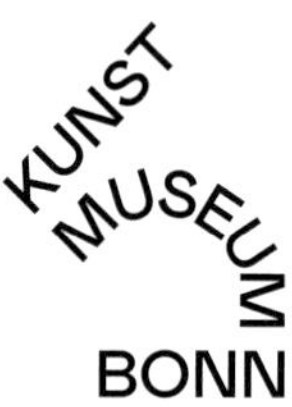

Publikation / Catalogue

Herausgeber / Edited by
Stephan Berg

Autor:innen / Authors:
Stephan Berg, Martin Booms,
Hans-Joachim Müller
Polina Bondareva, Lucy Degens,
Friederike Fast, Alina Kehl,
Barbara Martin, Katja Thiele

Redaktion / Editing team:
Stephan Berg, Katja Thiele

Bildredaktion / Picture editing:
Katja Thiele

Projektmanagement Hirmer Verlag / Project management Hirmer Publishers:
Judith Kárpáty

Übersetzungen aus dem Deutschen / Translations from the German:
George Frederick Takis

Deutsches Lektorat / German Copy-editing:
Claudia Wagner

Englisches Lektorat / English Copy-editing:
Olivia Parkes

Gestaltung und Satz / Graphic design and typesetting:
probsteibooks, Köln / Cologne
(Sabine Pflitsch & Andreas Tetzlaff)

Produktion / Production:
Susanne Röhrig

Lithografie / Prepress and repro:
Reproline Genceller, München

Papier / Paper:
Magno Volume, Wibalin natural

Schrift / Typefaces:
Geograph, Inhouse (probsteibooks)

Druck und Bindung / Printing and binding:
Printer Trento S.R.L, Trento

Printed in Italy

Bibliografische Information

Die Deutsche Nationalbibliothek verzeichnet diese Publikation in der Deutschen Nationalbibliografie; detaillierte bibliografische Daten sind über https://www.dnb.de abrufbar.

Bibliographic information

The Deutsche Nationalbibliothek lists this publication in the Deutsche Nationalbibliografie; detailed bibliographic data are available online at https://www.dnb.de.

ISBN 978-3-7774-4544-1

HIRMER VERLAG / HIRMER PUBLISHERS
Geschäftsführerin / Managing Director:
Kerstin Ludolph
Bayerstraße 57–59
D-80335 München / Munich

hirmerverlag.de
hirmerpublishers.com
hirmerpublishers.co.uk

Cover
Zilla Leutenegger,
Sunset Neighbourhood,
2009/2021 (S. 121)

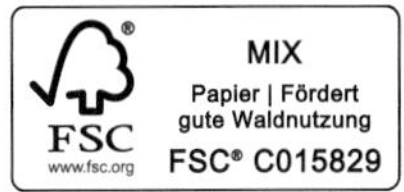

Die Ausstellung wurde realisiert
mit großzügiger Unterstützung durch /
The exhibition has been realised
with generous support from

Ministerium für
Kultur und Wissenschaft
des Landes Nordrhein-Westfalen

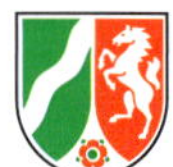

ART FOUNDATION
MENTOR LUCERNE

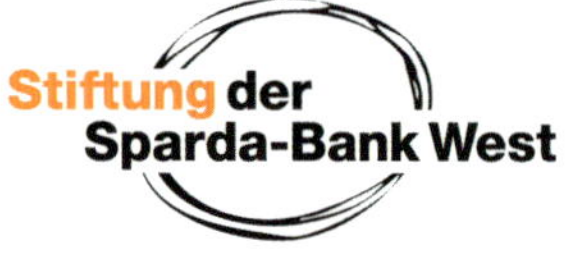

FREUDE.
JOY.
JOIE.
BONN.